**Overseas Policies on
Wage Income Distribution**

国外工资收入分配政策

贾东岚 著

社会科学文献出版社
SOCIAL SCIENCES ACADEMIC PRESS (CHINA)

中国劳动和社会保障科学研究院资助

目　录

前　言

　　党的十八届三中全会通过的《中共中央关于全面深化改革若干重大问题的决定》明确提出，经济体制改革是全面深化改革的重点，核心问题是处理好政府和市场的关系，使市场在资源配置中起决定性作用和更好发挥政府作用。因此，改革和完善我国企业工资分配体制机制，也要处理好政府和市场的关系，在进一步强化企业工资的市场决定机制的基础上，相应改进和完善政府对企业工资分配调控的体制机制。在社会主义市场经济条件下，企业工资决定方面同样存在市场缺陷与市场失灵，影响企业工资分配的公正合理，从而需要政府建立一套与之相适应的宏观调控体制机制。

　　我国实行社会主义市场经济制度20多年来，逐步建立了调控和指导企业工资分配的相关制度，如适用于各类企业的最低工资保障制度，工资指导线、劳动力市场工资指导价位和行业人工成本信息指导制度，以及专门针对国有企业的工资水平和企业负责人薪酬水平调控制度，还颁布了一些规范工资市场决定与企业工资分配行为的法律法规。党的十八大以来，以习近平同志为核心的党中央把改善民生、让人民有更多获得感摆在极其重要的位置，制定和出台了一系列收入分配改革政策文件，如国有企业负责人薪酬制度、履职待遇等逐步规范，实行以增加知识价值为导向的分配政策等。过去五年收入分配机制逐步完善，收入分配格局进一步优化。但是，我国目前收入分配领域存在的问题仍然比较突出，我国政府调控企业工资分配的体制机制还很不完善，既有政府调控责任不到位、调控手段欠缺、调控力度不够的问题，也有调控方式不当、包揽过多的问题，还有调控措施不配套等问题，至今仍难以满足市场经济发展的客观要求，难以校正企业工资分配过程中的偏差，确保工资分配的公平公正。党的十九大报告中指出，中国特色社会主义进入新时代，我国社会主要矛盾已经转化为人民日益增长的美好生活需要和不平衡不充分的发展之间的矛盾。收入分配发展作为不平衡不充分的领域之一，仍然存在较为严峻的挑战。随着深化收入分配改革进入攻坚期，我们应在进一步评估和分析我国当前工资收入分配领域有关宏观调控、指导措施的基础上，研究国外主要发达国家对企业工资的管控措施，为我国下一步深化改革提供借鉴。

在进一步深化改革的背景下，我们应扩大视野，了解国外的工资调控情况，特别是近年来各国在宏观调控企业工资收入分配方面的新举措、新趋势。通过借鉴和吸取国外有益经验，进一步改进和完善我国政府宏观调控企业工资分配的体制机制框架及内容，理顺市场决定与政府调控之间的相互关系，明确政府调控企业工资分配的功能和作用，探索增强政府调控合理性、及时性和有效性的途径与方法，从而使企业工资分配在市场机制和政府调控的共同作用下更好地实现公平公正的目标。

本书中"工资宏观调控措施"系指政府对各类企业（国有、私营企业）的工资干预、规范、调节、指导及服务措施。为合理借鉴部分国家在政府调控企业工资分配方面的有益经验，本书选择美国、英国、法国、日本、澳大利亚等国家为参照，广泛收集相关资料，对这些国家在政府调控企业工资分配体制机制的基本状况和具体内容进行归纳，对这些国家的政府机构在调控企业工资分配方面的共性与特殊性进行分析比较，把握其体制机制形成的历史脉络，分析其体制机制构建的基础条件及相关因素，研究其新情况、新特点和发展趋势。在此基础上，提出对我国的建议。同时，本书也关注全球各国最低工资政策评估、工资指导线政策评估、生活工资制度、中等收入者收入、高技能人才待遇方面的政策情况，以期为中国工资收入宏观调控政策提供参考。

2018年适逢中国改革开放40周年，也是笔者毕业回国第十个年头。十年来，笔者在逐步学习和掌握国内宏观工资政策的过程中，持续跟踪研究国外工资收入宏观政策的历史发展及最新动向、新情况，偶尔也能为人社部门工资收入分配领域的政策制定或修订提供点滴建议。当然，研究越广、越深入，越发现自己需要学习和了解的更多。本书是笔者这几年持续性研究过程中的阶段性研究成果，希望有机会继续深入研究，并能为理顺收入分配秩序、深化收入分配改革提供经验借鉴。

第一章
理论分析

一　理论基础

长期以来，政府和市场的关系一直是经济学中争论不休的核心议题，各种理论观点相互碰撞，常谈常新。经济自由主义时期，以亚当·斯密为代表的经济学家主张经济的完全自由，政府只需扮演好"守夜人"的角色；到20世纪30年代，资本主义国家出现了经济大萧条，凯恩斯主义在这种情况下应运而生，这一时期的主流思想是政府干预主义；到了20世纪70年代，西方世界普遍出现了滞胀现象，对凯恩斯的政府干预主义产生了严峻挑战，新经济自由主义迅速崛起，重申要以经济自由为主，但是承认经济自由不是无限度的自由，认为政府在一定限度内可以对经济进行一些干预。将上述历史演变过程综合起来看，我们可以发现，各学术流派的争论可以归纳为自由主义和政府干预主义之争，但一般来讲，各学派的理论均包含了自由主义和政府干预的思想，他们的分歧主要在于是自由多一点还是干预多一点，并在各自的基础上，提出了不同的政策主张。

1. 重商主义

分析政府与市场的关系首先应从重商主义说起，从时间上说，出现在15~17世纪，伯恩斯说："重商主义可以说是政府所采取的干涉制度，目的在于促进国家繁荣和增强国家力量，它有时又被称作中央集权下的经济统治。"重商主义认为国家应积极干预经济，奖励出口，限制进口，以增加本国的财富，却忽视了市场作用的发挥。

2. 古典经济学

继重商主义而兴起的是古典经济学指导下的经济行为。马歇尔认为自由市场经济是实现商品和要素均衡价格的方式，是一个更有远见以及更为严谨的选择，帕累托认为当完全竞争市场达到长期均衡时，最优条件将自动满足。古典经济学认为财富与利润来自生产领域，国家应减少直至取消对经济的干预，让市场机制充分发挥其调节作用，国家只是充当资本主义社会的"守夜人"，古典主义经济学后经马歇尔的均衡理论和瓦尔拉斯等人的一般均衡等理论的发展，达到了完美的境地，有限职能的政府和作用范围无限的市场是其追求的目标。

3. 凯恩斯主义

1929~1933 年，凯恩斯的政府干预理论在经济危机期间诞生（张思锋、王舟浩、张立，2015）。他主张国家全面干预经济以实现充分就业和经济增长，"从摇篮到坟墓"的政府参与形象描述了当时的社会现象。从 20 世纪60 年代起，英国政府进行了大规模的国有资产出售的改革运动，对国家全面干预经济采取极端否定态度，认为经济上的计划化几乎涉及人们生活的各个方面，包括个人的工作性质、就业差异、分配区别等。这些经济职能的集中必然引起政治权力的集中和滥用，并导致个人自由丧失，其结果必然是社会的农奴化。相信自由市场能顺利地解决一切经济问题。

4. 后凯恩斯主流经济学

新古典综合派认为，现代市场经济是一个由私有经济与公有经济两部分组成的混合经济制度，萨缪尔森认为"现代经济是市场和政府税收、支出和调节这只看得见的手的混合体"。在现代经济社会中，市场机制这只"看不见的手"和政府宏观调控这只"看得见的手"，对经济共同发挥作用，前者是后者的基础和前提，后者是前者发挥作用维护市场有序竞争的重要保证。在企业工资分配领域，市场分配机制应发挥基础性作用，应充分发挥人力资源市场主体的主导、主动作用，通过市场工资分配的激励功能引导人力资源的有效配置，提高企业效率，做大"蛋糕"。政府在企业工资分配中的作用则是弥补市场分配机制的不足，在市场主体协商达成一致但遵守得不好，或市场主体无序竞争且无法达成共识的方面制定市场规则，发挥调控作用，追求企业工资分配公平合理并分配好"蛋糕"（苏海南等，2013）。

5. 新自由主义经济学

新自由主义经济学认为政府不会比个人或企业做得更好，反对政府对经济生活的过度干预，主张让市场机制完全、充分地发挥作用；供给学派也认为自由市场会自动调节生产要素的供给和利用，应当消除阻碍市场调节的因素。同时，强调充分发挥市场机制作用，这样能使生产要素供需达到均衡和有效利用。

6. 小结

笔者认为，政府对企业工资的调控行为是市场经济发展到一定阶段的产物，也是人们对市场工资决定与调节机制自身存在的某些缺陷逐步深化认识并希望加以改进的产物。现代市场经济条件下的企业工资分配，虽然是以市场工资调节机制为基础，但是政府对企业工资分配的规范、引导、调节和服务逐步发挥出重要的作用。在两者并存、各负其责、相互作用的状态下，如果政府机构能够对企业工资分配给予合理调控，将有利于发挥市场工资调节机制的决定作用，规范企业工资分配行为，维护企业工资分配秩序，促进经济持续稳健发展，维护收入分配的公平正义。

二　学者观点

1. 20 世纪中后期的工资政策研究

国外有关工资政策性研究，在 20 世纪中期前后出现较多。如 Slichter（1944）分析了战后美国工资政策的影响及国家政策思路。Soffer（1954）分析了生活工资政策的弊病。Isaac（1958）以澳大利亚的发展经验介绍和分析了工资政策的作用，并指出当时澳大利亚工资政策有三个鲜明的特征：工资决定高度集权化、有关部分出台措施调控工资水平和工资结构的变化、工资变动更多的是基于社会和经济考虑，而不仅仅是考虑部分或特定的企业及行业。Pant（1956）从政策评估的基础上分析了当时亚洲国家工资政策存在的问题。认为亚洲国家工资政策的主要目的是：防止工资支付舞弊行为、由于工人谈判地位弱而设定最低工资、促进劳动者公正分享经济增长以及通过工资激励运作模式促进人力资源更有效分配。Douty（1969）指出英国当时实行的工资政策中，最显著的特点是增加工资的时候没有一般的

"行规"或"路标",除非在协议中已经明确。他总结发现有四种情况将支持工资增长情况:一是行业或企业劳动生产率提高的情况下;二是通过证明发现现有工资薪酬水平难以维持客观的生存;三是考虑到调控劳动力分布或调整严重工资差距的情况下;四是在特殊时期或短期需要扭转工资收入分配的"国家利益"性政策考虑。Carl M. Stevens(1953)通过实证检验的方法,分析了工会政策决定者们在政治考虑或经济考虑方面的不同立场,并通过分析工会工资政策的模式,提出了有关决策者们应考虑的各类变量建议。Handy 和 Papola(1974)分析了当时印度工资政策与劳资关系情况,并指出印度过去几十年出现地区工资差距缩小,但行业差距扩大的倾向,认为这是新型工业化国家自由劳动力市场的自然现象,并不是工资政策造成的。他们认为这个倾向主要是缺乏国家对劳动力市场有效干预的结果。此外,这段时期也有不少专家研究了工资政策对社会以及经济的影响。如 Louis Sieglman(1952)研究了通过工资政策调控通胀现象;Berndt Öhman(1969)研究了工资政策与其他社会和经济政策的关联,即"工资政策的协同性"。

2. 20 世纪末 21 世纪初的工资政策研究

随着经济不断发展,20 世纪 90 年代以来,国外有关工资政策的研究论文中,有关工资政策与劳动力市场其他指标的关联性研究更为深入、细致,或由宏观调控的研究逐步转向微观企业的工资政策研究。如 Knut Roed(1998)研究了平等的工资政策与长期失业现象的关系。研究发现,降低工资分配不平等性是以更多的失业分布不平等化作为代价的。Gunther Schmid 和 Klaus Schmann(1993)分析了当时德国工资政策发展背景,并建议应将工资政策结合就业、培训政策,不断改进和完善,进一步发挥市场经济中雇主和工会灵活协调的机制作用。A. K. DAS Gupta(1977)研究了混合经济下的工资政策。Pfluger(2004)通过建立两个国家垄断竞争模型,研究经济一体化过程中工资政策与社会政策对产业的外生差异性影响。研究发现,"新经济地理学"世界假设引入后,贸易高度一体化的国家模型将占据核心地位,而传统的国家模型则处于外围。前者可能更推行慷慨的社会政策以及更高的工资,同时没有诱导企业搬迁。

3. 最低工资政策研究

随着越来越多国家引入法定最低工资制度，不少专家开始研究最低工资政策的影响，特别是对就业的影响。20 世纪 90 年代中后期的很多实证研究表明最低工资的适度增加并不会降低就业率，甚至会提高就业率（Card and Krugger，1995）。近几年来，有关最低工资经济效应的影响研究越来越细致化，有关最低工资在经济萧条时期的影响、最低工资与其他劳动力市场因素的关系等问题研究始终在持续。国际劳工组织（ILO）2010/2011 年报告指出，法定最低工资在保护低工资劳动者方面所发挥的作用是经过事实验证的，包括经济衰退期和疲软的恢复期。该组织鼓励各国应通过最低工资等措施提高消费需求，实现经济稳定，并强调最低工资应当定期进行评估和调整。而一些学者对最低工资和青少年就业之间关系的重新考量一直在继续。如加拿大学者 Anindya、Kathleen 和 Corey（2011）的实证研究发现，在其他条件不变的情况下，提高最低工资 10%，则青少年就业下降 3% ~5%。此外，最低工资提高 10% 的同时也使得生活在低收入切割线下的家庭数增加了 4% ~6%。

4. 工资政策协调发展研究

近年来，对工资政策方面的研究基于各国现行的工资调控政策研究，并呈现新的关注点。Grimshaw、Bosch 和 Rubery（2014）通过对五个欧洲国家的数据研究，分析了集体谈判与最低工资标准的关系。其文章提出，在不断变化的最低工资政策以及政府目标竞争的背景下，工会及雇主谈判的策略造就了最低工资政策的薪酬公平效果；国际劳工组织《全球工资报告（2010/2011）》中研究了各国危机时期的工资政策，认为危机时期工会在保持平均月工资与劳动生产率之间的联系上仍有强大的力量，且通过经合组织国家数据发现，低工资就业的发生率和一些衡量工资决定机制的管制力度的指标之间有很强的负相关。同时，该报告还建议除了最低工资把握好政策评估以及推动集体协商外，还应结合其他如在职津贴等工资就业政策，使政策能够惠及低工资劳动者和他们的家庭，必须明确政策目标、锁定政策对象，有效地设计和实施政策，即是不同政策相互补充，而不是相互对抗的一揽子政策。日本经济产业研究所（2014）有工作论文分析日本现行的工资政策选择。该论文认为社会性协调是过去欧洲部分国家采取的措施。欧洲关心的问题是通过抑制工资克服通货膨胀，不过，欧洲的做法也可以适用于希望通过提升工资摆脱通货紧缩的日本。日本政劳资会议的缺点是，政府有可能通过参与谈判详细地管理谈判过程，过度干涉具体的企业层面，这种情况必须避免。此外，提出了有关日本 2013 年对提高工资的企业实施税制优惠制度的缺点是，没有区分对扩大消费最有效的基本工资上涨和奖金，而且财政负担也很大。关于大幅提升工资的政策何时结束的问题，虽然优惠措施应设定期限，但是一旦工资上涨，物价也上涨，就有可能很难再缩小优惠措施。

5. 国内学者针对国外工资政策研究

国内有关国外工资调控政策的研究在逐步增多，大多数是针对某个国家或某个政策的介绍。有针对最低工资的，也有针对集体谈判的，还有极少数针对生活工资政策的论文，此外，有关政府限制国有企业高管薪酬的论文近年来相对较多。如刘艳丽（2013）研究了丹麦工资确定机制，认为由于经济危机以及国际竞争加剧，企业对于灵活工资调整的要求越来越强烈，丹麦中央集权化的工资确定机制开始呈现分散化发展的趋势；王湘红（2012）从理论和市政角度回顾国际经验，认为集体谈判有助于提高劳动报酬占比，缩小收入差距，适当的最低工资政策有助于提高低收入者的收入并缩小劳动市场的收入差距；柴彬（2013）回顾了英国工业化时期的工资问题、劳资冲突及工资政策，认为英国工资政策经历了立法定额、自由放任和支持劳资谈判的发展轨迹；刘燕斌（2012）整理和分析了国外集体谈判机制，并提出了完善我国集体协商机制的相关建议；贾东岚（2014）整理和分析了国外有关最低工资制度的发展及趋势；肖婷婷（2015）研究并分析了国外国有企业高管薪酬政策。国内的研究文献中缺乏对于不同工资政策的互补关系以及一个国家整体的一揽子工资政策研究，另外，有关近几年国外工资政策的新发展及新趋势研究较少。

第二章
美国企业工资收入宏观政策

美国经济制度以私有制为基础，以自主经营的自由企业为主体，同时辅以国家宏观调控。政府干预仅限于就业、经济增长、通货膨胀与国际收支等重要的宏观经济目标（何帆，2003）。美国作为当今世界上最发达的国家，经济体系兼有资本主义和混合经济的特征。在这个体系内，企业和私营机构做主要的微观经济决策，政府在国内经济生活中的角色较为次要。美国的社会福利网相对较小，政府对商业的管制也低于其他国家。

一　工资政策历史变迁

1. "黏性"工资政策

早在大萧条时期的前两年，美国政府实施了"黏性"工资政策，促使当时的工人实际工资持续较高。胡佛政府成功地给大企业施加压力迫使他们保持工资，政府和商界领袖认为这将是有助于维持需求的一项政策。在新政初期，《全国工业复兴法》继续执行保持工资的政策，经济力量也起到保持高实际工资的作用。

2. 集体谈判决定机制确立

随后的《瓦格纳法案》、《公平劳动标准法案》及工会的相关成长均有助于维持工资。1935 年，《瓦格纳法案》将集体谈判原则确立为劳资关系的基石。时任总统罗斯福鼓励发挥工会的作用，通过集体谈判提高劳动者收入成为振兴经济的一个措施（杨思斌，2010）。该法保障劳动者加入工会的权利，并赋予劳资代表双方进行谈判的权利。当时美国成立了"国家劳动关系委员会"专门负责保障私营部门的工资水平和工作条件。1938 年颁布的《公平劳动标准法案》取代了过去的《全国工业复兴法》，把联邦最低工资定为 0.25 美元。该法令适用于从事州际商业活动及货品生产以进行州际商业活动的所有雇员。各州可以根据各自的情况制定本州的最低工资条例。此外，该法案还规定了标准工时、加班工资支付等相关要求。1947 年颁布的《国家劳工关系法》对于集体谈判的内容、程序等做出了详细的规定。这些法律规定的颁布，也保障了半个世纪以来美国集体谈判制度的实施。

3. "二战" 时期及战后特殊工资政策干预

"二战" 初期，罗斯福政府决定采用管制手段直接对抗价格上涨。1941 年成立了价格稳定部，负责控制价格，并在随后出台了冻结工资的政令。战后，联邦政府在经济中的作用继续扩大，特别是在最初的 30 年，美国各级政府在规模和影响力上继续增长。过去不稳定的自由市场经济已经被结合了市场的灵活性和政府控制的稳定性的 "现代混合经济" 取代。这一增长一直持续到 20 世纪 70 年代后期。20 世纪 70 年代到 80 年代初，对政府干预经济的反应开始逐年显现。1971 年尼克松政府强制实行工资价格管制制度，共经历了 2 个阶段，一是价格冻结时期，二是价格和工资分别由物价委员会和工资委员会规定，这些机构有权对个别市场具体对待。美国政府规定物价和工资每年只能提高 5.5%，而且需要政府批准才可付诸实施。直到 1974 年美国政府才停止对物价和工资的干预。

二 工资管理机构

在美国，履行劳动力市场宏观管理职责的机构是劳工部，具体负责联邦的劳工立法，包括工资、福利、劳动时间、劳动条件、就业、劳资谈判、统计资料监测公布等。其内设工资和工作时间处、劳工统计局等部门进行有关工资方面的调控与监测服务。国家劳动关系委员会负责劳动关系争议仲裁处理事宜，其中包括工资争议仲裁处理。该委员会总部设在华盛顿，下设 33 个区劳动关系委员会。

三 工资宏观管理政策

美国的劳动工资宏观政策体系呈以下特点：即以劳动力市场供求关系

为基础，具体制度形式多样化，管理分散化，调控间接化，市场机制作用强。以人为本是美国政府监管的根本理念。法制监管与服务支持是政府干预劳工市场的主要手段。

1. 规范市场主体工资决策及行为准则

美国通过颁布相关法律及配套措施来保障集体谈判得以有效进行。例如，《国家劳资关系法》（或称《瓦格纳法案》）的颁布，标志着美国在法律上对集体谈判的承认。根据该法，美国成立了一个联邦独立机构"国家劳工关系委员会"（NLRB）专门负责保障私营部门劳动者的权益，提高他们的工资水平和改善工作条件。大部分的美国劳动法律只规定了处理劳工关系的程序，而把工作的实质性规则（如工资数量、员工福利、裁员保护等）留给了资方或劳方，由劳资双方谈判决定，以充分体现当事人意思自治的立法原则。其中相关法律包括《国家劳资关系法》[①]、《劳资关系法》[②]、《劳资报告与披露法》、《邮政重组法案》和《铁路劳工法》。同时，美国也注重配套立法，优化集体谈判的社会环境，《社会保障法》（*Social Security Law*）和《公平劳动标准法案》（*Fair Labor Standard Act*）的制定使得集体谈判制度得以有效实施，更好地发挥其改善劳动者的生存环境、调整收入分配的作用。

在美国的集体谈判机制中，政府在劳动关系中的直接作用是有限的，劳资双方的谈判是自愿的。但是随着经济的发展，政府在调整劳资关系中作用日益明显（张可人、徐怀伏，2007）。如美国国家劳工关系委员会和法院规定工会有权获得在准备谈判、申诉不满和执行协议中有助于了解到实际情况的任何资料（佘云霞，2004）；又如法律规定如果发现国家安全将受到某次罢工事件的危险，总统可建立专门小组提出建议解决罢工的问题；此外，美国政府在劳动监察中也起着均衡劳资双方力量的重要作用。

此外，美国《公平劳动标准法案》规定了有关最低工资与工时方面的标准。《美国法典》第 11 卷破产法中规定了有关工资保障金的要求，同时，该法典也规定了有关国有企业高管和普通职工职级以及对应薪酬方面的标

---

① 1933 年通过该法律。
② 1947 年通过，是对原《国家劳资关系法》的补充和修订。

准及规制。

2. 规定和调整最低工资标准

美国在《公平劳动标准法案》中指出必须纠正和尽快切实消除不利条件，维持最低生活标准，不损害工人就业和挣钱所必需的健康身体、有效劳动和一般享受。该制度定位一是覆盖面要广，二是工资水平要能保证一个足够劳动者"自给自足的标准"。美国最低工资分联邦最低工资和各州最低工资。联邦最低工资由国会制定。联邦最低工资标准的提高要由总统提出议案，通过国会表决批准并在《公平劳动标准法案》修正案中做出调整、加以体现。调整参考因素有：①生活费；②制造业的生产力和工资水平；③雇主应付工资上调的能力。美国最低工资适用于至少雇有两名雇员的行业或机构。其中覆盖每年营业额至少达50万美元的公司。公布的有关形式除了一般的最低工资外，还公布了有关学生雇员、残疾雇员以及领取小费的雇员所应领取的最低工资。

3. 对国有企业高管及职工薪酬管理

美国通过立法对政府企业进行规制和管理。对于政府独资企业采用"一司一法"制，这类公司董事会一般采取兼职制，由有关政府官员、金融业人士和社会专家组成。以美国田纳西河流与管理局（TVA）为例，TVA法规定公司最多设立9名董事，每位董事可以获得相应的津贴，津贴基本数额由TVA法相关条款规定，根据联邦政府行政部门雇员工资的年增长率进行相应增长，国会可以对津贴数额进行修改和调整。

对雇员工资规定方面，美国法典第5部分第51章和53章分别规定了政府企业所雇用职工的分级、政府企业职工工资率及常用工资率系统。国有企业职工收入主要由董事会参照公务员薪酬水平以及同类私营企业市场价位水平确定或通过直接协商确定。其中，各种政府企业管理的情况有很大区别。有的是以政府雇员的标准来确定工资水平，美国劳工统计局每年公布的人工成本数据均作为联邦雇员（含部分政府公司雇员）的工资设定依据。如全国房屋基金会和全国铁路客运公司雇员的薪金不得超过行政官员分类表上的一级工资水平，而公共广播公司雇员则以二级工资为限。还有一些政府公司没有任何工薪限额，可以由企业根据业绩做出工资安排。

4. 城市生活工资法令规制

生活工资，又称生存工资，初衷是"界定一个让家庭达到贫困线的生存工资水平"。生活工资立法主要在美国的市级进行，由市议会以地方法律的形式规定。生活工资法令主要针对与市政当局签订合约的企业工人。一是与政府签订公共合同的承包商的雇员，或者是接受政府补贴的私人公司的雇员；二是其从事的行业主要是公共服务业。该法令主要目的是解决服务行业工人的贫穷问题。据统计，截至 2010 年，美国大约有 140 个城市实施了生存工资法。相比而言，法定生活工资覆盖面比最低工资低，但工资标准相对较高。法定最低工资指的是不受时间和地点限制的标准，而生存工资通常只适用于与城市签有服务合约的企业，如向城市建筑提供门卫、泊车或园林服务的企业。当然，部分城市像圣菲市、旧金山市等地已经在考量在就业或企业承受力的基础上将最低工资提高到接近于生活最低工资的水平，即远高于联邦最低工资的城市生活工资法令已经在全市执行。

5. 提供人工成本及薪酬信息指导及服务

美国劳工统计局每年定期根据国家薪酬调查（NCS）结果向公众提供翔实的职业工资、雇用成本趋势、福利以及具体养老金计划信息。具体的职业收入数据涵盖整个国家范围内的不同地区，含大都市区和非大都市区。这些数据是衡量国家经济状况和评估劳动力市场的国际竞争力的重要指标。企业可参考该类翔实的数据信息来确定职工工资、人工成本、养老保险、福利等相关指标，同时也对工资集体谈判起指导、参考作用。

6. 特殊时期对企业工资的干预

作为典型的市场经济国家，在特殊情况下政府也会出手干预企业工资。如"二战"时期，时任总统利用行政命令建立了物价管理局[①]，目的是要避免"物价飞涨、生活费提高、牟取暴利和通货膨胀"。国会于 1942 年 1 月通过《紧急物价控制法》，授权物价管理局冻结物价与工资，该法案[②]于 1942 年 1 月 30 日经总统批准生效；1947 年《劳资关系法》规定，如果美国总统认为罢工已威胁到国家安全，可以直接采取干预行动，包括制定一个

①　Office of Price Administration.

②　Executive Order No. 9250, 7 Fed. Reg. 7871 (1942).

调查委员会对争议问题进行调查，并要求提出书面报告；又如在20世纪70年代，为了解决失业、通胀和美元危机三大难题，尼克松政府于1971年8月15日宣布实行新经济政策，对内冻结工资、物价和房租90天，帮助刺激经济回升；2008～2009年发生的金融危机，促使美国政府、国会和公众对金融企业高管的超高薪酬提出强烈质疑和抨击，美国政府相关部门针对高管薪酬特别是金融行业高管薪酬采取了一系列限制措施。2008年10月中旬，美国财政部根据《紧急经济稳定法案》公布了高管薪酬和公司治理规定，指出任何参加"救市"计划的金融公司都必须遵守以下标准：一是凡向财政部出售3亿美元以上"问题资产"的公司，在新招聘高管时，不得规定优厚的离职金并可征收20%的消费税；二是公司对每位高管的免税薪酬不得超过50万美元；三是凡参与财政部股票购买计划的公司必须保证向高管提供的激励性薪酬不会导致威胁公司的价值以及带来不必要和过高的风险，如若业绩报告为假，将予以追回高管奖金及其他激励性薪酬。2009年2月4日奥巴马宣布对华尔街高管的限薪计划，今后凡接受政府救援的金融企业高管年薪上限为50万美元；此外，对于工资集体协商失败引起大罢工时政府可出面进行调解或仲裁。

后金融危机时期，美国也对金融行业高管薪酬出台一系列措施。如2010年7月通过的《多德－弗兰克法案》，被看作大萧条以来最严厉的金融监管法案，其核心内容是在金融系统中保护消费者的利益。其中一条规定是美联储将对企业高管薪酬进行监督，确保高管薪酬制度不会导致对风险的过度追求；美国证交会（SEC）于2011年3月初出重拳抨击金融高管薪酬，首次要求接受监管的公司每年向SEC报告详细的薪酬计划，而SEC则有权禁止相关公司发放那些被其判定为属于激励过度的薪酬安排。根据美国SEC网站公布的新规概要，管理资产超过10亿美元的美国金融经纪公司和投资顾问公司，每年需向SEC报告一次基于激励体系的薪酬计划。之后，SEC有权中止任何其认为存在过度激励并有可能导致企业遭受"实质性金融损失"的薪酬方案。而像高盛和摩根大通这样资产达到或超过500亿美元的大型金融公司，则将面临更为严格的薪酬限制。除需定期汇报薪酬计划外，SEC要求这些公司高管的薪酬中有一半需要延期3年支付。在此期间，如果企业遭受损失或效益下滑，则承诺延期支付的奖金也将相应减少。

第三章
日本企业工资收入宏观政策

日本经济体制的重要特点是政府一直重视和强调对经济的管理、干预。当代日本的市场经济模式在资本主义世界中独树一帜，这种模式的形成既与日本从明治维新以来所逐步建立的具有东亚特色的市场经济体制有着历史的联系，又是战后日本学习欧美建立市场经济体制的经验，并将其同本国市场经济发展的实际相结合的结果。

一　工资政策历史变迁

1. 工资水平增长的政策变迁

战前，日本曾以低工资闻名于世。低工资不仅是垄断资本向工人阶级榨取更多剩余价值、加速资本积累的重要手段，而且是日本扩大出口、加强国际竞争能力的重要条件。战后，日本垄断资本利用低工资加速资本积累的本质虽无根本改变，但随着技术水平和劳动生产率的提高，日本的工资水平有了迅速提高。由于工会力量强大和国家干预经济，工资出现只上升不下降的现象。1954年，日本财界组织日经联提出提高工资的三个原则，"一是不能够引起物价上涨，二是必须在企业经营所允许的范围之内提高，三是必须在劳动生产率提高的基础上提高工资"（凌星光，1988）。

日本政府除了战后初期实行工资统制外，主要是通过政府所控制的决定工资的机构来控制全国工资水平的提高，以此来保证资本积累的加速进行。工资决定机构主要有人事院、中央劳动委员会，另外，日本各地方政府也直接控制着一些决定工资的机构，如地方人事委员会、地方劳动委员会等。

1955年开始的春季工资斗争（简称"春斗"），是日本工人阶级通过规模斗争来维护其经济利益的重要手段，对提高工资水平有重要的影响。为把春斗要求控制在垄断资本能够接受的限度内，各决定工资的机构一直密切配合，有力地控制了春斗行市。由于人事院每年都要在进行生活费实况调查和比较国家公务员与私人企业职工间工资差距的基础上，至少向国会和内阁报告一次国家公务员的工资情况，当其认为国家公务员的工资必须增减 5% 以上时，要同时提出劝告。而国家公务员的工资水平也是公劳委对三公社、五现业的工资交涉进行斡旋、调停和仲裁的主要依据。这样，人劝制度就直接间接地控制了全国官、公企事业单位劳动者的工资水平。垄断大企业的工资提升额（提升率）确定后，立即产生了波及效果。如此一来，在春斗过程中，即使劳资双方就工资交涉达不成协议，各决定工资的机构也能把春斗要求控制在劳动生产率提高的幅度以内，从而大大减轻了春斗对垄断资本的压力。正因为如此，日本垄断资本不仅不反对春斗，反而把春斗视为一种定期调整劳资间分配关系的习惯形式（刘昌黎，1983）。

随着 20 世纪 70 年代开始出现物价全面上涨的局面，工资增速高于劳动生产率增速，当时的日本政府通过推行所得政策来加强对工资的间接管理。日经联于 1970 年提出了"生产型标准原理"，强调需要把工资水平提高控制在劳动生产率提高的幅度之内。但是基于随后两年物价大幅上涨，日本采取了强制的抑制总需求政策，但出现了工资和物价恶性循环的局面。20 世纪 70 年代中期以后，日本推行所得政策，即每年春斗前，日本政府和垄断组织都依据劳动生产率提高和物价变动的情况，亮出提高工资的"指导标准"。该政策与欧美国家做法类似，即把工人的收入控制在一个能未定物价、制止通货膨胀的区间内。如此措施加强了日本对工资的间接统制，促进了资本主义再生产的不断扩大。

2. 工资保护政策的变迁

实行工资保护政策，是日本政府确保适当工资水平的重要措施。第二次世界大战前，日本是一个军事封建性的帝国主义国家，各种劳动、工资法令极不完备。工人阶级在没有劳动三权的状态下，忍受着资本家的残酷剥削。第二次世界大战后，日本政府迫于国内外民主势力的压力并在美国占领军的授意下，于 1945 年开始先后制定了《工会法》、《劳动关系调整法》和《劳动基准法》等一系列劳动法令，规定了若干工资保护政策。例如，工资支付五原则规定工资必须是现金支付、全额支付、直接支付、定期支付和每月一次以上支付。又如，保障最起码限度工资收入的有关原则规定：由企业造成的停工，必须向工人支付其平均工资的60%以上的工资；对计件和承包工资，必须按劳动时间保障一定的工资额；加班工资必须按计算加班工资的基础上增加25%，深夜加班必须增加50%；对个别工人违反劳动纪律和出现废品等的罚款，一次不准超过其日工资的50%，累计不准超过支付期间其工资总额的10%，等等。

日本在1959年起开始实施《最低工资法》。在该法颁布之前，1947年颁布的《劳动标准法》中规定了有关最低工资的条款，要求为特定行业和岗位的劳动者建立最低工资。但是，政府考虑到战后经济混乱时期及经济重建时期日本不具备实施最低工资制度的条件，担心企业压力过大，因此并未响应劳动者的诉求，也未执行这一条款。直到1959年，日本政府才通过了独立的最低工资立法。

1959年《最低工资法》中确定了决定最低工资标准的两种方式：一是以各地区占据主导地位的劳资集体谈判所形成的协议确立最低工资标准的"集体协议扩展适用法"（简称"集体协议法"）；二是由最低工资委员会开展调查和磋商确立最低工资标准的"委员会法"。确立的标准须经厚生劳动省或地方劳动行政机构正式颁布实施。在实践中，前一种方法很少使用，因为日本工会多数建立在企业层面，几乎没有行业一级的协议能够覆盖一定区域进而能够形成最低工资标准。而后一种方法，当时法律规定只是一种辅助的方式，只有当集体谈判协议不合理或不合适的时候方能采用（王霞，2011）。基于以上原因，1959年的《最低工资法》仅覆盖了全部劳动者中很小的一部分。

1968年《最低工资法》进行了第一次重大修订，改为重点采用"委员会法"确定最低工资标准。这一模式一直维持到2007年再次修订之前。根据1968年的《最低工资法》，最低工资委员会分为中央级及地区级（都、道、府、县）两级。它是一个三方机构，由分别代表劳动者、雇主和公众三方的同等数量的人员组成。中央最低工资委员会有权决定跨地区的最低工资标准，但实际上中央委员会很少使用这一权力。绝大多数最低工资标准是由各县最低工资委员会确定的。此次修订限制了"集体协议法"，并扩展了对"委员会法"的规定条款，促进了"委员会法"的推广应用。自

1968 年起，最低工资制度的覆盖面开始扩大到全体劳动者。

1968 年后，《最低工资法》又进行了数次较小的调整，由于"集体协议法"在日本的适用性很小，"委员会法"逐渐成为首要选择。具体调整的措施集中在两个方面：一是中央最低工资委员会颁布最低工资的"指导线"，对各地区（划分为四个等级）最低工资标准的调整提供参考并影响地区标准的制定；二是对行业最低工资标准与地区最低工资标准的作用进行重新定位，并对确定行业最低工资标准的方式进行调整，使得行业标准的适用更有地域性。1971 年，日本制定了和政策一致的有计划的地区最低工资标准。1976 年，日本所有的管区（县）都颁布了最低工资标准。1978 年，中央委员会的最低工资指导线得到推广应用。

日本 2007 年对《最低工资法》进行了近四十年来的首次重大修订。新法将派遣劳动者也作为最低工资标准的适用对象，强调了工资政策与生活保护政策的整合。

3. 指导企业内部工资制度的变迁

1950 年后，日本开始逐步抛弃了过去的工资直接统制政策。日本政府一方面从宏观角度控制了工资对物价的影响，并同时从另一方面对微观企业工资制度进行指导和推行。比如指导企业在实行年功序列工资制度的同时还要积极引入管理合理化思路，使得工资制与劳动质量和数量相匹配。1960 年开始，日本通过劳动白皮书评价了年功序列工资制度的优劣性，并于 1965 年后提出了符合日本特色的经营与能力相结合的职能工资制度。进入 20 世纪 70 年代后期，日本政府为鼓励劳动密集型及资源消耗型产业专项知识密集型产业发展，对产业调整过程中的职工培训、研究开发方面从财政政策上予以支持，使得能力要素在工资制度中受到重视。20 世纪 90 年代以来，日本经济进入低增长期，日本政府逐步调整产业结构政策，支持职业培训等多种就业政策，指导企业进一步改革工资制度。

二　工资管理机构的设置

日本主管企业工资政策的部门是厚生劳动省，共设置 11 个局，7 个部门。厚生劳动省由本部、附属研究所、委员会、地方分支机构和外部组织组成。其中，中央劳动关系委员会属于外部组织之一。日本政府 1955 年即设立劳工事务委员会，成员包括雇主及工人的代表。1957 年设立中央最低工资委员会，负责研究和推行最低工资制度。

三　工资宏观管理政策

1. 规范市场主体工资决策及行为准则

日本政府调控和干预工资的政策与法律较多，如日本《最低工资法》，规定和调整最低工资相关事宜；《工资支付保障法》规定有关雇主缴纳的保险基金作为欠薪保障支付的来源；有关集体谈判、调整劳资关系方面的法律法规也比较健全。如《工会法》《劳资关系调整法》《劳动标准法》等法律。这类法律主要的作用有：一是政府对于企业的劳动关系不进行行政干预，而是通过法规来维护正常的经济秩序和社会安定；二是确定工人与雇主有平等的地位，享有民主权利；三是规范劳资双方的行为，主张劳资双方通过集体谈判和签订集体合同以平等协商的方式稳定劳动关系。根据日本学者的研究，春斗在日本不同时期起到了不同的作用，如 70 年代是"低成长下的春斗"，80 年代是"没有罢工的春斗"，而 1999 年以来是"消除贫富差距、提高工资底线的春斗"（人力资源和社会保障部劳动工资研究所课题组，2015）。

2. "政劳资"会议干预工资调整

2015 年 4 月，日本政府召开了由相关阁僚和企业界、工会代表等出席的"政劳资"会议，为了使上调工资的潮流扩展至中小企业，会上就敦促大企业和承包商改善交易价格等支持中小企业的对策达成一致。首相安倍晋三在会上也提出："希望为使中小微企业能上调工资以扩大良性循环做出最大限度的努力。"日本经济产业研究所专家指出，社会性协调是过去欧洲部分国家采取的措施。欧洲关心的问题是通过抑制工资克服通货膨胀，不过欧洲的做法也可以适用于希望通过提升工资摆脱通货紧缩的日本。日本正在往社会性协调的方向发展。在关于工资的讨论中，政府直接干预经济和劳动领域的政劳资会议就是这种措施的一例。一方面，政劳资会议的优点之一是做好了"退出战略"的准备。如果工资上涨超过适度水平，高于劳动生产率，政府可以在同一场所（政劳资会议开会时）提议抑制工资。另一方面，政劳资会议的缺点是政府有可能通过参与谈判详细地管理谈判过程，过度干涉到具体的企业层面，这种情况必须避免（日本经济产业研究所，2014）。

3. 调整和指导最低工资

日本现行最低工资政策的依据是 2007 年修订的《最低工资法》。最低工资工作相关的机构包括厚生劳动省、中央最低工资委员会、地方最低工资委员会、地方劳动行政部门、行业最低工资委员会等。在国家层面，中央顾问委员会每年向每个组别建议地区性最低工资的调整款额；在地方层面，各县的最低工资审议会制定各地区的最低工资，而不同行业的最低工资委员会负责制定自身行业的最低工资。

2007 年最新修订的《最低工资法》，修订的核心内容有三个方面：一是确立了以地区最低工资制度为核心的最低工资标准体系，各地区必须颁布本地区的最低工资标准；二是设立特别最低工资标准替代原来的行业最低工资标准；三是首次提出最低工资标准的制定要与政府为公民提供基本生活保障的公共援助标准相适应的要求（王霞，2011）。

4. 国有企业薪酬管理

日本国有企业目前只保留了日本邮政、日本生命保险等少数国有企业。对于现存的国有企业，由日本政府的主管省、厅直接负责管理，国会对其大政方针具有议决权，包括预算、决算、价格、经营计划、资金筹措和利益分配等。同时，这些活动的监督与控制分别由大藏省、经济企划厅会计检查院和总务厅行政监察局等负责。

日本国有企业高管收入需按照日本国会制定的有关规定发放，其薪酬标准、薪酬结构、薪酬调整等通常由日本人事院按照日本《国家公务员法》有关条款及其他规则执行。

关于国企职工薪酬管控，其工资总额管理等通常由日本人事院按照日本《国家公务员法》有关条款及其他规则执行。按照现行法律规定，日本人事院需要至少每年一次同时向国会和政府内阁报告适宜的政府公共雇员薪酬调整建议方案以在公共部门与私有部门雇员薪酬之间取得平衡，为此，日本人事院定期采用所谓"拉斯贝尔"方法（统计方法）对私有部门和公共部门雇员的薪酬进行薪酬调查和比较。

5. 为增加工资的企业提供税收优惠

日本采用了对提高工资的企业实施税制优惠的制度：2013 年 4 月开始实施，其后又扩大了适用对象的税制优惠措施，除日本之外几乎没有先例。预定连续实施 5 年，提高工资达到一定程度的企业，劳务费增加额的 10% 可以作为免税对象。日本经济产业研究所专家认为这个制度的缺点是，没有区分对扩大消费最有效的基本工资上涨和奖金，而且财政负担也很大。关于大幅提升工资的政策何时结束的问题，虽然优惠措施应设定期限，但是一旦工资上涨，物价也会上涨，就有可能很难再缩小优惠措施。

6. 人工成本信息公布及指导

日本从 1965 年到 1971 年"人工成本调查"以及从 1972 年到 1983 年的"雇员福利体系调查"均调查过人工成本。目前"工作条件调查"项目也涵盖了人工成本的数据。① 此外，日本国家统计局每年《统计年鉴》中公布每月中不同行业、不同规模企业的人工成本平均值及其构成项目、不同行业劳动生产率指数。旨在为劳动力市场提供信息指导和服务，解决信息不对称的问题。

---

① 根据日本厚生劳动省网站信息整理。

第四章
澳大利亚企业工资收入宏观政策

澳大利亚是一个地大物博、人烟稀少的市场经济国家，其国民一直享受高福利、宽保障的待遇。同其他市场经济发国家不同的是，澳大利亚很长一段时间是政府在工资确定或协调、对劳动关系方面起主导作用。20 世纪以来，随着劳资关系法律的逐步变迁，工资干预或调控的机制逐渐由集中管理到分散化管理，逐步发展到现在的管理和服务体系。由于澳大利亚经济是以私有制和市场经济为基础，但其对工资收入分配政策的管理却一直与执政党派的观点紧密联系。

一　工资政策历史变迁

1. 1896～1921 年基本工资概念提出

1896 年，澳大利亚维多利亚州创立了工资委员会，当时尚未建立统一的最低工资，但已经开始设立 6 个行业的"基本工资"（Basic Wage），即保证工人及其家庭身体健康和一定舒适条件的最低费用，成为澳大利亚最低工资的前身。这个规定在试行 4 年后更新了标准并在 1904 年永久保留了此政策，当时涵盖范围已增加到 150 多种不同行业。直到 1907 年著名的"哈维斯特判决"（Harvester Judgment）[1] 真正提出"基本工资"这个概念，并把每周标准工时设定为 48 小时，澳大利亚喊出了资本主义国家设立最低工

---

[1] Harvester Judgement 同"希金决议"。"希金决议"是 1907 年在维多利亚州由法官 H. B. Higgins 判定当时澳大利亚最大的收割机生产商（Sunshine Harvester Works）雇用者 Hugh Victor McKay 不论他的支付能力够否，必须根据"人类文明社会生活成本所需"保证支付雇员合理的工资。这个判定在整个 20 世纪影响着澳大利亚的最低工资制度，甚至是全世界的社会保障政策。

资政策的先声，并形成联邦工资裁定达 60 年（周宣芩，2006）。

1904 年，澳大利亚通过了《联邦调解仲裁法》，并设立了联邦调停及仲裁法庭。法律中规定了联邦调停及仲裁法庭有权力为不同职业的职工制定最低工资以及雇用条件，并诠释及执行这方面的决定。这是澳大利亚最低工资制度的开端，但当时涵盖范围较小，工资水平也低。1907 年，澳大利亚首次根据技术工人家庭的实际正常生活需要制定了"公平而合适"的工资。最低工资额为基本工资和特别津贴之和（即两级工资）。这是针对不同的家庭及行业所设的最低工资基点（张明丽、杜庆、李方，2011）。1911 年，澳大利亚除西澳大利亚州以外的其他州都建立了工资委员会制度，澳大利亚一些州还直接颁布法律法规对工资进行干预（杰拉尔德·斯塔尔，1997）。

2. 1921～1967 年生活成本概念

1921～1967 年，皇家专门调查委员会（Royal Commission）涉足调查人类文明社会生活成本（Cost of Living in A "Civilized Community"）。1919 年，澳大利亚当届总理比利·休斯（WM Hughes）为了在战后混乱的政治与经济格局中鼓舞民心，在一次选举演讲中承诺为确保精确性，将在基本工资政策方面建立一个皇家专门调查委员会。此后，该委员会在确立工资体系时根据生活成本的增加而相应地进行调整，1922 年法院开始引入自动季度生活成本调整系统（The System of Automatic Quaeterly Cost of Living Adjustments），从事基本工资的调查。自 1921 年起在工资体系设立时将依据有关市场和生活基本所需因素结合而定，并具体体现在宏观和微观经济层面计算支付能力和市场因素方面。除 1951 年前由于朝鲜战争引发的通货膨胀压力，被仲裁委员会暂时取消基本工资自动调整体系，这个政策一直持续到 1967 年并占据主导地位。

1947 年，澳大利亚修正了 1904 年《联邦调解仲裁法》，除原有的法院设置外，增加调解委员会的设置，法院功能仅限于司法宣判及基本工资、女性最低工资、工作时间及年假仲裁，其余交由调解委员会负责。1956 年再次修订后，设立调解仲裁委员会以及联邦劳工法院。

3. 1967～1990 年——"总金额"工资概念提出

1967 年澳大利亚调解仲裁委员会取消基本工资加边际效益的两级工资制度，取而代之的是"总金额"概念，并将 1966 年订立的最低工资并入总工资（O'Brien，2005）。委员会认为随消费品价格变动而调整的工资理念，应与国家生产力以及"高于经济支付能力"① 一并考虑，这样不但在制定最低工资标准时引入了价格变动因素，而且还给最需要最低工资的群体以更好的保障。澳大利亚全国总工会（ACTU）坚持"哈维斯特判决"已经成为工资体系的"基本原理"，但是应该有更"现代"和公正准确的方式来保留社会假设，用以支持著名的"希金"公式。相反的是，联邦调解仲裁委员会却认为工资结构体系，特别是在设立最低工资标准中，需要放弃更多的社会假想，而应该考虑在经济范围内更明确地确定工资的实际增长水平，即将市场因素更多地纳入考虑中，并指出这是由"经济性质的支配性"所决定的。随着经济的发展，1988 年委员会开始接受新的两级工资制度，将政治和经济因素同时纳入工资标准设立中，具体体现在结合微观效率和宏观控制将市场和社会公正因素合并来确立工资率。同年，《联邦调解仲裁法》更名为《产业关系法》，目的为促进劳资双方和谐与合作，并重申调解和仲裁制度。设置了新的产业关系委员会，取代了调解仲裁委员会。

从前三个发展阶段看，20 世纪 90 年代以前，澳大利亚的工资分配标准主要是通过联邦或各州产业关系委员会或劳资法庭裁定的工资率确定，即基本上实行工资集中管理政策。工人的工资标准不像其他发达国家一样通过集体谈判确定，而是由裁定工资率确定。裁定工资率就是澳大利亚联邦或州的产业关系委员会或劳资法庭以裁决、决定和劳资协议等形式形成的判定或劳资薪酬协议。根据有关法律，经产业关系委员会和劳资法庭裁决的工资率一经生效，则具有扩展功能，它将适用于所有同行业人员。这种经多年积累的裁定工资率使澳大利亚形成了具体的、固定的职业报酬标准体系。每个工人都能查找到与自己岗位相对应的工资标准。到 20 世纪 90 年代初期，全国共有 3200 多个这样的裁定工资率。雇员和雇主可以就工资待遇协商，但只能高于裁定工资率，而不能低于裁定工资率，否则算违法。

实行裁定工资率的目的主要有两个：一是为了体现工资分配的公平性，

---

① "高于经济支付能力"是澳大利亚联邦调解仲裁委员会（Australian Conciliation and Arbitration Commission）1967 年提出的，即在每个裁定工资上追加 1 澳元。该委员会认为此举将刺激经济活动水平，但如果很大的增加比例会造成价格升高和通货膨胀的可能。

即同工同酬；二是为了减少由于劳资冲突带来的损失。虽然工资集中管理政策基本实现了同工同酬，也使得劳资冲突对社会和经济造成的损失明显减少，但集中管理政策并未能够消除经济滞胀和较高的失业率。同时也使工资的激励功能丧失，造成劳动报酬和劳动成果不相符（原劳动和社会保障部劳动工资研究所，2001）。

4. 1991～2004年——"最低安全工资网"（Safety Net）设立

1993 年，《产业关系法》经修订后，目的为促进及鼓励企业与劳工（工会）签订集体协约，称之为企业协议（Enterprise Agreement）。本次修正内容包括：鼓励劳资达成协议，由裁定保护工资及就业条件，并保证劳动标准达到澳洲的国际义务等。

1996 年《工作场所关系法》（Workplace Relations Act），设立了公平最低工资安全网。① 但由于当时此项法律并未就安全网及公平的最低工资做出确切的定义，由此引发了有关各方包括联邦政府及州政府、雇主协会、工会及社会服务机构等对其确切定义的激烈争辩，这使得企业协议有了戏剧性的增加。据统计，1996 年企业协议下的雇员平均年工资增长了 4%～6%，对应的只在裁定工资范围内的雇员年均工资只有 1.3% 的增长。1996 年《劳资关系法》对裁定工资体系做了较大幅度的简化，最后只保留了部分有关最低工资以及劳动条件的条款。首先维持了裁定制度以提供公平且可实施的最低工资及就业条件安全网，另外将工资制度分散化，在可以不遵守联邦或州定法律规定的前提下，雇员与企业可以自主签订协议 AWA（Australian Workplace Agreement）。此外，限制了劳资关系委员会（AIRC）的仲裁角色，以避免在协议及裁定之间产生不适当的相互作用，同时保证劳工更多代表权的选择及取消未经请求的工会干涉协商过程。

5. 2005～2008 年——澳大利亚公平薪酬和雇用条件标准的引入

自 2005 年起，澳大利亚政府通过了《工作选择法》（Work Choices Act）及《2006 年劳资关系规例》（Workplace Relations Regulations 2006），对澳大

---

① 安全网主要指政府通过社会救助或收入支持的方式对社会上最困难的群体提供最低生活水平保障的政策。因此，也意味着政府在提供福利服务时利用家计调查的方法认定服务对象，福利供给的原则从普遍性向选择性的转移，例如只提供给最困难的群体。

利亚的劳资关系进行了多项重大改革，特别是引入了名为"澳大利亚公平薪酬和雇用条件标准"的新标准，为所有工人提供了比以往更好的保障。其中标准订明了 5 项基本权利：基本工资和散工额外酬金、工作时数、年假、事假/照顾他人的假期和抚恤假期及无薪亲职假。本次修正的目的是提供一套更加简单、灵活的国家劳资关系制度。一是降低了 AIRC 的功能，二是工会在制定劳资双方契约的重要性减退。

新的修正案更强调个别劳资关系，鼓励劳资双方制定 AWA，也就是个别劳动契约，减少仲裁的机制及新的裁定产生，同时成立澳洲公平工资委员会（Australia Fair Pay Commission）制定最低工资，主要特点有：一是接管州劳资关系体制；二是彻底弱化裁定及 AIRC 的角色；三是增加协商的角色，特别是个人雇主协商签订的工作场所协议；四是确定法定最低标准。

2007 年该法案再度修订，提出一项"公平检定"（Fairness Test）措施，以保障劳工与雇主所签订的工作场所协议（AWAs）可以符合裁定的最低劳动保护标准。2007 年 5 月 7 日以后制定的 AWA 均须经过就业促进办公室的公平检定，检定是否符合裁定保护的公平补偿。该办公室在进行检定时将考虑雇主所提供的金钱的或非金钱的工作待遇是否符合裁定的相关规定，若劳资双方所定协议未通过检定，就业促进办公室将告知修改，并要求 14 日内完成修订协议。

6. 2009 年至今——澳大利亚公平工作法的引入

2008 年 11 月，澳大利亚时任代总理姬拉德正式宣布废止《工作选择法案》（Work Choices），并引入平衡雇主和雇员的权益、平衡权利和义务之间关系的《公平工作法案》（The Fair Work Bill）。公平工作法案中提到的权利受国会立法保障，由新成立的澳洲公平工作委员会监督执行，原最低工资执行机构公平薪酬委员会被解散。

2009 年《公平工作法案》的主要亮点在以下四个方面。一是加强了联邦劳动就业管辖权，延续了《工作选择法案》推进建立全国统一的劳动就业法律体系方向。二是提高了劳动就业标准，规定了 10 个方面的最低劳动就业标准，包括：延长工时、生育假、经济补偿金等。三是进一步简化裁决制度，在 2010 年前，澳大利亚有 4300 个裁定工资待遇规定，本次法律对此进行简化，构建现代裁决体系，与全国就业标准一起构成劳动就业安全网。产业关系委员会将之前数量庞杂的裁决整合为 130 个左右。四是增强集体谈判作用。

2009 年《公平工作法案》中关于最低工资规定的主要有三个方面：全国最低工资标准、现代裁定待遇制度和企业协议。全国最低工资主要适用于不受现代裁定待遇制度和企业协议保护的雇员；而裁定工资主要适用于受现代裁定待遇制度保护的雇员。其中，裁定工资包括按经验和资历分类的不同标准的最低工资、未成年员工、残疾员工、培训员工及特殊岗位津贴和计件工资。企业协议最低工资是指经过集体谈判确定的最低工资。企业协议中规定的最低工资不得低于联邦最低工资或者现代裁定规定的最低工资。雇主和雇员不能接受低于适用的最低工资标准的工资。

二 工资管理机构的设置

随着澳大利亚劳动法律及劳资关系的不断改革与调整，该国管理工资相关事务的业务部门也在逐步整合或调整。目前主要有就业部、公平工作委员会及下属机构。

澳大利亚就业部，其前身为就业及工作场所关系部。主要负责监督就业、培训服务及有关劳动相关政策的立法发展与实施事项，目标是为澳洲劳动寻找及维护安全、公平以及生产性的就业环境。

澳大利亚公平工作委员会是全国劳资关系公平仲裁庭，是由雇主和雇员代表、各级政府等各方代表平衡组成的，与全国工作场所关系有关的裁决机构。澳大利亚公平工作委员会是独立机构，有权行使一系列与最低工资安全网及雇用条件、企业谈判、劳工行动、纠纷解决、雇用终止和其他工作场所事项有关的职能。

澳大利亚公平工作委员会内设专门研究最低工资机构，其中包括最低工资专门小组和最低工资与研究部门。最低工资专门小组（The Minimum Wage Panel of Fair Work Australia）是在公平工作法案的规定下成立的，专门负责每年评审最低工资。该小组由主席、三名全职成员和三名兼职成员组成。[1] 最低

---

[1] http://www.fwa.gov.au/index.cfm？pagename＝minabout#what。

工资与研究部门（Fair Work Australia's Minimum Wages and Research Branch）展开调查作为最低工资评审的一部分。开展研究项目，最低工资与研究部门组成一个最低工资研究小组，该小组由部门主席和相关代表组成，其中代表由下列机构提名：澳大利亚工商会（ACCI）、澳洲行业组织（Ai Group）、澳大利亚社会服务理事会（ACOSS）、澳大利亚工会理事会（AC-TU）、澳大利亚政府、州和地方政府。

公平工作调查专员公署是个独立的法定机构，负责促进澳洲和谐、高效和合作的工作场所。其主要职责包括提供澳大利亚工作场所法律方面的建议和教育；监督全国工作场所法律的实施情况并调查违反情况；发布有关工作场所权利和义务的信息；为小型企业提供各种工具和信息。

三 工资确定机制

在澳大利亚，工资确定通过四种机制来确定：集体协议、个人协议、裁定工资和法人企业所有者。裁定工资是澳大利亚历史传统的设立最低工资或者是工作条件的方式，往往在某个特定行业或职位由联邦或州仲裁委员会或相关机构裁定。集体协议分为已注册和非注册集体协议，此分类可反映出该集体协议是否在联邦或州仲裁委员会或相关权威机构注册，且会在每年的年报上公布。

根据澳大利亚2013年统计局公布的数据，2012年5月，有42%的雇员是通过集体协议确定工资，38.7%的雇员是通过单独合同确定工资，而只有16.1%的雇员依然采用传统的裁定工资方式（见表4－1）。

表4－1 2012年澳大利亚工资确定方式统计

单位：%

工资确定机制	男	女	全部
裁定	13.6	18.5	16.1
集体合同	38.1	45.9	42
个人合同	43.4	34	38.7
法人企业所有者	4.9	1.6	3.3

资料来源：澳大利亚统计局数据。

在过去的 10 年间，采用集体协议确定工资的雇员比例由 2006 年的 35%不断提高，同时由此方式确定的工资也相对较高。例如在 2004 年，成年全职非管理职位员工按照裁定工资确定为 16.70 澳元，通过个人合同确定工资的为23.30 澳元，而通过集体协商确定工资则为 24.10 澳元。详见图 4 - 1。

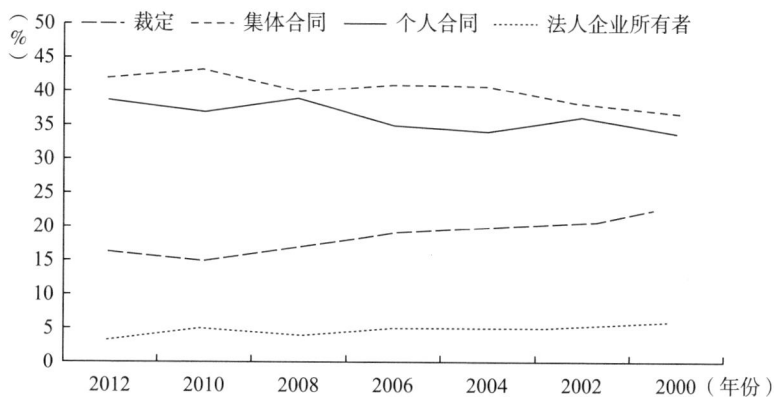

图 4 - 1　2000~2012 年工资确定方式的比例

四　工资宏观管理政策

1. 规范市场主体工资决策及行为准则

联邦 2009 年《公平工作法案》现为管理劳资关系的主要法律。新法建立了现代奖励体系，奖励标准列入 10 条，包括最低工资、工作后安排、加班费和罚款、补贴、请假、集体协商、争议解决和雇员代表等。该法中关于最低工资规定的主要有三个方面：全国最低工资标准、现代裁定待遇制度和企业协议。现代劳资裁定协议规定了雇员的权利，企业协议规定了就业条款和条件。此外，有关集体协商部分翔实规定了有关具体流程、规则以及诚实谈判（Good - faith Bargaining）相关要点，特别是规定有关强制性会议，包括三方会议、诚实协商、争议解决以及有约束力的决定等内容。

2009 年 7 月 1 日起，陆克文政府颁布了新的劳资关系法《公平工作法案》。在该新劳动法中，尽管以霍华德为首的上届政府颁布的《工作选择法案》大部分被保留下来，但其最根本的部分已被改变。当然，在当前雇主与雇员之间话语权极不平等的环境下，要做到绝对公平还需政府的介入，需要政府为雇员伸出援助之手。新的劳动法废除了个人劳动合同（AWA），而把劳资谈判作为雇员和雇主达成协议的主要手段，像其他国家的劳资谈判体系一样，如果大部分雇员都要求谈判，雇主必须和雇员进行"开诚布公"的谈判。同时，规范了谈判程序与操守，并明确了有关谈判的劳动争议建立调停、调解或仲裁。

此外，澳大利亚出台的《雇员保护（工资保障）法案》规定了政府税收和财政预算基金来确保欠薪保障和支付。

2. 规定和调整最低工资

澳大利亚公平工作委员会内设专门研究最低工资机构，其中包括最低工资专门小组和最低工资与研究部门。最低工资专门小组（The Minimum Wage Panel of Fair Work Australia）是在《公平工作法案》的规定下成立的，专门负责每年评审最低工资。澳大利亚设立最低工资制度的定位及目标是：确保全国经济状况和竞争力；促进社会融合；确保低薪支付需要；同工同酬的原则或者相对价值。根据《公平工作法案》的规定，最低工资由澳大利亚公平工作委员会的最低工资小组制定，并由公平工作委员会公布。最低工资与研究部门每年会展开调查作为最低工资评估的一部分，开展研究项目，并定期发布报告。该国调整最低工资考虑的因素有：①相对生活费用；②全国经济表现；③就业情况；④CPI；⑤社会平均工资；⑥企业竞争力和承受力；⑦伤残雇员或未成年就业竞争力。

3. 国有企业薪酬管理

澳大利亚国有企业高管薪酬的主管部门是独立薪酬裁审庭（Remuneration Tribunal），独立薪酬裁审庭制定了一系列指导方针对其进行管理，其中在裁定高管薪酬时，会考虑一系列信息，诸如在企业中的角色、承担的责任、工作量和工作价值等。同时，还会利用工资指数和其他经济指数（如通货膨胀率等）等，比较在私营部门同样职位的人员的收入。当然，还会考虑包括涉及工作单位提供给高管的非现金福利和社会公共利益以及个人地位等因素。一般而言，国有企业董事长和非执行董事不参与企业的经营管理，不拿工资，也不持有公司股份，只拿会议津贴。对于国有企业一般员工的工资是企业根据物价指数的增长、同行业劳动力价格水平和企业利润增长情况同工会协商确定的。

4. 人工成本及工资信息指导

澳大利亚有关工资的调查项目共有四项：雇员工资和工时调查、平均周工资调查、主要人工成本调查、工资成本调查。这四项调查均由澳大利亚统计局负责。其中，雇员工资和工时调查为年度调查，每年5月进行一次。调查目的是了解按周工资水平和工作时间分组的雇员分布情况、周工资构成情况（如基本工资、奖金等）、工时利用情况及主要职业分组情况。政府部门利用相关信息监测澳大利亚经济状况，调整经济政策。平均周工资调查为季度调查。调查目的是提供全国、州、地区平均周工资水平和变动情况。此数据的主要用户是各级政府部门、雇主和工会组织；主要人工成本调查和工资成本调查每两年一次，工资成本调查每5年一次。这两项调查的目的是掌握雇主在雇用劳动力过程中所花费的成本。通常雇主协会、政府机构和工会都会需要这方面的信息。

第五章
英国企业工资收入宏观政策

一 工资管理机构

英国作为一个重要的贸易实体、经济强国以及金融中心，是世界第五大经济体，也是全球最富裕、经济最发达和生活水准最高的国家之一。英国作为第一个工业化经济大国，其经济政策和理论在世界上具有典型性，影响广泛。负责工资宏观管理的不像其他国家比较集中，其中有就业和养老部，经济、创新和技能部等，全国低薪委员会是独立于政府的最低工资制定机构，负责劳资关系调整的机构是劳动咨询调解仲裁委员会（ACAS）。

二 工资宏观管理政策

1. 规范市场主体工资决策及行为准则

英国1998年制定了《全国最低工资法案》（*National Minimum Wage Act*），从此奠定了英国全国最低工资制度的法律基础。次年，英国制定了较为详细的《1999年全国最低工资条例》（*The National Minimum Wage Regulations 1999*）。由此，英国最低工资制度重新确立并逐步完善。20世纪60年代以来，英国一系列法律共同构成了开展工资集体谈判的主要法治基础。如《工会法》（*Trade Union Act*）、《工会和劳资关系法》（*Trade Union and Labour Relations Act*）、《雇佣关系法》（*Employment Relations Act*）、《劳资争议法》（*Trade Disputes Act*）、《工资支付法》（*Payment of Wages Act*）等相关法律均对工资集体谈判提供了详细的规范材料。此外，英国《雇佣权利法案》规定了欠薪保障相关事宜，从解雇救济中支付。

2. 规定和调整最低工资标准

英国低薪委员会负责每年制订国家最低工资方案并发布年度最低工资报告。该报告首先回顾过去一年最低工资方案实施的经济背景，再评估最低工资造成的对收入及薪酬、劳动力市场、企业竞争力三大方面的影响，同时，关注全国最低工资的执行情况。最后，在展望下一步经济、总结利害相关者观点和分析其他层面立法影响情况的基础上提出新的最低工资调整建议。该国调整最低工资考虑因素有：①国内经济情况（GDP、投资、总支出与贸易、结算与收入、利润）；②CPI；③就业和失业情况；④生产率；⑤实际工资水平。英国强调的最低工资是"工资下限"理念，而非生活工资，即全国最低工资的厘定并非考虑工资是否足以维持生活水平。

3. 对国有企业薪酬管控

英国国有企业为数不多，国有企业董事会成员由持股部门任命（或批准），但是该任命过程必须根据《英国政府部级任命法案》进行。国有企业高管薪酬由持股部门部长根据薪酬委员会的建议决定，工资与绩效挂钩，高管的薪酬水平一般控制在低于私营部门的水平。

4. 生活工资标准线指导

生活工资方案是由英国最大的公民组织"公民英国"（Citizens UK）发起。目前，英国很多城市议会宣传和践行生活工资标准线，有的城市将此作为经济发展战略目标之一来运行。"公民英国"统计发现，2014 年英国接受这项工资标准的公司比去年同比已高出两倍。截止到 2014 年，全英国有超过 1000 位雇主采用生活工资作为工资基准，包括 Barclays、Standard Life、国家肖像画廊、众多地区政府和慈善机构，涉及 35000 名员工。其中，伦敦市当局自 2005 年以来每年均会调整生活工资标准，生活工资的基本计算思路是，最低工资率至少要让员工能过上体面的生活。

5. 工资及人工成本信息发布

英国有关工资的统计调查主要有三种：新工资调查、工资和薪金调查以及人工成本调查。这三项调查均由就业署负责。新工资调查每年 4 月进行一次。调查可提供分行业、职业的雇员工资水平及构成和分布情况。政府部门利用此调查的相关信息监测和评估政策（如税收、公共部门工资等），非政府用户用于工资谈判、企业决策或学术研究等；工资和薪金调查每月进行一次可提供月度工资水平和变动情况。政府部门利用相关信息监测经济运行情况，并据此更新国民账户。雇主用来比较本企业与本行业或其他行业雇员工资水平变动情况。同时这类信息也被用于长期法定合同中人工成本增长的计算；人工成本调查每 4 年一次。欧盟在工资成本差异、社会和就业等报告中会用到此类数据。在国家的层面上可以通过相关数据计算单位投入所需要的人工成本。还可以提供培训费用和培训人员的部分信息。

第六章
法国企业工资收入宏观政策

一 工资管理机构

    法国作为老牌资本主义发达国家之一，实行的是现代市场经济体制，产权的基本形式是私有制，市场是配置资源的主要机制，经济对外开放程度较高，奉行自由贸易政策。法国的经济计划以成熟的市场经济为前提，并且是在市场经济的条件与环境中发挥作用的。经济计划以指导性为主，规定经济发展的近期目标，对国民经济各部门轻重缓急的发展顺序做出安排，并辅以相应的政策和措施。在法国，履行劳动力市场宏观管理职责的机构是劳工部，法国国家部长级会议是制定国家法定最低工资的机构，而集体谈判委员会作为咨询机构来建议最低工资标准。

二 工资宏观管理政策

1. 规范市场主体工资决策及行为准则

    与大多数国家类似，法国设定《最低工资法》并形成调整机制，目前的最低工资制度基于1970年的最低工资制度框架实行；《民法典》规定了工资优先权和工资的预先行保障，同时，《劳动法典》规定工资的超级优先权，工资的超级优先权使工资在司法清算或整顿中可以获得更加强有力的担保；法国于1950年颁布《劳资协议法》，确定了劳资双方自愿进行集体谈判的原则。在法国的产业关系中，根据法国目前国有企业的规模，以及他们所提供的公共产品和公共服务的数量，国家其实就是最大的雇主。国家在产业关系中扮演着实体和程序的双重角色，即国家规定和确认权利和义务以及职权和责任，比如，法国国家法定最低工资为工资支付设定了门槛；法定周工时；为劳动赋予广泛的法律权利。所谓程序角色，即国家保证权利和职权得以实现或行使，比如：明确劳资双方的代表性；规定和扩大集体谈判的覆盖面；确定集体谈判的议程等（中国劳动保障科学研究院课题组，2011）。

2. 规范和调整最低工资

法国最低工资制度有两个主要目标：一是给予最低劳动收入的劳动者购买力的保证；二是保证低收入人群在国民经济中的劳动参与。法国国家部长级会议是制定国家法定最低工资的机构。每年调整时参考因素有：①工人的生活水平及其家庭的需要；②体力劳动工人的平均工资水平；③市场的通货膨胀率；④重要经济因素（整体经济状况、生产力以及就业水平等）。最低工资额根据全国物价指数的变动而改变。若全国物价指数变动2%或以上，最低工资额会自动调整。此外，国家集体谈判委员会会在每年6月举行会议，研究相关的经济报告，以进一步调整最低工资额。经研究有关报告并考虑通胀情况后，国家集体谈判委员会会建议一个最低工资额的调整额度，并供国家部长级会议最后审批。就业、社会团结和住房部则负责公布最终数字。法国的最低工资立法规定个人领取的工资不能低于法定的最低工资（SMIC）、行业及企业最低工资三条线。当然，行业和企业最低工资不属于政府调控行为，只是受法定最低工资的影响。

3. 对国有企业薪酬管理及限制

法国国有企业经营者的薪酬，由法国财政经济部和各相关行业主管部门一起决定，其薪酬管理有以下五个基本特点。一是政府将国有企业大致分成两类进行分类管理。一类是竞争性公司，考虑到人才竞争因素，在薪酬水平原则上参考私营企业，但实际上仍低于市场同类人员薪酬水平；另一类是具有公用性、垄断性的公司，工资水平直接参考公务员体系而不考虑市场因素。二是只决定公司一把手的工资，包括董事长和总裁；实行CEO制度的则只考虑CEO一人。公司副职的收入由董事长决定，其收入一般比一把手低20%～30%。三是对派往不同行业的不同企业的经营者，基本工资按岗位确定，不与企业的规模、利润情况挂钩，因此基本工资差距不大。四是根据下达指标任务的完成情况和企业的经济效益考核后奖励；

奖金一般是根据实现利润的一定百分比来确定。五是经营者的选用方式直接影响薪酬水平。从市场上聘用的非公务员身份的经营者，其薪酬水平参考市场价位确定。公务员身份的经营者，基本工资由政府确定，总体薪酬水平要参考前任公务员身份的经营者，不能超过太多。

一般而言，法国国有企业高管薪酬水平通常是同级别公务员工资的 2 ~ 3 倍，是本企业职工平均工资水平的 10 ~ 20 倍，而法国私营企业经营者平均收入水平是国有企业经营者的 1 ~ 6 倍。法国奥朗德政府在 2012 年执政后出台法令，规定法国国企高管薪水不超过 45 万欧元，不超过主要国企普通职工薪酬平均水平的 20 倍。在此法案后，法国出现许多国企经理收入大大超过总裁、董事长的现象。法国经济学家德利马对此分析说，这表明国家政策的一个重大变革：萨科齐时代要求国企尽量赚钱，领导人也可拿高薪，而奥朗德则要求减小薪水差距，以应对危机时期普通员工的不满。目前，有关使用行政手段削减国企负责人薪酬的问题仍在激起讨论，《费加罗报》等媒体认为，使用行政手段削减高管薪酬会导致国企精英流失，此外还存在负责人薪水与其应当承担的领导责任、法律责任不相吻合的问题，上下级关系也会变得格外微妙。

对于国企职工工资管理，法国政府部门对国有企业工资总额管理设立了一套管理体系办法。政府对国有企业工资总额实行预算管理，国有企业和财政部之间通过工资谈判确定工资总额。确定国有企业工资总额的增长基本分三个步骤：一是财政部预测局等部门在每年年末根据下一年物价涨幅和经济发展趋势及企业的预算情况，提出总体指导方针；二是有关专家据此做出具体测算，列出工资总额增长的标准；三是财政部按照此标准与企业进行一对一谈判，最终确定企业下一年工资的增长幅度。亏损国有企业暂停这种谈判，不允许增加工资总额。

4. 人工成本类信息公开发布及指导

法国统计局定期调查及公布季度和年度的人工成本信息，供各类企业和机构参考、使用。其中，季度劳工成本指数（LCI）反映的是短期内用人单位为维持他们的员工而发生的费用；年度人工成本数据是每年的人工成本数据提供选定的人工成本调查的核心变量：每月平均人工成本、平均小时人工成本以及人工成本的主要类别的细分（工资总额、薪金、雇主缴纳的社会保障金及其他人工成本构成）。同时，作为欧盟国家，法国在数据收集方面，根据欧盟有关法规规定，通过定期在欧盟统计局规定的参考期内，传送和提交数据来支持发布相关人工成本类信息。

5. 特殊时期薪酬政策干预

2008 年由美国次贷危机引发的金融危机席卷全球，法国也不能独善其身。法国政府出资制订庞大的救市措施，扶持陷入困境的企业，同时政府对于金融高管薪酬也进行规制。2009 年 3 月，时任总理萨科奇曾颁布了一项政府法令，表示凡是享受国有资本扶持的企业都不准给老板和企业高管内部分红或奖金（包括分配各种内部优惠股和无偿股票），并承诺改革银行高管薪酬支付体系。这项措施持续到 2010 年底为止。法国总理除了宣布有关政令外，还要求资方雇主协会成立一个"顾问委员会"来监督措施的执行。根据政府的措施，凡是享受国家资助的企业提出裁员，企业高管阶层均必须重新考虑其全部薪酬标准。

第七章
德国企业工资收入宏观政策

一　工资管理机构

德国在经济运行机制上，注重实现政府干预与市场调节的良性互动。德国社会市场经济发展模式的指导理念是多种理论的综合体，其中既包括新自由主义的思想，也包括民主社会主义和基督教伦理思想。正是在这些理论和思想的影响下，德国建立了以市场调节为中心，辅之以国家宏观调控的发展模式。目前，德意志联邦劳工部 BMAS 是负责劳动力市场宏观管理和调控的机构，德国联邦劳工法庭是协调劳资关系的机构，最低工资委员会是由德国联邦政府设立的由劳资双方各派代表组成的常设机构。

二　工资宏观管理政策

1. 规范工资支付和标准相关法律制度

德国在 2014 年前从来没有法定最低工资制度，主要是通过集体协议确定地区性或行业性最低工资标准。而 2014 年 7 月开始设立最低工资政策，出台了相关政策，保护低收入群体劳动报酬。联邦德国《关于规制一般性最低工资的法律》，简称《最低工资法》于 2014 年 8 月 11 日生效，其中规定，2015 年 1 月 1 日起最低工资标准为每小时税前 8.5 欧元。这是两德统一以来第一次在全德国范围内实行统一的最低工资标准，意义深远，影响巨大。

德国于 1949 年设立《集体协议法令》（*Collective Agreement Act*）后，集体谈判制度适用范围日益扩展。《集体协议法令》规定，雇主及雇员有权规定聘用条款及条件，这属于其各自本身的责任，不受政治影响。在具体执行上，雇员方面可由工会签订集体谈判协议，而雇主方面则可由某一个别雇主或某一雇主协会签订。德国联邦劳工法庭（Federal Labor Court）已订有一套签订集体协议各方必须符合的准则。这些准则包括：一直持续营运、具备组织能力、不受政治影响，以及有能力在谈判过程中向对方施加压力及抗衡对方所给予的压力等。

基于公众利益，政府有权根据《集体协议法令》，发出《延伸令》，或根据《派驻工人法令》发出部长指令，宣布某项集体协议对德国某一地域范围内的某一特定行业具有一般约束力。在上述情况下，有关行业内的非签署方亦有法律责任，必须遵照有关协议内的条文。

2. 设立最低工资政策

2014 年 7 月 3 日，德国国会通过了《全国最低工资标准法案》，从 2015 年 1 月 1 日开始生效。这是德国自"一战"之后，首次在全国范围内实行统一的最低工资标准。据悉，新标准将有 2 年过渡期。在此之前，长期失业后刚刚获得工作半年的工人、季节性工人、年龄不满 18 周岁的学徒和实习生等群体的最低工资标准都没有明确出现在法案内。同时根据《全国最低工资法案》规定，自 2016 年开始，每隔两年都会由"最低工资委员会"重新评估最低工资标准。德国劳动研究所研究员卢茨·贝尔曼（Lutz Bellmann）表示，"在德国，工人和雇主的长期谈判一直没有进展，工人在低工资行业的比重逐渐增加。实行统一的最低工资标准后，将会有一大部分的人因此受益，这对调整不同地区工人的收入差距非常有利"。

3. 对国有企业薪酬管控

德国由财政支付工资的公职人员有 500 多万，其中国家公务员仅 160 万人，还包括学校、邮局、铁路等部门从业人员，以及在政府机构和公用事业单位、包括厂矿企业、科研、事业单位中的合同制雇用人员中所谓的"职员"。这类企事业预算纳入国家预算，财务统收统支，职工待遇比照公务员由政府直接决定。

根据冯阿红（2012）的研究，德国国有企业工资分配监管主要有四方面特点。一是，政府对国有企业的工资发放通常不直接干预，而是通过间接手段产生影响。比如政府在每年年初发布年度经济报告（包括经济增长率、劳动生产率和物价上涨指数等数据），并评价上年度的工资政策，为当年国有企业工资分配提供建议，供企业劳资双方参考。二是，在某些特殊情况下，德国政府还要求整个行业受某一个劳资协议约束。三是，德国政府利用就业政策改变劳动力市场的供求关系，进而影响劳动力价格。四是，德国政府利用货币政策影响工资增幅等。

4. 薪酬及人工成本信息公布

和法国一样，德国作为欧盟国家，在数据收集方面，根据欧盟有关法规规定，通过定期在欧盟统计局规定的参考期内，传送和提交数据来支持发布相关人工成本类信息。同时，对于职位薪酬信息也有系统的调查体系。

第八章
韩国企业工资收入宏观政策

一　工资管理机构

韩国是 20 国集团成员之一的世界主要经济体，是拥有完善市场经济制度的经合组织发达国家。政府主导是韩国市场经济的总特征，即充分发挥政府在经济调控中的"定向"和"导向"作用。随着近年来经济不断发展，韩国也在不断调整产业结构和经济政策。就业和劳动部主要负责管理国家的劳动事务，具有制定最低工资的最大和最终权限，劳资关系委员会是负责调解劳动关系的部门。

二　工资宏观管理政策

1. 规范市场主体工资决策及行为准则

韩国政府在工资支付和标准方面有相关立法。如《最低工资法》规定了有关最低工资的目标和调整机制，《工资偿付保障法案》规定了设立工资偿付保障基金。韩国劳动关系方面的立法起步较晚，现有的劳动关系立法主要有：《工会和劳资关系调整法》《劳动关系委员会法》《促进参与和合作法》《教师工会建立和运作法》。韩国集体谈判经历了从企业层面的协商到行业层面的协商。集体协商从 2004 年起，在韩国有了很大的作用：工资协商方面，包括行业最低工资调整，实际工资增长、工作条件以及其他津贴、红利等协商内容。

2. 规范和调整最低工资

韩国的《最低工资法》于 1988 年 1 月 1 日生效，该国负责最低工资立法工作的是就业和劳动部①，该部主要负责管理国家的劳动事务，具有制定最低工资的最大和最终权限。最低工资委员会是设于就业和劳动部之下的一个咨询组织，负责就最低工资的调整额向就业和劳动部拟备以及提交建议，以及处理其他和最低工资有关的事务。《最低工资法》明确了韩国最低工资制度的目标是通过设定最低工资标准来保护对国家经济发展做出贡献的劳动者，保障他们获得维持基本生活水平的劳动报酬，并提高劳动者的素质。因此最低工资制度带来一些积极的作用②，比如减小收入差距，改善收入分配；保障劳动者的生活，提高劳动生产率；促进企业管理实现公平合理。

3. 国有企业薪酬预算管理及限制

韩国国有企业高管薪酬包括基本年薪、经营评价绩效工资以及职务履行实绩的绩效工资。该国对于国有企业高管薪酬有详细的预算管控和限制，对基本年薪和经营绩效评价工资均有规范。如根据韩国《公共机关高管薪酬方针》（企划财政部，2013 年 12 月 11 日修订），国营企业负责人的经营评价绩效工资根据经营实效评价的结果给予，以上一年度基本年薪的 120% 为上限，不发放内部评价奖金等经营评价绩效工资以外的奖金。国营企业常任理事的经营评价绩效工资以上一年度的基本年薪为上限。

对于国企职工薪酬管理，韩国政府均有相关限制。《2014 年度国营企业及准政府机关预算编制方针》，对国有企业或准政府机关的工资、奖金、津贴、保险、退休金等均有相应的编制及解释，如 2014 年度总人工费预算增幅为 2013 年度总人工费预算的 1.7% 以内。

4. 工资及人工成本信息公布与指导

韩国劳动就业部门每一财年均会公布有关企业人工成本、工时、工作条件、就业意愿等调查数据。其中，人工成本数据中，不同行业、不同规模企业的直接人工成本、加班工资、奖金、养老费、教育费用等所有结构均有翔实的发布，旨在为企业招工或工资设置提供信息指导和服务。

---

① Ministry of Employment and Labor（MOEL）.
② 当然这项制度对边缘地带的劳动者的就业存在消极影响。

第九章
新加坡企业工资收入宏观政策

一 工资管理机构

新加坡是亚洲的发达国家，被誉为"亚洲四小龙"之一，其经济模式被称为"国家资本主义"，建立资本主义的自由市场体制是该国独立后的主要经济理念。目前，负责工资管理政策实施和监督的部门是新加坡人力部，工资指导政策由全国工资理事会确定和发布。

二 工资宏观管理政策

1. 工资指导原则

在市场经济国家中，新加坡是推行工资指导制度时间较早、实施效果较好的国家之一。目前由该国全国工资理事会①综合多种因素（如竞争力水平、收支平衡、通胀率、经济增长情况以及雇主和工人的基本权利）确定并发布工资指导原则，其中对就业因素（失业率）给予较大关注。确定工资指导原则时生产率增长水平也是一个重要因素，一般要求在较长时期内劳动生产率应适度高于工资增速。在工资指导原则中除明确提出工资增减的政策建议外，新加坡全国工资理事会还突出企业增加培训、强调工资谈判等方面的政策建议。

---

① 属于三方理事会。

2. 为集体谈判提供法律基础

新加坡由人力部负责有关集体谈判的制度制定。相关法律有《劳资关系法》、《劳资争议法令》以及《工会法令》。除剔除者外，制度涵盖公营和私营部门内 16 岁以上的雇员。集体协议中的雇用条款优先于相关的个人劳动合同调控。人力部部长可在考虑公众利益的基础上将集体协议扩展。当集体谈判出现争议时，由劳资仲裁法院及人力部出面调停、调解或仲裁。

3. 对国有企业薪酬的管控

新加坡国有企业管理框架分三个层次，第一层是政府部门，第二层是政府控股公司，第三层是国连公司。新加坡的政府控股公司主要有淡马锡控股公司、政府投资有限公司、新加坡科技控股公司、国家发展部控股公司，等等。淡马锡董事会成员中有 2～3 位是政府公务员，这些人代表政府对企业的日常经营管理进行监督，为了斩断他们与企业之间的利益关系，这几个人不在淡马锡领取薪酬，其薪酬由政府支付，这在一定程度上保证了监督的公正性；新加坡国企的运营通常由职业经理人管理，他们不是公务员，其薪酬按私营部门雇员对待。据了解，淡马锡管理层的薪酬与长远、持续的绩效挂钩。2004 年，淡马锡推出一套薪酬制度，员工的薪酬主要分为基本工资、福利、绩效指标奖金和财富增值奖励计划 4 部分。其中，财富增值奖励计划中的奖金有一半即期发放，另一半取决于公司未来业绩延迟3～12 年发放。2004 年以来，淡马锡高管成员的多数奖金延迟 3～12 年发放。2008 年金融危机时，淡马锡高管自愿减薪，幅度最高达 25%。淡马锡前董事总经理陈惠华曾表示，在淡马锡及其他新加坡国企，由于政企划分很清晰，国企待遇跟私企基本上没有区别，无论是股票还是期权，只要有助于提高人才竞争力，都是允许的。

4. 特殊时期对企业工资的干预

新加坡在经济危机时期采取了不同的工资干预政策。如 1997～1998 年金融危机时期，全国工资理事会于 1998 年 5 月建议实施每个月变动工资制度 MVC（Monthly Variable Component），提出了节制工资指导原则以抑制成本，减少失业。由于当年后半年经济持续下行，全国工资理事会在 9 月召开了特别会议，建议削减工资 5%～8%，使工资成本削减 15%。1999 年，进一步出台有关削减与工资挂钩的公积金制度，降低劳工成本；而在 2008 年金融危机时期，工资理事会提出"企业削减成本、保护工作岗位"的工资指导原则。允许企业雇主在避免裁员的情况下，采取弹性薪酬体系和弹性工作安排，如实施每月可变动薪酬机制、浮动奖金、减少年度增资、工资冻结、缩短工作周时、暂时解雇、无薪假期等措施以削减成本（孙骁，2014）。

第十章
各国工资调控方式的主要特点及新发展趋势

国家经济模式是理解各国宏观经济运行和社会经济生活的最佳途径。不同国家根据本国和本民族的社会价值取向，有着不同经济发展模式，如美国自由市场经济、欧洲社会市场经济、亚洲政府主导的市场经济模式。不同国家在选择干预市场经济的政策措施与本身的经济理念有着密切联系。本部分分析整理选定国家当前调控企业工资分配方面的基本措施和选择，旨在总结不同国家在政策选择方面的共性和特殊性。

一 各国工资调控方式的主要特点

总结前述 8 个国家分别在政府调控企业工资的政策选择上的情况，我们发现不同国别间在工资政策上既有共性，又有特殊性。总体来看，政府工资调控的目标主要是从公平、宏观经济稳定等方面考虑。通过归纳整理，目前不同国家主要从法律规制、平台支持、限制上限、信息指导服务、与其他收入分配政策结合调控以及特殊时期特殊政策干预等 6 种方式。

1. 设定工资支付及保障法律或法案规制

最低工资作为政府直接干预工资管理的制度，被越来越多国家重视。大多数国家设立了法定最低工资标准，并有专门立法规制；如美国最低工资调整需要通过《公平标准法》调整来公布最低工资调整数；法国、英国、日本、韩国均有专门、独立的最低工资立法保障最低工资的支付；澳大利亚、巴西分别通过《公平工作法》《统一劳动法》制定了有关最低工资规定；德国经历了多年的博弈及争议后，于 2015 年开始设立法定最低工资法案，此外，仅有新加坡没有设立最低工资制度。

有关工资支付保障方面的法律也比较健全。例如法国的《民法典》、澳大利亚的《雇员保护（工资保障）法案》、日本的《工资支付保障法》、韩国的《工资偿付保障法案》、英国的《雇佣权利法案》以及美国的《美国法典》第 11 卷破产法部分等。大多数国家通过各种立法方式规制了工资支付保障，并且随着经济形势、战略观念的改变和发展而逐步修订或完善法律体系。

2. 提供劳资谈判平台支持，辅以解决劳资争议

大多数国家选择不直接干预市场工资决定机制。采用最多的是为劳资双方集体谈判相关的谈判内容以及谈判程序提供制度和规范架构。在经济环境方面提供宏观、微观预测数据分析，在社会环境方面提高社会各界公众，尤其是工会和雇主组织对依法开展集体谈判的认知度和积极性。此外，有的国家还提供谈判方面的有关技巧培训等。对于集体谈判中发生争议的情况，政府有关部门会主动介入或应邀进行调停、调解或仲裁。

3. 管控国有企业薪酬，限制高管薪酬上限

很多国家的国有企业薪酬是参考、对接公务员薪酬或私营部门薪酬设定的。如美国的全国住房抵押协会和全国铁路客运公司雇员的薪金不得超过行政官员分类表上的一级工资水平，而公共广播公司雇员则以二级工资为限，TVA 雇员的薪水受联邦支付上限（Federal Pay Cap）的限制为第四级水平，且法律规定董事会必须每年对私营企业相同职位薪酬数据进行调查参考；日本的国有企业则由人事院每年通过与私营部分平均工资调查对比最终测算得出；澳大利亚也是类似的比较私营部门平均收入数据。国有企业工资总额预算管理的代表性国家是法国和韩国。法国由计划财政部负责预算管理，韩国企划财政部每年要对公共机关及国有企业的财政收支做出统一预算。

对于国有企业高管薪酬，美国、法国均有相关规定或限制薪酬上限。如法国 2013 年 7 月 26 日的"国家限制国有企业高管薪酬"法令中规定，国有企业和某些经济性、社会性目的机构高管年薪总额不得超过 45 万欧元。韩国则对高管薪酬的绩效、结果、水平等均有具体的预算管理。

4. 提供信息指导和服务支持

对于企业所处的劳动力市场中人工成本或工资、保险类数据信息，几乎所有的国家均有比较完善的信息调查与发布体系，为各类企业提供了工资指导以及劳动力市场信息服务。新加坡是比较特殊的目前一直沿用工资指导原则的国家，该国全国工资理事会每年都会综合考虑经济、社会等因素后发布工资指导原则，并在结合就业优先目标的同时指导企业在薪酬结构、绩效工资增长率、职工培训等方面给予明确的指导。

5. 与其他收入分配政策结合调控

很多国家通过社保、就业、税收等方面的调控手段间接调控工资差距或达到减少贫困的效果。如 OECD 国家中大多数有各类"在职津贴"或"转移现金支付"（Immervoll and Pearson，2009）的减贫且促就业的手段，也对最低工资或集体协商制度的发展起到了辅助作用。

值得一提的是，日本 2013 年在税法改革中提出对增加用人、加薪及增加设备投资的企业予以减税。其中，在面向企业的减税措施方面，提高员工工资的企业可享受企业所得税减税，减税额度为工资总额增加部分的10%。这样的通过税法调节涨薪的政策在其他国家基本没有先例，有日本专家认为只能作为短期选择，长期施行对于公共财政有影响。

6. 特殊时期采取特殊政策干预

不少国家在战争时期或特殊经济周期采取短暂的特殊政策干预或引导企业工资分配行为。如"二战"时期，美国建立了物价管理局，目的是要避免"物价飞涨、生活费提高、牟取暴利和通货膨胀"，国会于 1942 年 1月通过紧急物价控制法，授权物价管理局冻结物价与工资。又如在 20 世纪70 年代，为了解决失业、通胀和美元危机三大难题，尼克松政府宣布对内冻结工资、物价和房租 90 天，帮助刺激经济回升。此外，美国同欧洲多国在 2008～2009 年发生的金融危机时期，政府相关部门针对高管薪酬特别是金融行业高管薪酬采取了一系列限制措施。而新加坡则在经济危机时期采取直接干预和引导结合的措施，如 1997～1998 年金融危机时期，全国工资理事会于 1999 年出台有关削减与工资挂钩的公积金制度，降低劳工成本；而在 2008 年金融危机时期，工资理事会提出"企业削减成本、保护工作岗位"的工资指导原则。允许企业雇主在避免裁员的情况下，采取弹性薪酬体系和弹性工作安排，如实施每月可变动薪酬机制、浮动奖金、减少年度增资、工资冻结、缩短工作周时、暂时解雇、无薪假期等措施以削减成本。

二 国外调控企业工资政策的新发展趋势

近年来，有关国外宏观调控企业工资的政策呈现一些新的趋势。很多国家在工资调控的政策选择上更多地给予市场足够的活力与空间的同时，有的放矢，加强了短板领域的问题监管。同时，结合收入分配领域中其他手段共同调控，起到互补的作用。

1. 更多政策由直接干预转化为间接干预

政府在调节企业工资分配的过程中，调控方式逐步放开，由直接干预逐步转化为间接干预。最明显的例子是澳大利亚的工资决定机制以及产业关系法律的改革。澳大利亚 20 年前主流的工资决定机制是裁定工资制度，从过去的《工作选择法》到 2009 年改革后的《公平工作法》以及逐步提出的修订法案，都在逐步简化集体谈判的程序，政府为其提供更多便利的平台。同时，裁定工资为主流的澳大利亚工资决定机制在逐步转变。此外，新加坡的工资指导政策也由过去的工资指导线转变为工资指导原则和建议，旨在为该国促进就业、实现经济良性循环提供支持。

2. 更加重视加强国有企业高管薪酬监管

除了法国于 2013 年限制国有企业高管薪酬上限外，俄罗斯在 2015 年新年伊始，总理签署了《关于联邦国家单一制企业负责人薪酬的决议》。规定联邦国家单一制企业负责人的薪酬由其劳动的复杂性、管理企业的规模、工作的特殊性以及企业的重要性决定，但企业主要负责人及其副手的平均薪酬不得超过其他职工平均薪酬的 8 倍。该决议主要是为了促进薪酬差距合理化，杜绝缺乏依据的收入平衡。

3. 逐步加强与其他收入分配政策的联合调控

日本不论是通过政劳资会议干预工资增长并为经济良好循环提供条件，还是通过减免部分行业企业所得税来鼓励提升员工工资的政策，均体现了该国在收入分配理念的综合调控理念。国际劳工组织全球工资报告（2010）中研究了各国危机时期的工资政策，认为危机时期工会在保持平均月工资与劳动生产率之间的联系上仍有强大的力量，且通过经合组织国家数据发现，低工资就业的发生率和一些衡量工资决定机制的管制力度的指标之间有很强的负相关。同时，该报告还建议除了最低工资把握好政策评估以及推动集体协商外，还应结合其他如在职津贴等工资就业政策，使政策能够惠及低工资劳动者和他们的家庭，必须明确政策目标、锁定政策对象，有效地设计和实施政策，使不同政策相互补充，而不是相互对抗的一揽子政策。

第十一章
对我国企业工资宏观调控的启示

国外一些好的做法，对于改进和完善我国现阶段工资调控体制机制有较好的借鉴意义。总体而言，应在完善法律规范、规制的基础上，给予更充分、翔实的劳动力市场职位薪酬或人工成本、社保等数据信息指导与服务，逐步减少直接的干预措施调控工资收入分配，应与其他收入分配改革或调控手段有机结合，起到公平与效率兼顾的作用，进一步起到经济、社会和谐、稳定的作用。

一　完善工资收入分配相关法制建设

实现工资宏观调控更加有效的基本条件是要完善法治建设。市场经济国家不仅逐步发展健全的工资方面的立法体系，而且随着经济、劳动关系状况、社会文化及相关因素的变化不断加以修订和完善。我国目前仅有部分规章对最低工资做了规定，有关工资支付保障、集体协商等相关法律均尚未出台，亟待研究建立各项有针对性的法律规范。一是制定颁布工资集体协商法律法规，从国家层面颁布《工资集体协商条例》，并考虑修订《中华人民共和国劳动争议调解仲裁法》；二是制定颁布《最低工资条例》，提高立法层次；三是在现有《工资支付暂行规定》基础上制定更为系统更具权威性的《工资支付条例》。

二　进一步加强国有企业薪酬管控

各国对于国有企业高管薪酬或员工薪酬均有不同程度的管控力度，特别是近年来对于高管薪酬的管控和限制加大了力度。对于纯国有企业均与公务员或私营企业相类似职位薪酬对接，或低于私营企业的薪酬水平而确定。我国于 2014 年底宣布 72 家央企负责人即将率先启用新的薪酬制度，并于 2015 年开始，人社部门逐步进行地方国有企业负责人和中央部门管理企业负责人薪酬制度改革方案的审核工作。国务院于 2015 年 9 月出台了《关于深化国有企业改革的指导意见》，提出对国有企业领导人员实行与选任方式相匹配、与企业功能性质相适应、与经营业绩相挂钩的差异化薪酬分配方法。这是新时期指导和推进国有企业改革的纲领性文件，必将开启国有企业发展的新篇章。下一步，对于国有企业职业经理人薪酬管理方面进一步研究出台有关规定，同时，对部分垄断国有企业职工薪酬过高或不规范现象有待进一步出台公平、合理的薪酬管控措施。可借鉴国外在国家薪酬调查数据分析的基础上与私营企业同类行业或职位对比确定国有企业员工薪酬，进一步规范收入分配秩序。

三 建立薪酬及人工成本信息指导和服务体系

越来越多的国家采取间接政策干预代替直接干预工资决定机制，其中最基础的工作是职位薪酬及人工成本相关信息的调查与发布。我国全国薪酬调查目前尚处于试调查阶段，有关信息发布工作也在研究中。为了更好地解决劳动力市场信息不对称问题，为劳资双方提供信息分享和指导，应借鉴国外成熟做法完善目前的薪酬调查工作。建议：一是组建专职薪酬调查员与兼职薪酬调查员相结合的统计调查队伍，认真细致开展企业薪酬直接调查工作；二是应尽快完善调查程序，提高数据质量，从源头确保数据资料真实可靠；三是借鉴部分国家经验做法，建立健全包括各类企业工资、职业薪酬、人工成本、工作时间、劳动生产率和重点经营指标在内的相对完整的企业工资分配统计指标体系，由政府部门在对各项基础数据统计加工的基础上向社会定期公开发布，以充分发挥这些重要信息对企业工资分配的综合性引导作用。在年度调查的基础上增加季度或月度相关信息，为企业集体协商或人力资源管理方面提供便利的指导和服务，也为今后国有企业职工薪酬管理研究政策提供数据参考。比如，其他一些国家的重点监测指标、保证数据质量的必备手段等可考虑引入。

四 继续推进符合中国特色的集体协商工作

国外集体谈判作为工资决定的主流机制，推行了较长时间，并取得了很好的效果。各国除了确定相关法律规制外，同时创造便利的劳资协商平台。我国工资集体协商推行时间相对较晚，且具有中国社会主义特色，所以应加大推进符合中国特色的集体协商工作。《中共中央、国务院关于构建和谐劳动关系的意见》着重指出：工资集体协商要不断"增强实效性"。推动集体协商工作深化发展必须真正把集体协商摆上重要的工作位置，着力提升集体协商的质量和实效，突出抓好行业集体协商，继续加强专业人才队伍建设，并探索建立集体协商工作评价制度。有关劳资协商或谈判中的主体代表、程序、争议调解或仲裁方面的工作需进一步加强。有关谈判技巧或相关宏观、微观信息数据应及时提供给公众，并可分批开展各种政策法律咨询、举办培训班等。

五 探索与其他收入分配手段结合

借鉴国际经验，也可探索将工资收入调控政策与税收调控、社会福利政策等相关经济类政策结合起来发挥作用，间接调控工资收入分配。同时，也能起到互补、协同的收入分配调控作用。正如国际劳工组织发布的《全球工资报告》中所言，各国应在工资选择上除了以最低工资政策及集体谈判为主流的工资政策选择以外，应与其他就业政策（如欧洲一度盛行的在职津贴政策）、福利政策等结合起来针对不同政策保护对象均有不同的政策，从而收到政策协同的效果。在我国，同样也可研究探索同其他收入分配政策衔接，如为低收入行业企业减免一定比例的企业所得税，为特殊群体岗位提供一定的就业津贴等，此类联合措施可在一定程度上既提高企业扩大再生产的能力，又给予员工收入增长的空间，提高调控效率的同时也为经济更健康、良好的运行提供了有利条件。

第十二章
国外工资指导线及工资指导原则评估

作为市场经济国家之一，新加坡是世界上实行工资指导线制度国家的主要典范。该国在全国范围内实行工资指导制度或类似制度，发挥着积极的政府调控与指导作用。在新加坡，工资率是由全国工资理事会（NWC）建议。该理事会于 1972 年成立，基于老的方式运作。它是一个三方理事会，代表来自工会、商会和政府部门。理事会的会议每年 2～5 月召开。每年 7 月公布工资指导意见或指导线。其中，1972～1985 年是公布指导线，1976 年采取了冻结指导线政策，自 1987 年开始给予原则性指导。本部分主要介绍新加坡学者对该国工资指导线实施效果的评估，旨在对我国现行工资指导线政策提出相关参考。

一 工资指导制度实施概况

在新加坡，工资率是由全国工资理事会（NWC）建议。该理事会于 1972 年成立，基于老的方式运作。它是一个三方理事会，代表来自工会、商会和政府部门。理事会的会议每年 2～5 月召开。每年 7 月公布工资指导意见或指导线。其中，1972～1985 年是公布指导线，1976 年采取了冻结指导线政策，自 1987 年开始给予原则性指导。

二 新加坡工资指导线实效评估概况

1. 工资指导制度实施效果

根据南洋理工大学教授 Rosalind Chew 的调查和评估（Chong-Yah Lim and Rosalind Chew，1998），1972～1985 年，尽管指导线在私营部门不是强

制执行的，但65%～90%的私营部门均采纳NWC的建议（当然，1986年以后的无法有准确数据，因为改为了发布指导原则，而不是指导线）。

为什么这么多的私营企业也愿意采纳工资指导线？原因如下，首先，在非工会组织成员的部门，商业协会和管理部门在集体谈判中涉及工资增长情况会参考NWC提供的工资增长指导线意见。如果协商中陷入僵局，任何一方可寻求当地劳动部的帮助，如果仍然失败，可上升到劳资关系仲裁法庭中寻求解决，那么该法庭首选的考虑因素还是NWC的工资增长线。这就说明了NWC工资指导线在很大程度上影响了非工会组织会员的单位。此外，公营部门以及工会组织成员的领域共占新加坡所有劳动力市场的30%，加总后分析，NWC工资指导线影响了劳动力市场的庞大比例的人员。

另外，雇主组织的负责人，例如，新加坡国家雇主联盟、新加坡工商联盟、美国商业理事会、日本商业理事会等均作为NWC三方协商的代表。很多雇主或负责人是自己公司的CEO，关乎很大层面的就业情况。这些CEO均会在NWC审议工资指导线的时候参与讨论或签署意见。同时，如果这些雇主协会的负责人同意NWC指导线，那么他们将会有道德上的责任去建议他的组织成员去遵循这个指导意见。

考虑到很多大企业都会遵循这个指导意见，那么有60%～75%的人员会受益于NWC的指导线。其余的企业有权决定是否参考或遵循该指导线意见。但是，在一个劳动力紧缺的市场中，如果不遵循这个意见的话，这样的企业很有可能经历员工流失。所以，这也解释了为什么在新加坡工资指导意见不是强制性的，但也有很高的执行率。

2. 工资指导制度评估

NWC从来没有明确阐述有关设定工资指导意见的一系列标准。但是，在1978年发布的文件中有提及。很明显的是，理事会考虑了一些比较重要的因素，如竞争力水平、收支平衡、通胀率、经济增长情况以及雇主和工人的基本权利，以期达到经济发展的目标和公平分享经济社会发展的成果的效果。

NWC中的一些代表来自财政部、工商贸易部、劳动部。这些代表们主要体现了政府部门的立场。如财政部体现的是经济发展中最大的雇主；工商贸易部的责任是吸纳更多的外商投资，体现的是经济规划者的立场；劳动部则关注的是劳动者的福利，体现了劳动管理者的立场。这三个部门均会密切关注就业的变化情况并与 NWC 交流信息。

基于 NWC 最初的目的是用简单、古老的办法起到提高工资的作用。实际上，NWC 的作用是以就业为导向的，即工资指导线设定时应该最大可能地提高就业程度。也就是说，NWC 不可能以就业的代价来换取高工资的增长。基于 NWC 是三方机构组织，囊括了政府的最高决策制定者人员、工会、雇主组织等，由于这类代表都掌握有关经济条件方面的必要信息和反馈内容，所以在管理就业情况方面有很大优势。因此，NWC 在决定工资指导原则前首先需要评估的是就业情况。

Rosalind Chew 采用 GRANGER 因果分析发现，NEC 指导线与产出存在着双向因果关系，对于就业、收入，在 1% 处显著。这些结果肯定了 NWC 确实在制定指导线时考虑到了宏观整体的经济条件。同时，鉴于大部分企业人员遵循该指导线，也体现了 NWC 指导线确实影响了收入水平。更有趣的是，还与就业存在着正向的 GRANGER 因果分析结论。当然，这个结论不仅仅是整体概论，而且在分领域也是同样的结果。这个也许归结于 NWC 的目标是最大限度地提高就业。这样的结论至少说明了 NWC 已经达到了这个目的。

通过数据分析发现，就业的增加会带来 GDP 的增长。这体现了新加坡生产力中更多的是劳动力密集型的产业。同时，高增速的 GDP 带来了工资收入的增长。这样的实证分析均与 NWC 的机制一致，即在设定工资指导线时首先考虑就业情况，并考虑有关经济因素。

综上所述，工资指导线制度在新加坡不同历史时期经历了不同的改变，直到现在的灵活薪酬指导制度。基于学者的评估和分析，该制度在全国的就业、收入上均有正面影响。

三　对我国的启示

新加坡工资指导线综合多种因素确定全国工资指导原则，其中对就业因素（就业、失业率）给予较大关注，并提出工资增减的政策建议。该原则对我国时间工资指导线方面有一定的参考价值。

1. 确定工资指导原则需多元化考虑各类因素，就业因素需优先

确定工资指导原则的因素中，应当包含就业因素（失业率）的充分考量，并且确保就业目标始终处于优先考虑之列。我国劳动力资源相对丰富，就业一直作为民生之本来积极考虑，只有能够不断扩大就业机会、充分吸纳新增劳动力的经济增长，才是符合以人为本理念的经济增长。

2. 拟定指导原则需分类对待，增加细化建议

新加坡工资指导线原则一般都会提出有关企业不断投资于职工的继续教育和技能培训的政策建议，同时，建议企业要主动与职工充分分享公司业绩、商业前景和工资结构调整性增长等方面的信息。建议我国各地在发布工资指导线的同时可增加细化政策建议，如工资结构、技能培训等详细的专业配套建议。

3. 结合其他收入分配政策发布指导原则

新加坡工资指导线原则发布的背景不仅基于工资收入分配领域而言，还会结合其他收入分配领域政策，如社保、税收等领域政策进行宏观指导。建议我国各地在发布工资指导线的同时可考虑其他收入分配政策。

第十三章
国（境）外最低工资评估政策[*]

作为一项工资保障制度，国外最低工资最早可追溯到 19 世纪末期，之后越来越多的国家开始建立最低工资标准，并发挥了重要作用。学习借鉴国外的成功经验和做法对我国改进和完善最低工资标准具有重要意义。

一　选定国家、地区最低工资政策基本概况

研究发现，国外很多国家在最低工资的厘定、调整、评估方面已形成科学、规范的体系，并注重多方参与协商、多面考虑影响，在最低工资的基本形式上也呈现多层次、多类别的态势，逐步体现针对性和可操作性。

全球各国、地区在设定最低工资时，其定位和目标各异。大体包含以下几个方面：维护低薪劳动者及其家庭赡养者最低限度的基本生活；维护社会所需要的劳动力持续再生产；促进经济和社会的稳定运行；促进劳动者素质不断提升。如英国强调的最低工资是"工资下限"理念，而非生活工资，即全国最低工资的厘定并非考虑工资是否足以维持生活水平。英国推行全国最低工资是为了防止工人受剥削，同时也确保公司在经营业务时以货品及服务质量来竞争，而非主要靠压低工资以求削价竞争；法国制定最低工资的理念是"生活工资"，有两个主要目标：一是给予最低劳动收入的劳动者购买力的保证；二是保证低收入人群在国民经济中的劳动参与。

此外，不同国家、地区基于不同的定位，在调整最低工资时考虑的因素也有所不同。目前各国、地区确定和调整最低工资大多数主要集中在下

---

[*] 关于各国最低工资具体政策可参见笔者 2014 年出版的《国外最低工资》，本书仅重点关注最低工资评估政策及生活工资政策。

面四个不同的方面：①工人生活需要；②可比工资与收入；③支付能力；④经济发展需要。当然，也有一些国家考虑其他因素，如韩国近年来将劳动报酬占比也作为考虑的因素之一。表13-1为选定国家、地区的最低工资调整理念及原则。

二 选定国家、地区最低工资评估实践及比较

本部分以一些实施最低工资政策历史较长或最低工资评估方面做法比较成功的国家、地区为例，简要介绍该国、地区的最低工资评估机制，以期对我国最低工资评估框架体系研究提供经验借鉴。详见表13-2。

1. 加拿大

加拿大各省最低工资委员会的主要职责就是对最低工资进行评估，搜集整理各有关部门提供的资料和数据进行相应的咨询、调查和研究，建议最低工资率或直接设立最低工资率，定期向省劳工部长或省议会副总督提交有关最低工资的评估报告。如萨斯喀彻温省要求委员会最少每两年一次调整最低工资，为部长提出不具约束力的建议。新斯科舍省法律规定最低工资审议委员会要进行年度审议最低工资，向劳工和劳动力发展部部长提供有关该省劳动者最低小时工资不具约束力的建议。各最低工资委员会在做出报告之前，要大量搜集各方面的资料，充分听取社会各方面的意见，包括代表雇主、雇工和政府机构，以及社会群体个人的意见。如萨斯喀彻温省最低工资审议委员会2009年审议报告收到44份书面报告，其中5份来自各种商会、3份来自雇工协会、10份来自独立的商业机构、1份来自政府机构、25份来自对最低工资问题感兴趣的省内居民。可以看出加拿大最低工资评估制度比较全面地反映了各方面的意见。报告中评估内容大体分三类指标。第一类是最低工资与相关经济指标的关系：包括最低工资的历史数据分析及与其他各省的横向比较、最低工资与物价的数量关系、最低工资与平均工资的数量关系、最低工资与行业销售总额等经济指标的关系。第二类指标是领取最低工资人员的分析，包括性别、年龄、行业等。第三类指标是增加最低工资的测算，如提高最低工资，薪资总额、保险及社会福利的变化等。

表13-1　选定国家最低工资调整理念及原则

国别或地区	加拿大	英国	法国	韩国	美国	中国香港
定位或理念	最低工资除了考虑工人生活需要外，亦采用一揽子指标以平衡各方的利益。在政策设计上，可说是较接近"工资下限"的理念	最低工资是"工资下限"，其目标是在不会对通胀或就业造成重大负面影响的情况下，能够帮助最多低薪工人的最低工资	最低工资是"生活工资"，确保低薪工人可享有一定程度的生活水平，并能分享经济增长的成果	最低工资除了考虑工人生活需要外，亦采用一揽子指标以平衡各方利益。在政策上是较接近"工资下限"的理念，也可说是较接近"工资下限"的理念	联邦最低工资属于"工资下限"，是确保国民享有最基本的生活水平，同时不会对就业造成重大影响	最低工资目标介乎于防止工资过低与尽量减少低薪职位流失之间取得适当平衡，并要顾及维持中国香港的经济发展及竞争力的需要
厘定机构	各省议会	国会	国家部长级会议	就业和劳动部	国会/州立法机关	特区行政长官会同行政会议
咨询机构	最低工资委员会/省议会	低薪委员会	集体谈判委员会	最低工资委员会	—	最低工资委员会
调整考虑因素	各省不一。主要有：①社会和经济效果；②生活成本；③经济条件；④CPI	①国内经济情况；②CPI；③就业和失业情况；④生产情况；⑤实际工资水平	①工人及家庭需要；②全国平均工资水平；③CPI；④经济因素；⑤政治和社会因素；⑥集体谈判专家组委员会意见	①劳动者的生活费用；②经济增长率；③平均工资水平；④劳动生产力；⑤就业；⑥CPI；⑦劳动报酬占比	①生活费；②制造业的生产力；③平均工资水平；④雇主应付工资上调的能力	①一揽子指标；②相关组织及人士的意见；③其他相关评估因素；④影响评估
调整频率	各省不一	每年1次	每年1次或最多次	每年1次	不规律	目前是2年1次
是否定期调整	否	是	是	是	否	目前是
固定调整时间	—	每年10月1日	每年7月	每年1月1日	—	目前是隔年5月1日

资料来源：根据各国最低工资相关法律整理。

表 13 - 2 选定国家或地区最低工资评估实践概况

国别或地区		加拿大	英国	法国	韩国	美国	中国香港
评估主体	主体部门	各省最低工资委员会/省议会	低薪委员会	集体谈判委员会-最低工资专家小组	最低工资委员会	最低工资研究委员会	最低工资委员会
	人员构成	各省最低工资委员会的成员，雇主和雇员代表，有公正的主席，一般是劳工局的工作人员	由9名成员组成，分别具有雇员、雇主和学术背景。每位委员均以个人身份，而不是作为组织的代表而工作	由40名成员组成，其中4名来自政府，18名来自5个全国工会，18名来自自雇主和工会	由27名成员组成，包括9位工人代表，9位雇主代表及9位代表公众利益的独立委员（包括主席及副主席）	包括8位委员：商务部长指派2位委员；劳工部长指派2位委员；农业部长指派2位委员；卫生、教育与福利部部长指派2位委员。主席由全体委员选举产生	包括主席及不多于12位分别来自劳工界、商界、学术界和政府的人士。主席及非官方成员均以个人身份获委任
咨询或征求意见的相关部门、人士		商会、行业协会、雇主协会、政府机构、商业机构、普通民众	工会、咨询公司、行业机构、科研机构、行业协会、政府调查机构	工会、雇主代表、行业协会团体、政府机构等	—	各类政府机构、专家学者、企业	众多企业、各类商会、行业协会、特殊群体关注团体、工会
评估内容		3类指标：最低工资与相关经济指标的关系，最低工资取得的分析，增加最低工资的测算	4类指标：受益人群特征、最低工资对收支、劳动力市场竞争力和就业的影响评估	3类指标：最低工资与经济活动、收入分配以及企业的用工影响或成本影响评估	3类指标：最低工资标准与行业平均工资、经济发展水平、市场就业状况等多项因素的关系	5类指标：受益群体特征、最低工资对年轻人就业的影响、收入分配、劳动力市场、工资增长的影响评估	4类指标：受益人群特征、最低工资对雇员、企业、劳动市场、物价及宏观经济的影响评估
评估频率		各省不一，基本根据调整频率确定	每年1次	根据调整频率确定	每年1次	1977~1981年采取了集中的评估，最集中、最权威	目前是每两年1次

2. 英国

自 1999 年全国最低工资实施以来，英国低薪委员会每年都会就最低工资对经济和社会的影响进行评估，评估的内容包括收支、劳动力市场和竞争力三大方面。其中，收支包括收益分配、薪酬差距与薪酬结构等内容；劳动力市场包括工作时数、就业与失业情况；竞争力方面包括生产率、价格、利润和企业生存状况等内容。低薪委员会在开始每一年的评估时，并没有定下以达到某一个中位数工资的百分比作为目标。在厘定和评估全国最低工资水平时，低薪委员会主要根据政府辖下国家统计局提供的数据，进行统计及经济分析；委托机构进行调查及相关研究；留意国际最低工资的发展动向等。该委员会每年均会发布一份最低工资报告，此报告内容非常翔实，涵盖最低工资的评估情况及对下一次最低工资调整的建议方案。目前被认为是数据最丰富、内容最翔实的最低工资报告。

3. 法国

法国最低工资专家组是就最低工资的调整向政府提出建议的机构。政府赋予其的主要职能为考虑并寻找经济活动、低收入劳动者的就业以及企业的用工成本等诸多因素之间的最优均衡。它负责最低工资标准的评估，并为最低工资的调整提供必要的信息。最低工资专家组有权在较广泛的范围内进行调查，且它行使职权时独立于政府。如果认为有必要，专家委员会可以建议政府降低最低工资的增长幅度，而不是按照通常的情形调高最低工资标准。

4. 韩国

韩国《最低工资法》没有明确规定特定的政府部门负责最低工资制度的政策评估，但在最低工资委员会每年进行最低工资的调整时，会组建技术委员会进行调整因素的调查。其中一个技术小组负责工资水平信息的搜集和分析。此技术小组会对往年的工资报告（包括全国的、行业的、地区的）和宏观经济数据（通货膨胀率、消费者价格指数、GDP）进行技术分析，并对往年的最低工资进行评估。他们综合考虑最低工资标准、行业平均工资、经济发展水平、市场就业状况等多项因素，以确定上一年度的最低工资标准是否合理，并为新一年标准的确定提供参考依据。

5. 美国

美国 1977 年国会立法通过 1977 年《公平劳动基准法修正案》附加条款，规定成立最低工资研究委员会。该委员会包括 8 位委员：商务部部长指派 2 位委员；劳工部部长指派 2 位委员；农业部部长指派 2 位委员；卫生、教育与福利部部长指派 2 位委员。主席由全体委员选举产生，该委员会研究的范围包括最低工资调整对社会、政治、经济各层面的影响，该委员会应把适合的立法建议案、研究报告呈送总统和国会。法律规定该研究应包含但不限于下列事项。

①最低工资的有利影响，包括对劳工贫困情况的改善；②该法案所规定的提高最低工资对通货膨胀的影响；③提高最低工资，对超过该法案所规定工资的影响；④依工资、物价或其他指标的增加而自动提高该法案中所规定工资率对经济的影响；⑤为年轻人另订不同的最低工资对就业和失业的影响，以及提高残障者与老年人工资率和另订不同的最低工资对就业和失业的影响；⑥全员工作学生最低工资率的计划对就业和失业的影响；⑦最低工资率对就业和失业的影响；⑧本法案有关最低工资和加班费要件的豁免；⑨联邦最低工资率与公共援助计划的关系，包括获得此种工资的劳工也正符合获得贫民粮票和其他公共援助的条件；⑩最低工资不执行率统计；⑪最低工资工作人口统计。

6. 中国香港

中国香港自 2011 年开始实行法定最低工资，该区也成立了最低工资委员会，并在《最低工资条例》中规定该委员会的主要职能是"应行政长官的要求，向行政长官会同行政会议报告它就订明每小时最低工资额的款额做出的建议"，需在防止工资过低或尽量减少底薪职位流失的目标之间，取得适当平衡及维持中国香港的经济发展及竞争力。在提出最低工资调整额建议前，委员会需要咨询雇主或雇员代表的建议，考虑咨询过程中各类组织、机构提交的意见，并分析及考虑来自认可研究或调查的数据，及考虑该等研究或调查所包含的任何资料。该委员会需至少每两年做出报告，报告内容主要包括法定最低工资水平实施时的社会经济情况分析，最低工资对雇员、企业、香港劳动市场、物价及宏观经济的影响。然后再根据一系列考虑因素和影响评估提出下一次法定最低工资的建议水平。其中，在评估最低工资的影响部分时，明确分析最低工资的涵盖群体范围。此外，对雇员的影响部分包括对关注雇员工资、薪金、就业收入变化、工资差距、薪酬结构；对企业的影响包括整体营业率、招聘意愿、创业精神和经营环境及意愿指标；对劳动市场的影响包括就业情况、就业性质、工作时数、就业意愿、劳资关系等 5 个指标。

三　对我国的启示

基于以上选定国家、地区最低工资评估和审议的实践情况分析，我们认为这些国家或地区具有很多共性的经验，值得我国学习和借鉴。

1. 多方协作的必要性

国际劳工组织报告曾指出，各国对于理想的最低工资水平的认知各不相同，首选的办法应当是邀请社会伙伴共同确定一个适度的水平。国际劳工组织第 131 号公约要求在制定过程中要有平等的雇主组织的代表，劳动者代表以及公认的、有能力的、独立的专家代表国家的整体利益；第二个好的做法是，使用可信的数据和其他实证信息作为社会伙伴协商的基础。没有三方协商机制和实证经验进行的决策可能会使最低工资调整及评估出现失误，或者太高或者太低。大多数国家或地区在评估最低工资实施效果或影响情况时，作为评估主体部门的专业委员会人员均来自不同机构，分别代表多方利益，力求达到各项均衡。此外，该类委员会均会咨询或征求来自社会各方的意见，然后在此基础上做出审议或评估报告。

2. 数据来源的丰富性

基于多方机构、人士的意见咨询和考量，很多国家、地区在全面评估最低工资的影响情况时，充分利用了来自各方的数据结果。如英国低薪委员会每年发布的最低工资报告中采用的众多数据来自国家统计局年度工时及收入调查数据、劳动力调查数据、国际组织相关最低工资数据库、第三方统计调查机构提供的数据、专家学者提供的调查数据、其他机构如工会、行业协会等提供的数据等。

3. 方法采用的多元性

英国、中国香港等国家或地区在评估最低工资时，基本上采用多种方式进行评估。正如国际劳工组织所总结的三个互相补助而不是彼此排斥的方法。第一个方法，也是最直接，毫无疑问也普遍使用的方法，是依靠整理和分析可以得到的劳动力市场和经济趋势的各项指标分析；第二个方法是专门调查；第三个方法是正规的经济模型和统计评价技术的运用（杰拉尔德·斯塔尔，1997）。最后一个方法在目前众多发达国家或地区运用较成熟。例如，英国 2011 年最低工资评估报告指出，经过委托的研究机构采用实证分析表明最低工资水平会在经济滑坡时期对年轻人的就业产生负面影响，显然提高年轻人的最低工资水平是不合理的，因此，该国低薪委员会建议 2011 年提高年轻人（18～20 岁）最低工资额 1.2%，16～17 岁工人提高 1.1%，比成人最低工资额增长要少。

4. 指标设置的全面性

大多数国家或地区设置的评估指标基本上包括最低工资收益群体特征及最低工资对就业、劳动力市场、工资收入、企业用工成本等方面的影响指标，即包含了最低工资的实施效果（最低工资收益群体分布及特征、最低执行情况）和最低工资的影响评估（就业、失业、工作时间、工资分布、不同群体的收入、薪酬结构、企业效益、企业人工成本）共两大类指标。其中各类指标里有更细的分类指标。各国、各地区分类标准不一。如英国是从收入和薪酬、劳动力市场、竞争力三方面评估影响，而中国香港则从雇员、雇主、社会三个不同维度评估。

5. 促进调整机制的科学性

最低工资评估机制对于调整最低工资具有关键的作用。很多国家、地区在最低工资调整后每年（或最低工资调整前）会进行一次全方位的评估，以期对下一次调整最低工资提供依据和技术性支持。因此，大多数国家评估机制与调整机制相辅相成，评估频率基于调整机制的调整评论决定，起到了促进调整机制的科学性作用。如加拿大、英国、澳大利亚、中国香港等国或地区相关的最低工资委员会或类似的专家小组在提交最低工资的审议报告前，最低工资评估的相关内容是非常重要的报告内容，特别是中国香港明确提出调整考虑的四类因素中，影响评估是其中一类因素。换句话说，最低工资评估也作为调整因素的重要组成部分。

第十四章
国外生活工资理念及制度

本部分通过研究分析最低工资制度制定过程中奉行"生活工资"理念的国家，实践、实施指导性生活工资制度的国家，实践、实施"生活工资法案"的国家，实践以及比较分析生活工资制度与最低工资制度的区别与联系，提出对我国工资政策选择的启示。建议政策制定者在制定或调整工资宏观调控政策特别是最低工资政策时应积极借鉴国外科学、精细化管理思路，一是工资政策需要有针对性覆盖群体，有的放矢；二是工资政策实施需要基于评估工作，有理有据；三是工资政策实施需要多层次、多样化，有机结合。

我国实行社会主义市场经济制度20多年来，逐步建立了调控和指导企业工资分配的相关制度。作为我国当前工资收入分配领域强制性和指导性的主要手段，最低工资和工资指导线政策在制度和实践上取得了重大进展。当然，目前政府调控企业工资分配的体制机制还有不完善之处，既有政府调控责任不到位、调控手段欠缺、调控力度不够的问题，也有调控方式不当、包揽过多的问题，还有调控措施不配套等问题。本书前文提到，主要发达国家采取的政府干预市场工资分配措施除含法定最低工资在内的工资支付保障、工资指导原则、信息发布、协商平台支持外，部分国家或城市采取了"生活工资"保障政策。"生活工资"最早设立是基于贫困线计算标准，后来有美国学者界定了更宽泛的概念，为"使工人有能力供养家庭，维持自尊，有途径、也有休闲时间来参与国家公民生活的工资水平"。如美国自20世纪90年代起，140多个城市设有强制性生活工资法案（主要适用于与政府签订公共合同的承包商的雇员、公共服务业劳动者等，也有部分城市直接应用于城市最低工资标准），而英国是采取生活工资指导标准（分为非强制性国家级和城市级标准）的政策，加拿大2011年个别城市开始效仿美国设立强制性生活工资政策。此外，也有部分国家在实施最低工资政策中采用了"生活工资"理念，如以法国为代表的部分欧洲国家最低工资定位是"生活工资"理念，即一是给予最低劳动收入的劳动者购买力的保证；二是保证低收入人群在国民经济中的劳动参与。英国也于2015年8月确定了从2016年4月起国家最低工资标准中针对25岁以上劳动者增设一个强制性"生活工资标准"，并提出逐步实现2020年将该生活工资标准提高到9英镑/小时的目标，政府旨在将英国目前"低工资、高税收、高福利"社会导向转向"高工资、低税收、低福利"社会。此类政策或理念体现出了国外工资收入分配领域的政策灵活性与多样性，在当前深化改革的大背景下，有必要进一步深入研究，以期对我国工资宏观调控政策提供借鉴。

最低工资制度的发展近年来得到社会各界的关注。自1993年开始建立、2004年《最低工资规定》颁布实施10多年以来，最低工资在制度上和实践中都取得了重大进展。随着经济环境和收入分配状况的不断变化，有关最低工资的定位和理念引起许多政策制定者和经济学家的争论。根据2004年颁布的《最低工资规定》，制定最低工资标准是为了维护劳动者取得劳动报酬的合法权益，保障劳动者个人及其家庭成员的基本生活，而实际实施过程中多数地区最低工资标准挂钩指标多，出现最低工资承压过重的现象。2015年底，人社部发〔2015〕114号文关于进一步做好最低工资标准调整工作的通知中提到要准确把握最低工资制度的功能定位，即确保劳动者提供正常劳动的前提下，用人单位所支付的最低劳动报酬能够满足劳动者及其赡养人口的基本生活需求。通知要求各地要立足功能定位，从我国社会主义初级阶段的基本国情出发，适应经济发展新常态，统筹处理好维护劳动者报酬权益和促进企业发展的关系，坚持按照稳慎原则做好最低工资调整工作。对于最低工资的定位问题，当前各类观点不一。有的观点认为最低工资应作为分享经济发展理念、调节收入分配的重要手段，有的认为最低工资应保障"有尊严的生活"，目标群体就是"工作中的穷人"，且最低工资标准是劳动者实现体面就业的核心要点，是避免工作中的穷人层出不穷的重要措施。当然，也有观点认为只应集中在最低工资的最低保障方面，不能也不应对最低工资政策在调节收入分配、增加贫困人口的发展能力方面有所要求。同时，这些被剥离的生活保障和个人发展功能，应该交由政府的社会保障或其他公共政策来托底，而不能要求由最低工资政策来附加执行。

本部分研究的意义有两点。一是为我国工资政策选择提供借鉴意义。通过借鉴经验和结合实际，可进一步采用丰富手段、灵活机制，实现政策互补、有的放矢，逐步建立和完善符合我国国情的工资宏观政策措施；二是为完善最低工资在不同经济发展时期的定位问题提供参考意义。纵观国内外，各国最低工资定位不一，功能有别，且在不同经济发展时期最低工资政策定位随着国家宏观经济政策变动，研究国外生活工资理念及制度设计，以及同最低工资结合或区别实施的政策路径，可为我国最低工资定位研究提供参考性材料。

本部分研究对象主要包括采用生活工资理念或实施生活工资条例或非常性制度的国家或城市实践经验，为我国在今后工资政策选择以及最低工资定位方面提供参考性材料。本部分研究内容包括以下五点。一是最低工资制度制定过程中奉行"生活工资"理念的国家实践。如法国"生活工资"定位思想的具体背景、程序、实施效果、优缺点等；又如英国最低工资标准与国家强制性生活工资标准结合的设立背景、具体实施情况、学者观点等。二是实施指导性生活工资制度的国家实践。如英国的指导性国家级生活工资标准以及市级生活工资标准的实施情况、制定主体、制定程序、覆盖群体、相关影响等。三是实施"生活工资法案"的国家实践。如美国自20世纪90年代以来不同城市生活工资法案实施的制定主体、制定程序、覆盖群体、相关影响等；又如加拿大城市2011年以来开始通过并实施生活工资条例的实施背景、制定主体、制定程序等。四是生活工资制度与最低工资制度的比较与联系。从功能定位、覆盖群体、运行机制、标准水平、实施效果等多方面对这两项制度进行比较研究，并分析最低工资与生活工资之间的紧密关系。五是提出对我国工资政策选择的启示。通过研究国外生活工资理念或制度实践，尝试对我国工资宏观政策选择、最低工资功能定位等提出相关建议。此外，更关注和研究生活工资制度及生活工资理念的新发展趋势，并关注不同工资政策选择的功能定位的互补关系。

一 国内外相关文献综述

1. 国外文献综述

国外学者在有关生活工资领域研究论文很多。古典经济学中已有涉及"生活工资"这个概念。在古典经济学家看来,工资需要一定程度上给劳动者提供必要的生活资料。经济学鼻祖亚当·斯密说过,"需要靠劳动过活的人,其工资至少必须足够维持其生活。在大多数场合,工资还得稍稍超过足够维持生活的程度,否则劳动者就不能赡养家室而传宗接代了"。另一位古典经济学者李嘉图也说,"劳动的自然价格是让劳动者大体上能够生活下去并不增不减地延续其后裔所必需的价格"(李钟瑾等,2012)。

生活工资政策始于 20 世纪 90 年代,最早起源于名义最低工资低于家庭贫困线、实际最低工资持续下降以及最低工资削弱其减贫功能而兴起的生活工资运动(杨欣,2012;Figart,1999;Sabia and Burkhauser,2010)。随着生活工资政策的逐步实施和发展,很多学者对其进行关注和研究。有大量文献对生活工资的效果持正面态度,认为生活工资能够有效增加收入、刺激需求并促进增长。

关于计算方法。最初的生活工资是根据官方贫困线来计算的,比如1994 年的计算标准是要能够使一个全职工人的工资支撑三口之家超过贫困线的生活水平(Pollin,2001)。然而大量研究都认为官方贫困线实在太低,不应该作为生活工资的基础。比如有的研究就对生活工资提出了更宽泛的定义:生活工资必须要让工人足以保持自尊,并且能够有条件、有闲暇参与社会生活,(Glickman,1999)。针对不同国家的情况,许多研究提出了从不同角度计算生活工资的方法(Anker,2006)。

关于生活工资的减贫作用研究。Neumark 等(2003)通过研究美国实施生活工资立法的城市数据发现,生活工资对工资、工时、就业以及对贫穷减少相关问题,发现生活工资法案的实施确实促进了工人工资的稳定增长;Neumark(2004)通过研究 1996~2000 年的数据发现,生活工资立法通过对市政公共合同承包商的约束,加入工会的市政工人的收入有明显提高,也就是说,生活工资法案对减少城市贫穷起到了正面的影响;Fairris(2005)

以及 Falk 等（2006）均研究发现生活工资对于解决贫穷有积极的作用。

关于生活工资对就业的影响。Neumark 和 Adams（2003）提出，实行生活工资的政策显著提高了低收入者的收入，而对就业的负面影响很有限；Reich、Hall 和 Jacobs（2005）以及 Howes（2005）均发现实行生活工资显著增加了劳动效率并减少了离职率。Osberg 等（2009）研究了提高低收入工人工资的立法意图会在多大程度内危及就业。研究结果表明：对最低工资的争论都是关于最低工资的适度增加对就业没有影响，有积极影响或是有小的消极影响。它从来不是对就业是否存在大的消极影响的争论，生活工资也是如此。Hollis 和 Santa（2015）通过研究生活工资和最低工资标准一致的圣达菲市生活工资对就业以及低工资职业劳动者的影响发现，其对于增加市政工人收入大大有益而不影响就业。

关于生活工资对企业成本的影响。Masschusetts 大学政治经济研究所（2005）通过调查研究波士顿、纽黑文、哈特福德市市级生活工资标准实施影响发现，此政策对于企业影响甚微；同样类似的，Wicks（2009）也认为企业能消化生活工资导致的人工成本上涨，因为每次调整都是比较适度的调整。

关于生活工资对其他的影响。Wicks（2009）研究认为，实行生活工资能减轻政府福利补贴的负担，并增加本地的消费需求；美国加州伯克利的劳工中心（2011）针对沃尔玛的研究也指出，增加法定生活工资显著提高了沃尔玛雇员的收入，而其所引起的价格上升是微不足道的。Lammam（2014）回顾了美国生活工资制度的影响，认为当前评估生活制度尚没有最低工资成熟，也认为加拿大在逐步实施的过程中需要避免政策弊端。Diffley（2015）通过访谈调查研究发现，越来越多苏格兰企业采用生活工资标准，一方面可提高企业声誉，另一方面可吸引更有能力的员工。同时也需要考虑生活工资对企业利润侵蚀的影响。

2. 国内文献综述

国内相关研究甚微。基于中国没有实施生活工资制度，且制定最低工资标准过程中没有提及或推广该理念，文献检索中只发现个别学者在 2011～2012 年发表了有关生活工资的论文。杨欣（2011）分析了美国的生活工资制度，认为生活工资是美国提高实际工资的新的政治策略，它关注于 20 世纪 90 年代经济腾飞时落在后面的那些工人。杨欣（2012）比较了美国最低工资与生活工资制度，并指出生活工资是对最低工资的有条件补充，认为对于大国，建构多层工资保障制度将更有利于保障劳动者的工资权益。李钟瑾等（2012）首次估计了中国的生存工资（同"生活工资"，个别国内学者将 Living Wage 译为"生存工资"）水平，发现长期以来中国私有企业工人工资远低于生存工资水平，劳动力再生产的成本在一定程度上由劳动者承担，因此，工资过低和劳动超时成为私有经济发展模式的双生儿，不仅导致私有经济盈利能力虚高，而且限制了整体经济内需的扩大和经济增长方式的转变。此外，他们认为倘若私有企业承担社会欠账，工人工资达到生存工资水平每年将会创造 3% ~5% 的 GDP 增长。

总体而言，尽管国外生活工资相关研究没有像最低工资一样繁多，但学者关注也在持续增加；就国内而言，学者关注甚微。除仅在 2011 ~2012 年有学者关注过生活工资外，近几年来不再有相关文献。国内文献研究深度不够，且有关美国新的生活工资制度变动趋势，以及英国、加拿大、法国等相关理念及制度变动趋势也未有人涉及研究。

二 最低工资制度制定过程中的 "生活工资"理念

1. 实行"生活工资"理念的国家概况

不同国家最低工资政策定位有别。有的国家是采用"工资下限"理念，而有的国家采用的是"生活工资"理念。一般而言，奉行"生活工资"理念的国家的最低工资数值占全职劳动者收入中位数的比例一直处于较高水平。从表 14 - 1 可以看出，2008 ~2013 年法国最低工资占平均工资的比例基本维持在 60% 左右，甚至有逐步走高的趋势。而其他奉行"工资下限"的国家如美国、英国（2016 年前）等国数据相对较低。

表 14 - 1　2008 ~2013 年部分国家最低工资占全职劳动者收入中位数的比例

单位：%

国家	2008 年	2009 年	2010 年	2011 年	2012 年	2013 年
澳大利亚	52.2	54.4	51.8	53	55	55
比利时	50.4	50.8	51.7	50.9	52	49

国家	2008 年	2009 年	2010 年	2011 年	2012 年	2013 年
加拿大	42.5	43.8	45	46	46.5	46.1
法国	60.6	59.8	60.1	60.2	61.5	63
希腊	44.9	41.9	41.9	51.3	43.5	44.5
爱尔兰	52.8	51.1	51.9	47.6	48	48
日本	34.6	36.2	37	38	38	39.3
荷兰	49.6	46.9	47.1	46.7	46.5	47.5
新西兰	60	60	59.1	58.2	59.8	59.8
葡萄牙	47	53.7	56	57.1	57	57.8
西班牙	38.3	44.1	43.8	43.4	44	43
英国	46.1	46.1	46.1	46.9	47	47.2
美国	32.4	35.5	38.8	37	36.7	36.2

资料来源：OECD 数据库、英国最低工资年度报告等。

2. 法国最低工资制度实施情况

法国是典型的在最低工资制定过程中奉行"生活工资"理念的国家。法国目前的最低工资制度，即 SMIC 体系，有两个主要目标：一是给予最低劳动收入的劳动者购买力的保证；二是保证低收入人群在国民经济中的劳动参与。第一个目标在 SMIC 体系确立之前就已存在，第二个目标是 SMIC 体系建立之时新制定的，当时政府认识到劳动者和国民经济发展之间的密切关系，认为应该让劳动者，包括低收入劳动者在参与经济活动的同时享受经济增长的成果。表 14 - 2 为法国自 2000 年以来最低工资调整数据。

表 14 - 2　法国自 2000 年以来最低工资调整数据

单位：欧元

年份	小时最低工资	月最低工资 （151.67 小时）	月最低工资 （169 小时）	生效日期
2016	967	146662	//	2015/12/18
2015	961	145752	//	2014/12/22
2014	953	144538	//	2013/12/19
2013	943	143022	//	2012/12/21
2012	9.4	1425.67	//	2012/6/29

续表

年份	小时最低工资	月最低工资 （151.67小时）	月最低工资 （169小时）	生效日期
2012	9.22	1398.37	//	2011/12/23
2011	9.19	1393.82	//	2011/11/30
2011	9	1365.00	//	2010/12/17
2010	8.86	1343.77	//	2009/12/17
2009	8.82	1337.70	//	2009/6/26
2008	8.71	1321.02	//	2008/6/28
2008	8.63	1308.88	//	2008/4/29
2007	8.44	1280.07	//	2007/6/29
2006	8.27	1254.28	//	2006/6/30
2005	8.03	1217.88	1357.07	2005/6/30
2004	7.61	//	1286.09	2004/7/2
2003	7.19	//	1215.11	2003/6/28
2002	6.83	//	1154.27	2002/6/28
2001	6.67	//	1127.23	2001/6/29

资料来源：法国统计局。

法国调整最低工资时考虑的主要因素有：①工人的生活水平及其家庭的需要；②体力劳动工人的平均工资水平；③市场的通货膨胀率；④重要经济因素（整体经济状况、生产力以及就业水平等）（贾东岚，2014）调整频率有时一年一次或多次，最低工资额根据全国物价指数的变动而改变。若全国物价指数变动2%或以上，最低工资额会自动调整。此外，国家集体谈判委员会在每年6月举行会议，研究相关的经济报告，以进一步调整最低工资额。

3. 英国最低工资制度中强制性生活工资标准概况

英国自2016年4月起，大胆尝试修改最低工资制度，目的在于将其最低工资推高至发达经济体中的较高标准。该改革主要面向25岁及以上的劳动者，设立新的最低工资标准——"全国最低生活工资"，它以每小时7.2英镑起步，预计到2020年提高至收入中位数的60%，即类似法国最低工资标准的相对价值水准，相当于每小时约9英镑。这意味着，对于25岁以上的劳动者，最低工资相对于收入中位数的比值在截至 2020 年的 5 年间的涨幅，将与之前 16 年的涨幅相同。英国财政大臣 George Osborne 认为，这样可以借助此举为数以百万计的人们提高工资，而不致损害过去 5 年的就业繁荣。

三　实施生活工资法案的国家实践

1. 实施生活工资制度的国家概况

目前，单独设立生活工资法案的主要有美国，该国有 140 多个城市设立生活工资法案。此外，2011 年起，加拿大个别城市开始效仿美国设立强制性生活工资政策。

2. 美国城市生活工资法案

（1）美国生活工资运动

大约在南北战争以后，美国和欧洲开始流行"生活工资"一语，与"公平工资"的含义既有联系也有差异。前者更多是从劳工的生活需要来界定工资，更注重工人的生活福利，而且认定这是工人应得的报酬，而后者的角度是劳工的付出及其回报。从生活工资的意义上来看待劳资关系，工资作为对工人劳动的回报必须足够工人本人和他的家庭过上有尊严的生活，能够保障他们在生病、工伤以及退休时的生活，而且只有这样，工资才是公正的。美国社会在 20 世纪初就开始针对最低工资问题进行争辩。英国在工业革命开始的时候，许多工人认为，为工资而工作是不体面的。美国工人也一度有同样的认识，但是在南北战争以后，工资劳动被越来越多的人接受。与此同时，工人的正义感和政治意识与他们争取生活工资的斗争日益密切地联系起来。工资此时不仅被看作工人及其家庭体面生活的保障，也被认为是他们提升社会地位的经济基础。来源于工资的积蓄成为工人及其子女接受教育和购买住宅等财物的唯一途径。充足的工资收入也被看成工人维持公民尊严和积极参与政治活动的经济保证，而低廉的工资则被认为是与美国生活方式格格不入的。[①]

---

① 《美国劳工史上的"最低工资"和"生活工资"》，搜狐新闻网，2010 年 11 月 30 日，http://news. sohu. com/20101130/n278009422. shtml。

当代生活工资运动开始于 1994 年美国的巴尔的摩，从那时起美国已经见证了很多州的城市有关生活工资倡议的快速扩张。这些倡议的措施通常要求一个人工资的底线要高于州和联邦的法定最低工资数值，使一个全职工人可以支撑一个 3~4 人家庭在联邦贫困线以上。比如 2003 年，一个全职工人用于支撑四口之家位于联邦贫困线 18400 美元以上，需要达到最低 8.85 美元/小时的工资收入，远高于联邦最低工资。截至 2009 年，已经有 100 多个城市实施生活工资法案，这与美国工人运动领袖的意图核心及有条理的组织分不开。①

（2）美国生活工资法案实施概况

美国生活工资制度是强制性的，自 1994 年在工党和宗教人士发起了一次成功要求城市服务承包商支付生活工资的活动后，巴尔的摩市 1994 年建立了美国第一个生活工资法案。之后，很多城市逐步效仿建立。这些城市的生活工资标准实质上比美国联邦最低工资甚至是所属州最低工资都要高，如洛杉矶法令于 1997 年 3 月获得通过，使生存工资标准被定位为 7.25 美元/小时，比当年州最低工资 5 美元/小时高出了 45%，同样类似的，最初巴尔的摩生活工资法案规定 6.15 美元/小时，比所属的马里兰州推行的最低工资 4.25 美元/小时也高出了 45%。详见表 14-3。

尽管生活工资标准相对较高，但是覆盖人群和企业数量有限。他们通常只适用于与城市签有服务合约的企业，如向城市建筑提供门卫、泊车或园林服务的企业。当然，也有部分城市如圣菲市、旧金山市的生活工资标准是直接被应用于当地最低工资标准，这样覆盖人群则一致。

3. 加拿大城市生活工资法案

加拿大各地的社区一直在尝试效仿英美倡导应对越来越高水平的低工资贫困。他们主张家庭赚取收入应足以让他们支付生活的基本必需品，使他们能够有尊严地生活在我们的社会。他们倡导生活工资。生活工资加拿大（Living Wage Canada）是一个促进这些社区之间学习和信息共享并帮助其建立一个全国性的生活工资运动的门户网站。它提供了一致的生活工资的

---

① Deborah, M. Figart. *Living Wage Movements Global Perspectives*, Marquette University. London：Routledge，2004.

表14-3　美国2014年选定城市法定生活工资概况

法案	首次颁布时间	覆盖群体	生活工资标准	备注
《巴尔的摩市生活工资条例》	强制性，1994年首次采用	公共劳务合同雇员	2014年，公共劳务合同生活工资为每小时11.07美元（有效期至2014年6月底）	2014年，在马里兰州巴尔的摩市，所有拥有至少2名雇员的商业的最低工资为每小时7.25美元
《洛杉矶生活工资条例》	强制性，1997年首次采用	生活工资适用于拥有3个月或25000美元以上合同的城市承包商，也适用于洛杉矶机场机构的雇员	2014年，洛杉矶具有保健福利的生活工资为每小时12.16美元。2014年，洛杉矶机场有保健福利金雇员的生活工资为每小时10.91美元，无保健福利金的为每小时15.67美元（有效期至2014年7月）	生活工资还提供1年为病假、休假或个人需要提供12天的带薪假期，加上额外10天的家庭或个人疾病无薪假期。2014年，对于其他雇主，加利福尼亚州的最低工资为每小时8.00美元
《波士顿工作和生活工资条例》	强制性，1998年首次采用	适用于通过赠款、贷款、税收优惠、债券融资、补贴或其他形式获得政府性基金至少100000美元资助的城市承包商和公司，例外为不同方案下的建设项目、青年方案和实习方案	2014年，波士顿生活工资为每小时13.76美元（有效期至2014年6月底）	2014年，对于其他雇主，马萨诸塞州最低工资为每小时8.00美元
《芝加哥生活工资条例》	强制性，1999年首次采用	适用于接收政府性基金的某些承包商和公司。其中，承包商场服务员、临时工、家庭和医护人员、电梯操作员、保管人员和文职人员，不包括非营利组织	2014年，芝加哥生活工资为每小时11.78美元	2014年，对于其他雇主，伊利诺伊州最低工资为每小时8.25美元

续表

法案	首次颁布时间	覆盖群体	生活工资标准	备注
《旧金山市和县最低工资条例》	强制性，2000 年首次采用	适用于所有私营和公共部门的雇主，无论他们的身在何处，无论是否有雇员在旧金山工作。这包括合法或非法在旧金山工作的雇员	旧金山市和县所有员工生活工资为每小时10.74 美元；旧金山市和县承包商以及旧金山机场工人生活工资为每小时12.66 美元；旧金山市和县的非营利组织承包商生活工资为每小时 11.03 美元	2014 年，对于其他雇主，加利福尼亚州的最低工资为每小时 8.00 美元
《佛罗里达州最低工资修正案》	强制性，2004 年首次采用		2014 年，佛罗里达州最低工资为每小时7.93 美元	设立了高于联邦最低工资的最低工资水平

资料来源：Michael Reich, Ken Jacobs and Annette Bernhardt. 2014. "Local Minimum Wage Laws: Impacts on Workers, Families and Businesses." IRLE Working Paper No. 104－14. http://irle.berkeley.edu/workingpapers/104－14.pdf.

定义、计算方法和识别企业和社区领导承诺通过一个生活工资政策策略的细节。但是这都不是官方出具的指导性或强制性生活工资相关标准。[①] 目前，加拿大新西敏市是该国唯一一个效仿美国通过城市生活工资条例的城市。

计算方式：新西敏的生活工资水平来自领取生活工资的家庭活动，它采用的计算标准来源于由组织倡导生活工资法律的加拿大政策选择中心（CCPA）为大温哥华地区所计算的方式。CCPA 的生活工资计算方法是基于一个家庭两个父母，每人每周工作 35 小时，并抚养两个 4~7 岁的孩子的家庭基本支出（Charles Lammam，2014）。2013 年，CCPA 制定的大温哥华区生活工资是每个工作的父母 19.62 加元/小时或 35708 加元/年，但有加拿大学者认为这个数据测算偏高。学者的测算中发现，基本需求水平是需要支付的金额有营养的食物、住房、衣服、个人卫生、通信、公共交通、家庭保险、自付医疗和牙科保健费用和许多其他项目。换句话说，这些基本需求的收入水平已经不是绝对的必需品了。基于学者的计算方法，一对夫妇在不列颠哥伦比亚省有两个孩子的基本需求在 2010 年是 25377 加元，这是 CCPA 测算的家庭开支的约 42%。

覆盖人群：新西敏的生活工资法适用于所有为市政服务的全职和兼职劳动者，也包括市属单位雇用的从事体力劳动的雇员。

四 实施指导性生活工资制度的国家实践

1. 英国生活工资运动

相对美国而言，英国有关生活工资运动没有获取太大的成功，但东伦敦除外。2001 年 4 月，东伦敦社区组织（TELCO）在公共服务贸易工会的支持下，发起了生活工资运动，主要针对的是东伦敦地区的大型企业员工及公共部门雇员的生活工资提议。该运动最初的成功体现在 2003 年 3 月伦敦东北地区健康机构通过了所辖医院员工的集体谈判条款中增加的相关条款。直到 2005 年开始，伦敦当局每年均会调整生活工资标准，用于指导自

---

① Living Wage Canada. "Canadian Living Wage Framework." http://www.livingwagecanada.ca/，最后访问日期：2016 年 10 月。

愿采纳和接受这项工资标准的公司。2011 年公民英国（Citizens UK）汇聚民间活动家和来自英国各地的主要雇主，经商讨达成一项标准模型，由 CRSP 计算，用来设置伦敦以外的英国生活工资。与此同时，公民英国也推出了最低生活工资基金会（Living Wage Foundation）。自 2001 年以来的活动已经影响了成千上万的员工，把超过 2.1 亿英镑放入英国收入最低工人的口袋。[①]

2. 英国国家和伦敦市指导性生活工资标准制度

伦敦生活工资方案是由英国最大的公民组织"公民英国"发起。目前，英国很多城市议会宣传和践行生活工资标准线，有的城市将此作为经济发展战略目标之一来运行。公民英国统计发现，2014 年在英国接受这项工资标准的公司与去年同比已高出两倍。截至 2014 年，目前全英国有超过 1000 位雇主采用生活工资作为工资基准，包括 Barclays、Standard Life、国家肖像画廊、众多地区政府和慈善机构，涉及 35000 名员工。接纳最低生活工资的雇主成为良好雇主的认可标志之一，现在有成千上万的签约雇主，自豪地展览出生活工资雇主标志。伦敦市当局自 2005 年以来每年均会调整生活工资标准，生活工资的基本计算思路是，最低工资率至少要让员工能过上体面的生活。截至 2016 年 7 月底，英国最低生活工资标准是 8.25 英镑/小时，伦敦市最低生活工资标准是 9.40 英镑/小时。

五 生活工资制度与最低工资制度的比较与联系

1. 美国生活工资制度与最低工资制度比较

（1）区别

美国法定生活工资制度与法定最低工资制度在功能定位、覆盖群体、标准高低、制定程序等方面均有区别（见表 14－4）。首先从功能定位上看，美国法定最低工资风行的是"工资下限"理念，并非"生活工资"理念，其目的是确保国民享有最基本的生活水平，同时不会对就业造成重大影响。而生活工资制度则从另外一个角度出发，考虑到劳动者及其家庭一般体面生活的需求。

---

① Living Wage Foundation Website.

表 14 - 4　美国法定最低工资与法定生活工资的比较

比较维度	法定最低工资	法定生活工资
功能定位	"纠正和尽快切实消除不利条件，维持最低生活标准，不损害工人就业和挣钱所必需的健康身体、有效劳动和一般享受"。一是覆盖面要广；二是工资水平要能保证在一个足够劳动者"自给自足的标准"	保证一个全职劳动者及其家庭满足一定体面的生活的标准。很多城市会计算一个全职劳动者负担四口家庭的贫困线之上的收入
是否强制	是	是
覆盖群体	宽（适用于雇有至少两名雇员的以下行业或机构：每年营业额至少达 50 万美元的公司，以及大部分雇员群体）	窄（只适用于少量的签有城市服务合同的企业，而不能在整个所属区域范围内通用）
工资标准	低	高
基本形式	联邦最低工资和州最低工资	城市生活工资
制定主体	由国会发布	都市议会
制定程序	联邦最低工资由国会制定。联邦最低工资标准的提高要由总统提出议案，通过国会表决批准并在《公平劳动标准法案》修正案中做出调整、加以体现	由都市议会以地方法律的形式规定

资料来源：贾东岚：《国外最低工资》，中国劳动社会保障出版社，2014；孙劲悦等：《衡量公平：生存工资与最低工资经济学》，东北财经大学出版社，2012。

从覆盖群体看，最低工资基本涵盖了所有企业和雇员，而生活工资制度只涵盖了少量的企业和雇员。据学者不完全估算，生活工资在美国覆盖群体只占全体劳动者的 1/10（Neumark and Wascher, 2008）。甚至还有学者提到，位于收入最低 10% 内的劳动者中仅有 2/3 的人真正被生活工资法案覆盖（Holzer, 2008）。

一般而言，州立标准制定的最低工资标准远远低于各城市认为合理的生活工资标准，如截至 2013 年 10 月，纽约市生活工资标准比该市最低工资标准高 58.6%，波士顿市生活工资比最低工资高 72%（见表 14 - 5）。

表 14 - 5　美国 2013 年选定城市生活工资与最低工资标准比较

单位：美元，%

城市	最低工资	生活工资 （含福利）	生活工资 （不含福利）	最低工资与生活工资 （不含福利）的差距
纽约	7.25	10.00	11.50	58.6
洛杉矶	8.00	10.91	12.16	52.0

续表

城市	最低工资	生活工资（含福利）	生活工资（不含福利）	最低工资与生活工资（不含福利）的差距
芝加哥	8.25	11.78	11.78	42.8
波士顿	8.00	13.76	13.76	72.0
旧金山	10.55	12.43	12.43	17.8

资料来源：Charles Lammam, 2014. *The Economic Effects of Living Wage Laws*. Fraser Institute.

（2）联系

除了有区别，这两项制度也存在一定的联系。首先，最低工资制度和生活工资制度尽管在不同处发生作用，但均起到了减贫的作用，或者说生活工资法案的出现可以作为一个补充性机制（杨欣，2012），体现多层次最低工资保障结构的优化。其次，生活工资制度的发展很大程度上推动了最低工资的发展。美国历史上多位总统曾提议提高最低工资到生活工资标准，这个呼吁在美国部分城市已经完全实现。如新墨西哥州阿尔伯克基市、新墨西哥州桑迪亚普韦布洛市、威斯康星州欧克莱尔市、拉克罗斯市和密尔沃基市以及加利福尼亚州旧金山市、新墨西哥州圣达菲市、路易斯安那州新奥尔良市及华盛顿特区均已将生活工资在全市范围内执行，即最低工资标准与生活工资标准一致。

3. 英国生活工资制度与最低工资制度比较

相对美国而言，英国生活工资制度与最低工资制度之间的互补与联系更加紧密，该国最低工资制度的实施体制与机制较为成熟和完善，信息制度较为透明。同时，生活工资制度既有引导性的又有强制性的形式。两个政策之间形式多样，交叉存在。

（1）区别

英国政府和低薪委员会都强调最低工资是工资下限，而非生活工资，即全国最低工资的厘定并非考虑工资是否足以维持生活水平。推行全国最低工资是为了防止工人受剥削，同时也确保公司在经营业务时以货品及服务素质来竞争，而非主要靠压低工资以求削价竞争。而由雇主自愿型参与和接受的伦敦市生活工资及英国生活工资则由伦敦当局或科研机构基于能接受的家庭生活支出来进行计算标准。从标准水平看，非强制性生活工资标准要高于法定最低工资水平，截至 2016 年 7 月，英国全国最低工资（新政策为 25 岁以上强制性全国生活工资）为 7.2 英镑/小时，伦敦区生活工资为 9.4 英镑/小时，英国生活工资为 8.25 英镑/小时。从覆盖群体看，生活工资覆盖群体较低，法定工资覆盖面要广很多。英国非强制性生活工资与法定最低工资标准比较见表 14 - 6。

表 14 - 6　英国非强制性生活工资与法定最低工资标准比较

比较维度	非强制性生活工资	法定最低工资
功能定位	倡导雇主支付员工能够接受的不同家庭的生活支出标准，有的城市将此作为经济发展战略目标之一来运行	"工资下限"定位：保证工人的劳动权益不受侵犯，并鼓励企业合理合法竞争，从而促进劳动力市场的完善与发展。全国最低工资的目标是在不会对通胀或就业造成任何重大负面影响的情况下，订立能够帮助最多低薪工人的最低工资
是否强制	否	是
覆盖群体	自愿接受生活工资的公司，一般是公共部门或大企业	适用于"任何按照合同在英国从事工作或者正常工作且超过法定上学年龄的工人"
工资标准	高	低
基本形式	伦敦市生活工资、英国生活工资	英国国家最低工资
制定主体	Living Wage Foundation（英国公民联盟）、Greater London Authority（大伦敦政府）	低薪委员会
制定程序	英国公民联盟伦敦区设置生活工资，具体计算由大伦敦管理局完成；伦敦以外的英国生活工资由该联盟设置后，拉夫堡大学社会政策研究中心完成计算	低薪委员会负责每年向政府就最低工资事宜提供独立的专业咨询意见。低薪委员会从雇主协会、工会及学术专家等多个不同的资料来源收集证据，然后订立其认为合适的最低工资额，并向政府（即贸易及工业大臣）提供意见，最终国会通过

资料来源：Living Wage Foundation，《英国最低工资条例及修正案》等。

（2）联系

英国财政大臣奥斯本 2015 年 7 月正式公布保守党单独执政以来的首个预算案，旨在变"低工资、高税收、高福利"的国家为"高工资、低税收、低福利"的改革趋势，英国政府此举首先是为了减少政府财政赤字，另一个目的是要革除福利弊端，矫正长期以来的"福利依赖症"。其中最吸引眼球的方案是 2016 年 4 月起实行针对 25 岁以上劳动者的强制性国家最低生活工资标准，由 2015 年全国最低工资标准 6.7 英镑/小时提高为 7.2 英镑/小时的生活工资，提高了 7.5%，按照一整年增速计算同比增长了 10.8%，这是自重新建立最低工资制度以来最大的涨幅，而且根据规划，2016 年到 2020 年最低工资将提高 17% 左右，年均增速 6.5%。均远高于往年增速，目标将达到 9.16 英镑/小时。这个新的举措一方面是为了改变税收和财政政策的一项举措，另一方面也是在引入生活工资理念的最低工资制定措施。

六 对我国工资政策选择的启示

1. 工资政策需要有针对性覆盖群体，有的放矢

不论是英国还是美国，不同工资政策的覆盖群体均有明确界定，针对不同的对象有不同的政策扶持，产生不同的政策效应。我国目前的工资政策，特别是最低工资政策没有分不同年龄、工作背景等方面的细分标准或政策，缺乏精细化管理思路，可借鉴和参考国外有针对性的政策思路，出台一些细分政策。

2. 工资政策实施需要基于评估工作，有理有据

英国、美国、加拿大等国在最低工资评估方面一直做得比较谨慎和全面，在标准测算前后均会进行评估各方面的影响。值得一提的是，英国低薪委员会每年会对过去实施的最低工资以及即将实施的最低工资进行非常翔实的数据分析，在有理有据分析的基础上提出调整建议，特别是今年调整新政策后的国家生活工资标准也进行了对收入、就业等各方面的影响预测。这是目前我国做得不够完善的地方，有必要借鉴参考，做实最低工资调整的科学合理性。

3. 工资政策实施需要多层次、多样化，有机结合

从某种意义上讲，英国是目前全球唯一一个集强制性和非强制性生活工资制度为一体的国家，不同政策间相互贯穿、有机结合，构建了多层次、多样化的工资收入分配政策体系。我们国家在设立工资宏观调控政策方面也需要有这样的思路，科学化、精细化考虑政策措施。

第十五章
国（境）外中等收入群体相关政策

一 国（境）外中等收入群体[①]现状

国外没有特定的中产阶级标准，不同国家、不同机构、不同经济学家通常给予不同的界定标准和定义。规模通常取决于教育、财富、养育环境、社会网络、利益或价值观等方面的定义，这些指标均有相关性，但远非决定性相关。

2009 年"经济学人"刊物提出，随着近年来新兴国家的迅猛发展，全球现有一半以上的人口属于中产阶级。中产阶级的特点是拥有合理数量的可自由支配收入，使得他们不会像穷人一样地生活。该机构将中产阶级的分界线定义为人们在支付基本食物和住所外，可将约三分之一的收入留给自由支配，这样可以用来购买消费品、改善医疗保健，并为孩子提供更好的教育。"经济学人"曾预测，跨越贫困线的浪潮将持续十年，全球中产阶级将在 2030 年前大幅增长，并成为生产力发展的推动力；2010 年，OECD的工作论文中估算，目前有 18 亿人是全球中产阶级成员；全球顶级金融服务机构瑞士信贷银行在 2014 年的全球财富报告中指出，10 亿成年人属于中产阶级，拥有财富 10000 ~ 100000 美元。

1. 发达国家

（1）美国

美国各界的中产阶级界定方法不一，但主要是依赖于定量分析的收入统计法。如人口普查局标准是家庭收入为中位收入的一半到两倍之间，劳

---

① 本书中中等收入者、中产阶级等同考虑。

工局的标准是高于和低于中间收入线的 40%。还有是根据五等分法（或十等分法）依次排列，将中间三档或若干档归为中产阶级。此外，也有方法是直接划出具体收入范围，如克林顿政府在 1992 年划定的中产阶级家庭收入标准是 2 万~6.5 万美元（安然，2016）。根据美国 Gallup 咨询机构研究，2008~2012 年，美国中产阶级占比下降了 8 个百分点，达到 55%（Christopher and Rugaber，2014）。

（2）英国

2013 年《英国社会学杂志》刊登的研究报告显示，以经济资本（收入、储蓄和房产价格）、社会资本（调查对象所结识人的数量和地位）和文化资本（文化兴趣与活动的性质与程度）评分定义出英国七大阶层。包括精英阶层、既有中产阶层、技术中产阶层、小康工薪阶层、传统工薪阶层、紧急情况服务领域的工人阶层及无产阶层。其中，既有中产阶层作为英国最大群体，占人口比重达 25%。

（3）日本

日本厚生劳动省 2012 年《劳动经济分析》报告显示，日本中产阶层的参考标准是，单身人士年收入在 300 万（约合 19 万元人民币）至 600 万日元（约合 38 万元人民币）之间，两人以上家庭者年收入在 500 万（约合 30 万元人民币）至 1000 万日元（约合 60 万元人民币）之间。根据这个标准，日本低收入者占所有人口比重为 34.1%，中产阶层占 48.1%，高收入者占 17.8%。

2. 新兴国家

（1）俄罗斯

根据研究机构估算，2012 年俄罗斯中产群体占全国人口的 15.6%[①]，该群体年收入在 50000~300000 美元。该机构认为中等收入群体介乎"贫穷"和"富裕"状态之间，通常具有较高学历或资历。同时，此群体能负担以下几类支出：自由住宅、中等级别家用车、健康保健、教育、旅行等支出。中产阶级对社会稳定和社会心理感兴趣，同时也关注社会有效治理和有效的商业环境。该机构也指出，经历了 2008~2010 年金融危机的低谷

---

① Rosgosstrakh Strategic Research Centre.

期，俄罗斯的中产阶级占比已逐年提高，且已超过了金融危机前的顶点。

（2）印度

2007 年印度有线新闻及广播网络在一项基于消费指标对中产阶级的调查中指出，无论是以家庭拥有小汽车、助动车还是彩电或电话为标准，印度目前有大约 20% 或 2 亿印度人属于中产阶级。基于此数据，学者认为此为对印度中产阶级规模的乐观估计（陈金英，2010）。根据德国发展研究所 2012 年的研究，印度中产阶级占比 8%。

（3）巴西

根据巴西知名智库瓦加斯基金会 2012 年的调查，巴西中产阶级人口首次过半，有效拉动了国内消费，有助于巴西经济发展较好地实现良性循环。[①]

3. 亚洲其他国家、地区

（1）韩国

韩国现代经济研究院研究报告指出，韩国中产阶层家庭的标准为：月收入 515 万韩元（约折合人民币 2.9 万元）、住房在 35 坪（1 坪约等于 3.3 平方米）以上。

（2）中国香港

根据香港中文大学社会学系学者界定，中国香港月薪 2 万 ~ 5 万港元完全可以排到中等收入群体了，但是，并不等同于中产阶级，还要看住房价位、消费方式、休闲方式等。他们认为界定中国香港中产阶级更主要的是按职业群体划分，同时强调"他们是成功透过教育管道和凭着学历文凭而晋身"，按照这样标准，中国香港的中产阶级最多占到人口比例的 20% ~ 30%。

二　中产阶级在社会发展中的作用及地位

1. 经济特征

"中产阶级"一词的现代用法可追溯到 1913 年英国注册总署的报告，其中统计学家 T. H. C. 史蒂文生认为，中产阶级是介于上层阶级和工人阶级之间的阶层。一般中产阶级指的是专业人士、管理人员和高级公务员。在

---

① 《巴西中产阶级人口首次过半，或助经济持续腾飞》，《人口与计划生育》2012 年第 8 期。

资本主义体制之下，"中产阶级"最初是指资产阶级和小资产阶级。但是，随着资本主义世界的贫困化和无产阶级化，金融资本主义的发展，"中产阶级"是指劳动贵族、专业人士和白领工人的结合。换句话说，中产阶级成员的主要特征是拥有重要的人力资本。[①]

在大多数中产阶级的界定概念中，收入和资产是首要的硬指标，但也并非衡量中产的全部要素。在更为标准的定义里，中产阶级不仅需满足稳定的资产、收入这两项刚性指标，还需满足"有体面的工作""有舒适的居住条件""有能力让子女接受良好的教育""有闲暇进行较高质量的休闲娱乐"等较为核心的感性指标。在以英、美为首的西方国家中，中产阶级通常具有以下特征。一是接受过高等教育。二是拥有专业资格，包括学者、律师、工程师、政治家和医生等职业。三是拥有对资产阶级价值观的信仰，例如拥有房屋所有权，以及被认为有安全感的工作等。四是典型的生活方式。如在英国，社会地位在历史上一直不是像美国一样与财富直接相关（PBS，2004），而是由诸如口音、礼仪、教育、职业和家庭地位、朋友和熟人的圈子等因素来确认（Ipsos MORI，2008）。五是特殊的文化鉴定。通常在美国，中产阶级是流行文化中最热门的参与者，而在英国却是相反的。美国第二代新移民将经常热切地放弃传统民俗文化，作为抵达中产阶级的标志。

在美国，根据许多不同的分解中产阶级的方式，一些职业中产阶级的职业可能被分类为中上层（专业中产[②]）或下中层。其中，中上层职业一般具有管理职责，都是白领。包括会计师、教授、医师、工程师、律师、军官，建筑师、记者、中层企业经理、作家、经济学家、政治学家、城市规划师、财务经理、高中教师、注册护士、药剂师和分析师等；而对于下中层职业一般是指许多销售职位、入门级管理层、秘书等。综上所述，职业自由、自主性经常被视为一个人阶级地位的最大衡量标准之一。

2. 经济作用

中产阶级收入稳定，薪金丰厚，是引导社会消费的最主要群体，而且

---

① 维基百科，https://en. wikipedia. org/wiki/Middle_ class。

② Professional Middle Class.

消费观念比较超前，当中等收入阶层占到了社会的多数的时候，中等收入阶层的生活方式就保证了整个社会庞大且稳定的消费市场。同时，也拉动了经济的快速增长。

经济学家普遍认为强大的中产阶级有利于经济增长。Landes 认为理想情况下的经济增长和社会发展一般都伴随着一个较为庞大的中产阶级，他指出，英国中产阶级伟大到可以使得英国成为第一个工业国家（Landes，1998）。Adelman 和 Cynthia 也指出在西欧国家的经济迅猛发展中，中产阶级是不可忽视的驱动力（Adelman and Cynthia，1967）。

学者通过研究俄罗斯 1994～2012 年中产阶级规模及对相关经济指标进行实证分析发现，俄罗斯中产阶级与经济增长之间存在显著正向联系，并且中产阶级比重的上升对于扩大消费以及增加投资均有显著促进作用（曲文轶、娄春杰，2014）。

巴西智库数据显示，2011 年巴西家庭消费总额 2.38 万亿雷亚尔，占当年 GDP 的 61%，其中中产阶级家庭消费额达到 1.46 万亿雷亚尔，超过了高等收入和中高收入两个阶层消费的总和[①]，有效拉动了巴西经济持续腾飞。

3. 社会地位

在欧美国家，中产阶级占比较高，他们没有显赫的家庭背景和巨额的财富收入，一般凭借自己的真才实学和较高的素质在社会阶层中占据中间位置。在美国，一般习惯就职业种类判断是否为中产阶级，且更习惯于分为上中层和下中层中产群体。一般而言，上中层（专业中产阶级）群体的生活轨迹基本为主流社会所追求和向往的生活。尽管上中层中产阶级人群占比不大，但被称为美国最有影响力的群体（Ehrenreich and Barbara，1989）。例如，在形成舆论中至关重要的记者、评论家、作家、教授、经济学家和政治科学家等职业群体，几乎都是专业中产阶级的成员。考虑到专业中产阶级人士在高等教育中的压倒性存在，是形成舆论主流的另一个重要因素，所以这个准精英专有的生活方式已经成为美国主流本身的表现。此外，这个群体除了引领社会舆论趋势外，还有其他社会优越性因素。如大多数专业中产阶级职业包括管理职责，这意味着中产阶级专业人员需要

---

① 《巴西中产阶级人口首次过半，或助经济持续腾飞》，《人口与计划生育》2012 年第 8 期。

花费大量工作时间来指导和管理他人，并有权确定每个职员的工作时间。[①]

4. 政治地位

政治学家亨廷顿在其书中曾指出，处于成长阶段的中产阶级政治上倾向激进，是政治不安定的重要因素，而已经发展壮大或趋于成熟的中产阶级则在政治上趋向保守，是维护政治稳定的力量（刘建伟，2012）。中产阶级利益还经常被作为一些大国领导人竞选的筹码之一。如英国，在有组织的劳工运动中成长起来的工党几乎主要得力于工人阶级的支持，20世纪90年代，托尼·布莱尔将当时的工党更新为"新劳工"，并同保守党派进行了号称为中产阶级以及工人阶级一方利益而努力的竞选。同样类似的，2011年时任美国总统奥巴马在发表竞选连任演说时也提到竞选运动主题主打"中产阶级牌"，描绘平民主义经济图景，承诺要为所有人提供"公平机遇和财富分配"，号称重塑"美国梦"。

纵观发达国家及新兴国家，中产阶层的规模和地位总是伴随着经济和居民收入的变动而扩张或萎缩。随着经济殷实、有较强购买力的中产阶层迅速增长，这类群体也会努力在所处地区政治体系中找到自己的位置，政治地位逐渐上升。大多数国家的学者、律师、评论家等在制定公共政策、法律法规时起到了很重要的咨询和指导作用，并且很多商人、自由从业者在各地政治体系中有一席之地。

三 国外中等收入群体发展趋势

1. 发达国家中产阶级的萎缩及困境

（1）美国

不少研究显示，近年来美国中产阶级最显著的变化是：总体规模萎缩，而且流失的部分主要来自私人部门的新中产阶级；公共部门的白领雇员呈现局部减少、整体扩张的趋势（安然，2016）。根据美联储公布的消费者金融调查，收入排在美国前3%的家庭拥有的财富占全部家庭总财富的比例从

[①] *American Middle Class*, Wikipedia, https://en.wikipedia.org/wiki/American_middle_class#Influence.

1989 年的 44.8% 升至 2013 年的 54.4%；而收入排在后 90% 的家庭拥有的财富占比从 1989 年的 33.2% 降至 2013 年的 24.7%。更令美国决策者不安的是，美国中产阶层生活水平已持续下降十余年，这可能会成为破坏未来美国经济增长和社会稳定的危险信号。华盛顿智库美国进步研究中心的研究显示，2000～2012 年，美国中产阶级家庭收入中位数下降了 8%，而儿童护理、医疗、教育等基本生活保障成本却上涨超过了 30%。美国皮尤研究中心 2014 年进行的一项调查则显示，仅有 44% 的美国民众认为自己属于中产阶级，远低于 2008 年调查时的 53%。[①]

（2）日本

根据日本厚生劳动省报告，近年来高收入人群和中产阶层在减少，低收入人群则在增加。日本中产阶层从事的职业比较广泛，既有大企业的职员也有底层管理人员，甚至还包括有些从事农林牧副渔等行业的高收入者。21 世纪以来，日本家庭资产持续缩水，负债一路攀升，收入两极化趋势和社会发展不平衡性不断加剧，中产阶级面临着不小的生存危机（大前研一，2007）。

（3）韩国

韩国快速的经济发展伴随着中产阶级规模的急剧扩大。据统计，1960 年韩国中产阶级在总人口中占比为 19.6%，1970 年达到 29%，1980 年为 38.5%，1990 年为 43.7%（Hong and Doo‐Seung，2003）。据韩国企划财政部数据，2016 年韩国各项收入分配指标回落，经济脊梁中产阶级比重随之下降。数据显示，2016 年中产阶层比重为 65.7%，同比下降 1.7 个百分点。韩国中产阶级比重 2011 年为 64%，2012 年为 65%，2013 年升至 65.6%，2014 年略降到 65.4%，2015 年回升到 67.4%，2016 年再次回落。分析指出，中产阶级比重下降与收入不平等加剧不无关系。韩国社会收入分配指标 2011 年以来始终向好，2016 年则整体下跌。具体来看，基尼系数于 2011 年为 0.311，2012 年为 0.307，2013 年为 0.302，2014 年为 0.302，2015 年为 0.295，2016 年升至 0.304。[②] 2016 年基尼系数掉头向上，说明收入分配

---

① 《奥巴马：国情咨文意在夹缝翻盘》，新浪新闻网，2015 年 1 月 22 日，http://news. sina. com. cn/c/2015‐01‐22/071931429881. shtml。

② 《韩国收入不平等加剧　中产阶级比重下滑》，新浪新闻网，2017 年 6 月 6 日，http://finance. sina. com. cn/roll/2017‐06‐06/doc‐ifyfuzym8163846. shtml。

不公平程度加剧。2016 年将收入在上游 20% 的家庭的收入除以收入在下游 20% 的家庭的收入而得出的五分位收入比为 5.45 倍，2011 年（5.73 倍）后时隔 5 年再次增加。五分位收入比越大，收入分配差距越大。收入分配差距拉大主要是低收入阶级因失业、竞争激烈等原因而导致收入减少。因此，被中产阶级淘汰的低收入群体增加，导致中产阶级比重下降。

（4）德国

柏林世界经济研究所最新报告显示，由于就业结构发生变化，德国中产阶级在过去 20 多年里明显萎缩，1991~2013 年从 60% 降到 54%。2016 年公布的统计显示，1991 年，德国的低收入、中等偏低收入、中等收入和中等偏高收入以及高收入者的比例分别为 20%、10%、60%、8% 和 2%，到 2013 年这一比例变化为 21%、12%、54%、9% 和 4%。① 德国专家认为，中产阶级人数减少的主要原因是低收入人群扩大。在工业领域就业岗位削减的情况下，从事服务业的职工人数增多，但服务业普遍薪酬较少。此外，德国中产阶级越来越老龄化。据统计，在 18 岁至 30 岁的青年中，中等收入者的比例由 1983 年的 69% 降到 2013 年的 52%。

2. 新兴国家中产阶级的崛起及脆弱

伴随着主要发达国家经济放缓，中产阶级逐步出现萎缩趋势，而新兴国家中产阶级的规模则以惊人的增速发展。很多经济学家预言 20 年内，在全球消费力方面，新兴国家中产人群要超越西方同类群体的力度。美国麦肯锡咨询公司预测中国中产阶级将经历两波发展潮，分别为下层中产阶级壮大和上层中产阶级扩容。预测 2025 年前上层中产阶级将超过中国城市人口的一半；对于始于 1991 年经济腾飞的印度，学者预测印度在未来的 20 年里，中产阶级数量将增长到 40% 以上的水平（周晓虹等，2016）。

巴西在 20 世纪 50~70 年代经济迅猛发展，培育了一批新的中产阶级，而后 80 年代经济明显放缓直到 90 年代尤其是 21 世纪以后，得益于外部需求旺盛，巴西经济增长步入稳步发展时期。政府通过各种经济和社会政策，

---

① 《就业结构变化　德国中产阶级明显萎缩》，新华网，2016 年 5 月 17 日，http://news.xinhuanet.com/fortune/2016-05/17/c_1118880496.htm。

致力于减少贫困，提高国民教育水平和劳动收入，收入分配稳定改善，巴西中产阶级规模开始逐步扩大（苏海南、王宏、常风林，2015）。但2014年以来，失业率高涨，商业信心值跳水，这个国家正从一个"世界经济的发动机"变成一个"新兴市场的病夫"。政府为了扭转局势，采取了一系列增加财政盈余的措施，主要措施是控制国有银行借贷，削减社会福利和员工福利。但其实，大部分盈余的实现要靠削减公共投资，而巴西的经济发展还需要依靠这笔投资来进行基础设施建设。结果是，紧缩的财政政策和货币政策加剧了经济下行现象。巴西在2014年出现了十年来的首次财政赤字。经济危机导致毕业生就业率下降，这使得刚刚发展起来的中产阶级再度陷入贫穷，成为弱势群体。

3. 中产阶级内部的结构调整与整体升级

20世纪90年代起，美国新经济的崛起创造了不少中产阶级岗位，但是随之而来的是失业的风险和就业压力。据统计，1988～1993年美国金融、保险和房地产领域的失业人数由22.1万人增加到30万人，失业潮蔓延的过程中，中产阶级的内部结构发生的互动转型进一步升级。特别是到2008年金融危机之后，大企业的裁员风潮迫使中产阶级追随市场需求的变化而调整职业选择；在制造业衰退的同时，资本、技术和信息服务却迅速成为产业升级的主导力量，并巩固了制造业基础。同时，美国鼓励投资导向型经济，为促进中产阶级的升级起到了刺激性作用。从学历、技术和收入方面均得到了全面提升。统计发现，在中产阶级内部的三个收入等级中，中层中产阶级流失最多，一部分上行，一部分下行，下层中产阶级整体收缩，而上层中产阶级整体兴起（安然，2016）。

4. 全球中产阶级未来定位及动向

中产阶级兴起、聚集于发达国家，但必将会向发展中国家扩散。继20世纪70年代日本和韩国的中产化后，越来越多的发展中国家出现中产阶级兴起的趋势，这源于世界经济的结构性调整，经济全球化、自由化打破了西方国家的绝对垄断，财富和机遇也更多向新兴经济体转移。世界银行专家霍米·卡拉斯甚至预测，以中国为首的新兴经济体国家的中产阶级数量将大幅增长，并将取代欧美的中产阶级，成为21世纪全球贸易进而经济增长的主要拉动力量。对于发展中国家而言，中产阶级或中等收入者这个群体在国家发展中的定位依然将是现代社会发展的支柱无疑，但同老牌发达国家相比，很多国家的中产化进程与其现代化进程一样不均衡，初始阶段会遭遇瓶颈，必将推动各项改革，最重要的是彻底推进市场化改革、确定现代的生产关系，塑造真正的市场主体和独立的社会主体，将对培育和发展中产阶级群体具有根本意义（安然，2016）。

四 国外培育和扩大中收入群体的政策措施

1. 美国

20 世纪 50 ~ 70 年代，美国经济繁荣稳定，中产阶级的生活水平、社会地位均有较大的提高，人数也逐步增多。这与罗斯福新政引发的美国福利制度建立及新的劳工政策不无关系。新政条件下，工人工资有所提高，最低工资和最高工时的规定有利于广大工人阶级收入水平提高，充分就业和经济繁荣也有助于中产阶级群体规模的扩张（陈宝森，2014）。税率的不断攀升使美国征收了富人更多税收，财富所有权的集中度明显降低，导致贫富差距减小，中产阶级成了社会的主体。所以有人说当时的高税收成就了美国的中产阶级社会。而之后的 70 年代，美国经济出现滞胀，中产阶级的经济和地位趋于下降。

到 20 世纪 80 年代后，里根在竞选演讲中提出"为中产阶级而战"或"为中产阶级谋福利"的口号。他在竞选时一再承诺，上台后的首要任务就是为中产阶级"减负"。如 1981 年 2 月提出的改革纲领性文件《美国的新开始——经济复兴计划》，计划确立了削减联邦开支、减税、改革和去除不必要的联邦管制、维持当前货币价值的货币政策等基本框架。其中，包括的减税计划设想在三年内每年将联邦个人所得税税率削减 10%，并强调是平等减税，增加国民收入。里根经济学给当时的经济带来活力，但没有达到供应学派预期的增加收入、消灭赤字的结果，使美国陷入了巨额财政赤字状态。尽管提出为中产阶级谋福利口号，但实际上美国的种种社会问题却给当时的中产阶级的工作和生活状态造成了严重影响。

20 世纪 90 年代克林顿时期，总统描述美国中产阶级是工作付出比别人多，酬劳比别人少，医疗条件不佳却是世界上医药费最昂贵的（查尔斯·

艾伦，1992）。为此，他主张提出"第三条道路"[①]，包括增加收入和减少支出两个方面的措施。1993 年和 1997 年分别提出《综合预算调整法案》和《平衡预算法》，提高大公司和高收入者税率，通过降低国防费用、削减社保、精减政府人员等方面大力节约开支。值得一提的是，他主推"新经济"的主要政策内容是科技和教育，发表白皮书提出科技重点由军用转为民用，并充分强调科技在经济发展中的作用。同时，也提出教育应该置于第一优先的位置。1994 年《美国 2000 年教育目标法》得到推行，并由联邦政府向各州拨款直接分配到学校，并鼓励和资助学生创新项目。1996 年政府批准了福利改革法案，强调福利不是简单的救济，而是要为人们提供由福利走向工作的途径。据统计，1973 年中产阶级为支付家庭生活而工作的工作时间为每周 40.2 小时，1999 年增加到 50.2 小时，休闲时间由 26.2 小时减少到 19.8 小时（甄炳禧，2001）。这说明这一时期的中产阶级主要代表群体白领雇员的工人阶级属性日益彰显（赵竹茵，2014）。此外，1992 年通过的《致美国人民的新契约》也强调要变救济性福利为工作福利，而后 1996 年批准的《福利改革法案》提出享受福利的资格和条件是参加工作、积极地寻找就业机会。这也为扩大工薪阶层中产规模打下了坚实的基础。研究发现，90 年代的美国中产阶级经历了生产率增长和劳动力市场涨薪争抢劳动者的特殊时期，约四分之三的中产阶级劳动者的收入增长来源于工资的增长，而不是之前 10 余年一直以超时工作而增加收入。与此同时，女性员工劳动参与率也在 2001 年左右达到了顶点（Carmel Martin et al.，2016）。

2000 年以后，小布什总统时期也曾效仿里根总统将减税作为经济政策的核心，但相关机构统计发现受益者主要是收入最高的 10% 收入群体。与此同时，中产阶级工资收入增长放缓，但该群体也不再基于超时工作来增加收入。此时女工劳动参与率已经很高，并相比过去几十年平均工时增加了很多。据统计，2007 年的年工时比 1975 年多 558 小时，相当于多工作 14 周（40 小时）。统计数据显示，20 世纪 70 年代以来，美国贫富差距正在急剧加大。1979～2005 年，美国最富裕的 1% 人群的税后收入增长了 176%，最富裕的 20% 人群收入增长了 69%，而占比 60% 的中等收入群体收入只增

[①] 既不是自由主义式的，也不是保守主义式的，是两者的结合，而且与两者截然不同。

长了 20%，最底层收入群体增加更少。所以财富两极分化的局面愈演愈烈。

到了奥巴马时期，他同样多次呼吁为提高中产阶级收入而出台政策。2013 年 1 月奥巴马在华盛顿举行的第二次就职演说中提道，"我们认为，美国的繁荣必须依靠中产阶级的广泛肩负"。他于 2015 年 1 月 20 日发表国情咨文演讲，旗帜鲜明地首次提出"中产阶级经济学"的执政理念和以向富人增税、为中产阶级减税为核心的一揽子经济政策方案，包括堵塞税收漏洞、将最富阶层的资本利得税从 23.8% 提升至 28%、对大型金融公司借贷征收新费用等举措为美国政府未来 10 年增加 3200 亿美元收入，以便支持政府对中产阶级的各种税收减免措施，希望以税收为杠杆缩小美国近年来日益扩大的贫富差距。他提出首先，要增强工薪家庭的安全感，减轻民众养育子女、上大学、医疗、住房和养老的负担。其次，帮助美国人增强自身技能。奥巴马表示，联邦政府向国会提交的新方案将减轻美国人偿付学生贷款的压力，并使美国人能够享受到两年免费社区大学教育。最后，增强美国经济的竞争力和吸引力，奥巴马呼吁国会通过一个跨党派的基础设施建设计划并且尽快批准贸易促进授权法案，从而改善美国的基础设施状况，加速美国与亚洲、欧洲完成新的贸易协定谈判，帮助美国中小企业出口以促进经济和贸易发展。

经历了 2008~2009 年的次贷危机，美国中产阶级的收入急速下降，根据美国国税局的数据，若计算通胀因素在内，1988 年美国纳税人平均年薪为 3.34 万美元（约 22 万元人民币），但到了 2008 年，他们的平均收入不但没有增长，甚至还略有下降，到了 3.3 万美元（要是扣除通胀的因素，可谓收入显著下降）。与此同时，占美国人口 1% 的富人，即年收入达 38 万美元（247 万元人民币）以上的人群，20 年来收入增长 33%。美国中产阶级在过去的这次金融危机中遭受了巨大的打击，留在他们身后的是一连串的房屋止赎、无数的失业和遭受摧残的健康①。之后，随着经济的逐步复苏，中产阶级收入逐步缓升。数据显示，美国 2016 年中产阶级的实际收入刚刚恢复到 2000 年的水平（Carmel Martin，2016）。详见图 15 - 1。

---

① 陈思进：《美国模式正在消灭中产阶级——〈看懂财经新闻的第一本书〉选载十》http:// p. t. qq. com/longweibo/index. php? lid = 18416664915119111773。

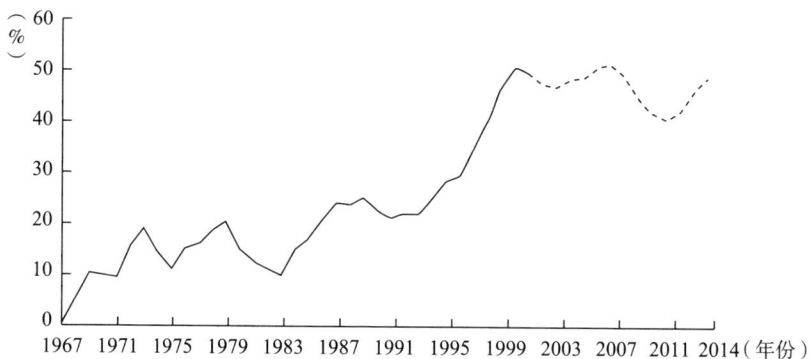

图 15-1　美国中产阶级实际收入变动情况（1967~2014 年）

资料来源：Center for American Progress。

2. 日本

很多学者认为日本的中产阶级社会模式很特殊，其他国家中产阶级社会模式形成中均有政府的干预，但日本的中产阶级是自发形成的。日本终身雇佣制和年功序列工资制度促进了工薪阶层的平等，因此该国贫富差距不是很明显，中产阶级成为社会的主流。自 20 世纪 60 年代起，日本经济迅速发展，政府在社保、医疗和教育等领域加大投资和制度建设度，利用 20 多年的时间使得日本发展起了庞大的中产阶级群体，成为日本社会的中坚力量。

谈到日本经济和"中产阶级"的发展，必须提及 20 世纪 60 年代的《国民收入倍增计划》。1960 年时任首相池田勇人宣布启动为期 10 年的"国民收入倍增"计划，目标是"国民生产总值和国民收入年平均增长速度为 7.8%，人均国民收入年均增长 6.9%"。具体措施包括政府加大公共事业投资、产业升级和产业重组、扶持中小企业、重视教育与振兴科技等。倍增计划十年间，一系列政策措施的综合结果使经济总量提前翻番，在倍增计划实施的第 7 年实现国民收入翻番，国民生产总值跃居世界第二；人均国民收入从 395 美元增加到 1592 美元，实际工资平均增长 83%；失业率保持在 1.1%~1.3% 的低水平。① 倍增计划促进了日本经济腾飞和人民生活水平提高，更重要的是"将经济发展目标确立在全民收入增长基础上，用国民收

---

① 摘自百度百科，http://baike.baidu.com/link？url=9d3ZFK-oOG9VHS1iRZ1axkaMN3ZeYQpfM2_KqX_pumMvw8VFm0dtQbkCe0OOYDVEEFW15QHjb8yyoa7K1SRMuIz5X2AHD1paneCUhMMcEjS。

入增长带动经济总量的增长，而不是将经济增长作为第一目标"。[1] 在十年收入倍增的同时，日本在促进社会公平方面也取得了瞩目成就。1960～1970年日本实际工资平均增长83%，人均可支配收入比基期实际增加65%。60年代中后期日本劳动者报酬占比提高近4个百分点，达到45%左右，处于当时OECD国家前列。国内工资差别缩小，中小企业与大企业的月薪比从0.6～0.7提高到0.75～0.85（张车伟等，2010）。1960～1970年基尼系数持续下降，从0.4下降到0.256。日本促进低收入群体收入增长、缩小差距、培育中等阶层的做法包括：针对农村和农业劳动者，相继出台《农业基本法》《农业现代化资金助成法》等一系列法规，加大对"三农"政策倾斜。针对城镇劳动者群体引入最低工资制保障低工资群体权益。[2] 通过普及义务教育、加大教育投入和提高专业技术培训，提高了国民基本素质和劳动技能；通过提高劳动者劳动生产率提高收入，同时通过教育缩小劳动者的收入差别；通过扶持中小企业发展、产业秩序重组等措施，消除产业之间、地区之间和大、小企业之间的双重结构，从而缩小国内工资差别。扩展社会保障体系，完善养老保险金，提高健康保险付给率。1961年实施《国民年金法》，将被雇用者、自营业者等其他社会成员全部纳入其中。10年间政府社会保障支出每年增长18%。正是日本的产业结构和职业结构变化，催生了大量"中流阶层"。产业结构的变动导致就业格局发生变化。1950～1970年，第一产业就业占比从48.6%下降到19.3%。在城市内部因为各产业、各行业、各地区以及各种规模的企业都得到迅猛发展，使得非农就业人数迅速增长，白领工人和白领管理者增加了约3倍。随着劳动者工资普遍增长，家庭支出结构出现了变化，食品支出比例下降，而耐用消费品、娱乐和交际费用比重增加。随着社会财富增长和国民生活水平提高，在日本自认为"中产"的人数一直保持在90%左右，形成了"一亿国民皆中产"的平等社会。20世纪70年代后期日本经历石油危机，经济增长放缓，贫富差距扩大。到20世纪80时代后期除了少数拥有高额资产的极富裕

---

[1] 同上。

[2] 《日本的启示：国民收入倍增计划造就日本黄金时代》，凤凰网，2007年3月18日，http://news.ifeng.com/history/1/200703/0318_335_89552_3.shtml。

人员外，大部分日本人的生活水平停滞不前。到了90年代日本泡沫经济崩溃，股市大量缩水，企业破产、劳工失业、银行坏账等问题不断出现，经济进入低增长甚至负增长时代，绝大多数产业出现大面积亏损。拥有全职、稳定工作的工人，不断被低薪的非正式工人所取代，许多工人被迫接受非法的超时工作，也拿不到加班费。公营企业被私有化，保健、教育、退休年金的预算都被大幅削减（苏海南、王宏、常风林，2015）。而近年来对于日本工作人口而言，财富分配已变得越来越不平等。非正规劳工占全体受雇者的比率从10多年前的19%，上升到超过30%。兼职劳工的平均薪资仅有全职劳工的40%，只有极少数的非正规工人变成正规工人。如今，越来越多的日本人意识到，他们并非生活在一个中产阶级的社会，而是生活在一个中产阶级日益缩小、贫富差距不断扩大的"不均衡社会"中，越来越多的日本人开始出现这种"沉没"的感觉。①

3. 亚洲四小龙

韩国、新加坡、中国香港、中国台湾这四个东亚国家和地区发展和培育中产阶级的途径不一，这些国家和地区采用先经济后社会的模式，利用相对较短的时间实现了政治平稳的前提下从落后到发达的经济转型。亚洲四小龙主要是通过政府扶持，在和平且稳定的基础上出现了一定规模的中产阶级。这些国家和地区的发展模式主要基于市场经济与政府支持保障结合的条件快速发展，如韩国政府与企业联盟形成大企业集团，中国台湾扶持战略性企业的同时鼓励中小企业发展，中国香港则在崇尚自由市场的基调上，政府也不失保障市场正常运行的责任，同样类似的新加坡尽管国有企业庞大，但是企业运作也是遵循市场规则而进行竞争和发展的。这四个国家和地区在经济发展的过程中，均提倡脑力劳动创造财富和实现梦想，并在经济发展的基础上逐步实现民主，同时社会平等和人群流动也促进了本国或本地区中产阶级的发展。

4. 巴西

20世纪30年代以后长达50年的时间里，巴西基本保持了较快的增长速

---

① 《中产阶级社会的四大模式之二日本模式》，新浪博客，http://blog.sina.com.cn/s/blog_593f952701001587.html。

度。到 1960 年，巴西中产阶层平均规模达到就业人口的 18.2%（苏海南、王宏、常风林，2015）。20 世纪 80 年代以后巴西经济增长明显放缓，同时出现收入差距扩大、犯罪率上升、社会不稳定因素增加等现象。进入 20 世纪 90 年代尤其是 21 世纪以后，政府通过各种经济和社会政策，致力于减少贫困，提高国民教育水平和劳动收入，收入分配稳定改善，巴西中产阶级规模开始逐步恢复，达到 30% 以上。这些经济和社会政策包括以下几点。一是通过最低工资标准等手段调控工资分配差距。巴西自 2003 起连续提高最低工资标准，2011 年最低工资标准继续上调，涨幅达 5.88%。二是运用税收手段调节收入差距。巴西提高了个人所得税的起征点和税率，使大量的低收入者和工薪阶层免除缴纳个人所得税的负担。三是促进就业，鼓励中小企业发展。政府针对 16～24 岁低学历青年人制订了"第一次就业计划"，帮助其实现第一次就业，解决青年失业问题（占失业人员 45%）。该项目主要是通过部分减免税收或发放补贴等方式鼓励企业招聘无工作经验的年轻人。对于有意创业的青年人，政府给予低息贷款或管理培训等政策。同时政府积极鼓励中小企业扩大规模，在全国实行的创造就业及收入计划中，由政府牵头，金融机构向企业发放低息贷款，以促进中小企业发展，吸纳更多就业。四是通过教育扶贫政策减轻低收入家庭负担，提高人口素质。巴西在全国范围内实施成人扫盲计划，并在高等教育方面实行公立大学免费政策，并为贫困地区和家庭设立一定高校名额及采取助学金措施。此类措施一方面提高了全民基本素质，另一方面减轻了低收入家庭的经济负担，为缓解收入差距奠定基础。五是推行公平、一体化的社会保障制度。为减少贫困，缓解贫富差距，巴西的社会保险制度设计体现了明显的"城乡一体化"、"公平化"和"向低收入群体倾斜"的理念。同时，巴西在 1996 年引入了社会救助养老金制度，对 65 岁以上无任何公共养老金和私人员工养老金收入来源的老年贫困人口和残疾人发放与社会最低工资持平的待遇。六是加大政府开支，实行多种贫困救济计划。针对农村贫困状况，巴西从 1993 年起实施"农村贫困缓减与消除计划"，2003 年开发了致力于缩小贫富差距的"零饥饿"计划。① "家庭补助金"计划是一项

---

① 《巴西将加大投入提高社会福利》，搜狐新闻，2007 年 8 月 31 日，http://news. sohu. com/20070831/n251878848. shtml。

有条件补贴赤贫阶层的福利计划。据世界银行统计，2004～2014年，该计划共使2800万巴西人脱离贫困。[①]

五　对我国的启示

1. 扩大中等收入群体须以经济发展为基础

从大多数国家的中产阶级培育、发展、衰退、更新换代等实践中能发现，中产阶级的规模、生活状态，特别是这个群体的收入状况与经济周期存在着正相关性。从美国数据看，20世纪90年代，收入中位数持续上升，而在2008年金融危机期间，则明显下降，而且由于房价下跌、中产阶级的净资产也比危机前缩水了近40%，近几年来随着美国经济逐步复苏，中产阶级实际收入得以逐步回升。

2. 市场体制主导与政府适度干预结合

就多数国家中产阶级发展过程看，中产阶级的每一重大变化，从规模扩张到结构更替，从功能完善到人格发展，都是由市场体制主导的，中产阶级是市场的主体，也是国际竞争的主体，只有在现代市场体系下，中产阶级才能成为独立强大的群体。当然，政府在发展过程中的扶持、保护机制不可缺失。换句话说，中产阶级是随着现代生产关系的确立和完善自然兴起的阶层，它培育和发展于市场体系之中，由市民社会来支撑和规范，并借政府干预来维持和调整。

3. 加快城市化进程进一步调整产业结构

城市化速度的快慢和程度的高低，与中等收入群体或中间阶层的扩大与否关系密切。同时，国外中产阶级的发展历程表明，"二战"后中产阶级尤其是新中产阶级的增长与第三产业即服务业的快速增长密切相关。中国需加快城市化进程，切实加强工业化对农村的反哺，缩小城乡差别，为中等收入群体占主导地位打下坚实基础。城市化进程要求第二、三产业不断提供更多、更新、更丰富的产品和服务，从而创造出大量的中产阶级职位，

[①]　《世行呼吁巴西政府扩大"家庭补助金"计划以继续减少贫困》，新华网，2017年3月13日，http://news.xinhuanet.com/fortune/2017-03/13/c_1120617143.htm。

这样降低传统产业从业人员比重，提高第三产业人员比重，才有可能进一步扩大中产阶级或中等收入群体规模。

4. 制定合理的一揽子收入分配政策

很多国家或地区在发展过程中，为了刺激经济和提高国民收入，普遍推行了相应的收入分配制度，例如对富人征收较高的税收，大力扶持中小企业，降低普通工薪阶层的税收负担，引导形成相对合理的国民收入分配格局。国家应通过健全法制和有效的税收体制以及完善全面的社会保障体系，在保护下层收入群体经济利益的同时，使国民财富合理而有效地向中等收入群体流动，逐步形成使中等收入群体占主导地位的橄榄形收入分配格局。

5. 大力发展教育事业

扩大中等收入群体收入的关键因素在于发展教育事业。各国（地区）的经验表明，在社会经济发展到一定程度以后，政府普遍面向全体社会成员推行义务教育提高人口素质，积累人力资本，提高国家整体的创新能力。尤其是新兴市场经济国家或地区，工业化主要从承接发达国家的制造业开始起步，除了加大教育投入，注重基础教育外，也注重强化技能培训，提高国民素质与劳动生产率。例如中国台湾提出"双轨的人力开发制度"，把职业训练摆在和教育同等重要的位置。我们国家要在有效扩大中产规模，积极发展高等教育，优化专业结构的同时，优化和平衡教育资源，大力发展义务教育、农村教育和职业教育。

6. 营造利于中产阶级发展的政治环境

中国社会正处于"市民社会"建设初期，中产阶级在政治生活领域没有常态化的参与机制（赵竹茵，2014）。国家应为中产阶级的发展创造良好的制度环境，从国家与社会关系的维度进一步扩大市民社会的空间，形成以中产阶级为主体的市民社会，为中产阶级发展成为行动的阶级积蓄力量。同时，需要加强政治民主的建设，扩大中产阶级的政治参与渠道，推进政治民主化进程。

第十六章
国外高技能人才待遇及相关政策

一 国外技能人才概况

国外一般将技能劳动者（Skilled Worker）定义为：拥有特殊的技能或受过培训、拥有知识或具备工作能力的任何劳动者。国外一个熟练的技能劳动者可能是毕业于学院、大学或技校，或可能通过工作学会或提升了自己的技能。技能劳动者可包括软件开发、医护人员、一线警察、医生、起重机操作员、油漆工、水电工、工匠和会计师等。这些劳动者可以是蓝领也可以是白领，受教育和参加培训层次不一。

各国基于职业分类的不同，高技能人才的定义不尽相同。如美国将细类技能划分为七个等级和五个重要程度，并按照公式对原始等级得分和重要程度进行了百分制换算，并认为具备第五级及其以上级别技能的职业即为某一技能领域的高技能职业，其中包含高级管理人员；德国高技能职业主要分布于该国职业分类体系中六大类从业人员的三、四、五大类职业（包含制造业、技术型、服务业类）中（吴道槐等，2014）。

二 国外技能人才收入概况

高技能人才，尤其是有熟练经验的技术工种，无论是蓝领还是白领阶层均拥有较高收入，甚至部分蓝领维修工的年薪相当于企业高管薪酬。根据美国劳工统计局数据，2015 年安装维修类职业中，电梯维修工即"安装、装配和维修货梯和客梯，并对它们的电动或液压装置进行维护的人"平均年薪7.65 万美元，该行业前 10% 的高收入者平均年薪甚至高达 10.96 万美元。

此外，劳工局统计数据发现，高收入的职位不一定具有高学历。很多高中毕业后就业的员工掌握一定技能或经过培训后收入待遇非常可观。数据显示，2010 年全美所有职业工资收入中位数为 33840 美元，而很多职业劳动者在并未获取学士学位，高中毕业或经过一些专业技术学校学习培训后上岗就业的工资远高于社会平均工资，甚至与很多高管薪酬接近（具体数据见表 16 - 1）。同时，技能劳动者中的蓝领在技能人才市场紧俏、劳动力短缺，以及西方国家社会文化认可的多重因素影响下，社会地位也逐步提高。

表 16 - 1　美国 2010 年未获取学士学位的部分职业年收入中位数概况

单位：美元

职业	工资中位数（2010 年）	学历	工作经验	在职培训
交通、储藏、配送管理人员	80210	高中	5 年以上	0
一线警察主管和侦探	78260	高中	1～5 年	中度期限在职培训
核电反应堆操作员	75650	高中	0	长期在职培训
电梯安装和修理工	70910	高中	0	学徒
电力调度	68900	高中	0	长期在职培训
媒体和通信设备人员	61680	高中	0	中度期限在职培训
石油泵系统运行工	60040	高中	0	长期在职培训
电力线路安装及维修人员	58030	高中	0	长期在职培训
一线消防管理员	68240	技校	1～5 年	0
商务飞行员	67500	技校	0	0
电子设备维修员	65230	技校	0	0
保险估价员	56230	技校	0	中度期限在职培训
电信设备安装维修员	54710	技校	0	中度期限在职培训
航空技术服务员	53420	技校	0	0
信号及轨电开关维修员	53230	技校	0	中度期限在职培训
航空电子技术员	52320	技校	0	0
商业司机	51360	技校	0	中度期限在职培训
空中交通管制员	108040	副学士	0	长期在职培训

职业	工资中位数 （2010 年）	学历	工作经验	在职培训
施工管理人员	83860	副学士	5 年以上	0
放射治疗师	74980	副学士	0	0
核医学技师	68560	副学士	0	0
牙齿卫生员	68250	副学士	0	0
注册护士	64690	副学士	0	0
放射技师	54340	副学士	0	0
地质和石油技术人员	54020	副学士	0	中度期限在职培训

注：数据来源于美国劳工统计局数据库及分析报告。2010 年全美所有职业工资收入中位数为
33840 美元。

同样类似的，德国的技工工资也是高于全国平均工资，据报道，技校毕业生的工资几乎普遍比大学毕业生的工资高，不少行业的技工工资远远高于普通公务员，甚至高过大学教授。所以说，德国社会对于技工非常尊重，并积累了丰厚的工匠资源，创造了众多闻名世界的"德国制造"。

在日本，很多企业通过不断提高高技术人才待遇吸引和留下人才。众多企业建立社会保障体系，消除高层次人才的后顾之忧，是日本使用高技术人才的又一重要举措。例如，日本松下公司福利项目就包括带薪休假、住房补贴、进修资助、医疗及退休保障计划。此外，松下公司不但为员工建立了团体人寿保险、人身意外伤害等保险计划，而且还经常组织旅游、观看音乐会等休闲活动，使员工能在轻松、温馨的氛围中工作，增强了员工的凝聚力。因此，日本大企业中高技术人才的流动性普遍比欧美国家低，这在一定程度上也有利于保持科研设计开发工作的连贯性，所以日本在机械、电子制造业方面的发明创造一直位居世界前列（张晓宇，2006）。

在韩国，政府为了扭转社会"体力劳动低贱"思想，特意更改了高中教育考试方式，同时提高此类高中的助学金，并优先职业高中就业，就业后即能获得熟练工人证书。最重要的是，最高档次的技术工人和最高档次的工程师同样重要，享受同样的待遇（王冰，2012）。

三 选定国家高技能人才相关政策分析

1. 美国

（1）技能培训

（a）相关法案

美国在有关技能培训及提升方面不断设立和更新相关法案和政策。1994年发起了高级技术教育革新计划，有效整合了产业与教育，并改变了社区学院的角色，建立长期的以企业为本位的教育。1998年国会又通过了《劳动力投资法案》，旨在创建一个本地集成的"一站式"综合的就业服务中心、职业培训和教育计划。2014年7月，总统奥巴马签署《劳动力创新与机遇法案》，旨在帮助求职者获得就业、教育、培训和相关支持服务，从而提升劳动者竞争力。

（b）培训体系

美国的高技能人才培养及培训体系主要依据职业和技术教育体系，该体系能使学生具备三类技能：核心学术技能及运用学术技能到具体工作的能力；此外，还有从业必需就业技能及特定职业相关技术技能。注册学徒制作为培训体系的一部分，从20世纪30年代开始一直在不断发展。该制度主要由学徒工、企业雇主、社区学院、州立学徒制事务局和一站式就业指导中心五个参与者组成。注册学徒年龄一般25岁左右，学习期限一般1~5年左右，通常来自建筑和制造业。2014年，为适应社会经济对技能人才的需求，奥巴马总统宣布拿出5.5亿美元打造学徒计划，一部分用于租住社区学院和雇主合作，另一部分用于学徒培训扩大计划，集中于信息技术、医疗以及高级制造业等领域。

（2）移民优惠政策

美国不仅在本土大力培养和造就高技能人才队伍，同时还在移民或签证政策方面给予特殊技能或高技能人员一定的优惠。如引进高技能人才的移民政策中包括职业移民政策和非移民签证类政策，前者包括对具有高技能的技术劳工给予优先移民签证优惠政策，后者中对于具有特殊专业技能的在美国临时工作的外国人以及美国分公司的高级专家级雇员采用特殊的工作签证，提供通往美国工作的快速通道①。临时工作类签证作为技术移民政策的有效补充，在政策设计上更具有灵活性。

2. 英国

（1）技能培训

英国在技能人才培训方面，将职业教育和学历教育体系有机结合，相互贯通，成立了全国统一的职业资格证书制度，并与相应的教育体系证书级别对应。2010 年起，政府订立了关于技术的愿景和继续教育及技术系统应该如何改革的方案，设立了政府应该在财政上支持的项目和要求为英国青年人改革继续教育和技术体系的工作项目，其中赋予了学习者从基本技能到高等技能的转变，以改变体系使用信息影响学习者选择的方式。政府资金将在最能起到作用的环节支持学生。此外，英国从 20 世纪 90 年代就开始实施的《人力资本投资促进法案》一直致力于为雇主提供一套完整的培训基准，推进了技能培训和人力资源开发工作。2011 年出台"雇主技能拥有计划"，旨在以可持续发展的技能发展市场为基础，打造具有国际竞争力的人才基础。

（2）移民优惠

英国为了鼓励和吸引高技能人才来英工作，实施灵活的针对高技能人才和投资者的移民政策。2012 年起，作为公司内部高技能劳动力来英工作的移民，如果在英国居住时间超过 5 年且年收入高于 15 万英镑，可以延长居住年限至 9 年。此外，对于工作需要经常出差的高技能人才，也将过去规定的 5 年来离开英国超过 180 天则将无法申请居留权改为了只要不违反相关条例的基础上，允许长期出差。对于高技能人才工作者的签证"冷却期限"进行了更为灵活和方便的签证政策。

3. 德国

（1）双元制职业教育

德国职业教育体系以"双元制"闻名于世。几十年的实践证明，这种"双元制"的职业教育体系是适合德国国情的，是德国能在世界科技、经济、市场竞争日益激烈的情况下，始终使自己的科技进步，新产品、新工

---

① 美国国家外交关系委员会资料。

艺处于世界领先地位并占领世界市场的根本条件。"双元制"课程实施是真正以双方合作为基础的，学校按照各州总体教学计划实施理论课程的教学；企业则按照培训规章实施实践课程的培训，双方通过教育文化部和自主的形式加以协调，保证理论与实践的有效结合，并以此共同合作来达到国家对职业人才的总体教育目标。

（2）技能培训

早在 20 世纪，在纳粹德国，社会的低下阶层分为：农业工人、非技术和半技术工人、熟练的工艺人员、其他的技术工人和家政工人。"二战"结束后，联邦德国在熟练技工劳动力方面需求迅速提高而超过法国。联邦德国的技术工人在技术学校的培训优势，对本国经济发展起到了极大作用。1950~1970 年，联邦德国技术人员和工程师的数量从 16 万左右上升到 57 万，而在 1970 年，1950 年起培训的熟练技工已经成为技术人员和工程师。

为了有针对性地促进高技能人才培育和发展，德国逐步出台了一系列的法案或政策。如 2004 年德国工业领导组织和联邦政府联合发起了"提升和培训年轻高技能工作者数量"全国公约，旨在为所有希望并能够接受学徒训练的德国年轻人提供培训机会，并期望能转变高技能劳动力短缺的中期威胁。同时，政府在财政上大力支持，并创造更多的入职培训名额。并为学徒或见习生提供入职培训的雇主每月可获得最多 216 欧元的工资补贴和一次性社保费用分担。2011 年出台了高技能德国劳动力公约，其中最重要的是 5 项确保高技能供应的措施，体现了高技能劳动力培养的路径：一是激活就业市场；二是改善家庭生活和职业生活的相容性；三是提倡从零开始的平等教育机会；四是职业资格体系及培训；五是吸收和融合移民人才。

德国红绿联合政府与新联邦州政府签署的《2001 年东部地区职业培训计划》以及联邦政府与德国工商业联合会和德国雇主联合会等经济团体于 2004 年 6 月 16 日签署的《关于德国职业培训及技能人才后备力量培养的国家协议》（简称《国家协议》）。根据《东部 2001 职培计划》，联邦政府于 2001 年开始连续三年在新联邦州每年投资 2120 万马克，用于创造 16000 个新的职业培训位置（BMBF，2001）。而《国家协议》规定，德国经济界在协议三年有效期内平均每年增加 30000 个培训位置，联邦政府则承诺，投资 948 万欧元帮助东部地区新创造 14000 个培训位置。另外，经济界表示给职培生创造 25000 个企业实习位置，帮助他们积累实际技能。为此，企业承担设备和师资方面的费用，联邦政府负责补贴实习生的生活开支（BMAS et al.，2004）。

（3）移民优惠

为了让外籍高级 IT 专家进入德国，以满足急需。为此，联邦政府于 2000 年 5 月 31 日颁布了"IT 外专劳"和"IT 外专居"两项政策规定，于 2000 年 8 月 1 日正式生效，它们构成了非欧盟国家的外籍 IT 专家去德国短期就业和居留的法律基础，被舆论称为"德国绿卡"（杨伟国等，2006）。主要内容包括：适用范围限制在信息和电信技术职业领域，但无行业限制；绿卡规定生效（2000 年 8 月初）起三年内最多发放 2 万份劳工许可，先只签发 1 万份绿卡，对其效果进行中期评估，在此基础上再签发 1 万份；给外籍 IT 专家签发的劳工许可有效期不超过五年；申请人应具有高校和专科学校 IT 专业方向的学历，或者无专科以上学历但能出具招聘企业开出的年薪不低于 5.1 万欧元的证明材料；外籍专家的工作待遇必须与本国专家相当；绿卡职工的配偶在德国居留一年后方可申请劳工许可（杨伟国等，2006）。

4. 法国

为了保证高科技人才培养的经费来源，法国在税收体系中，明确规定了用于技能人才培养的税种。根据相关税法，雇用不少于 10 人的企业都有缴纳工读交替制培训税的义务，企业的规模不同，缴纳税率也有所差异。学徒税主要向所有法定的个体和企业征收，不论规模和行业，税率为工资总额的 0.5%。同样，企业缴纳的税额与企业大小和所在产业部门息息相关，该税收主要用于培训规划和个人培训休假两种继续职业培训的类型。

为解决青年人失业问题，法国把提高青年人技能和就业结合起来，于 2012 年 11 月出台了"未来的工作"计划（Future Jobs Scheme）——致力于维持并提高年轻人就业。"未来的工作"计划旨在为那些无法找到进入专业领域途径、拥有很少或根本没有资格的年轻人提供就业解决方案，通过使他们获得进入劳动力市场初期的专业经验和技术，让他们适应劳动力市场。

在两年间，该计划作为一项应对年轻人事业的措施取得了巨大的成功，极大地减少了青少年失业率，25 岁以下的求职者人数每年下跌 1.2%。

由于 2008 年以来老年工作者失业率高于其他年龄段，且更不容易获得职业培训，2014 年 6 月法国政府出台了"帮助 50 岁以上劳动者计划"（A Plan in Favor o the Employment of Seniors），其主要目的是持续帮助这一群体获得新的职业生涯。为此，需要改变人们对老龄工作者的看法、加强 45 岁以上劳动者的培训、增加老龄劳动者重回就业市场的途径、帮助企业雇用这些群体。在具体措施上，法国政府在未来投资计划（Investing in the Future Programme）框架和遵循社会意见的前提下，推出了资金达 1.5 亿欧元的征集项目，以协助专注于职业培训和就业的国内合作者来实现这一目标。

5. 加拿大

（1）技能培训

加拿大致力于建设一支技能熟练、适应性强的劳动力队伍，制订和实行了一系列教育和培训项目与计划。如联邦层面有代表性的"学徒培训"通过构建培训系统及强大的财政支持，根据劳动力市场需求确定技术工种和行业的学徒培训计划，采用课堂培训和实地培训方式进行。每位符合申请资质的学徒最多申请获取 4000 加元的补助，用于支付学费、差旅费、工具材料费以及进行期间所产生的其他相关费用，一般学制 2~5 年。此项政策计划培养了大批的优秀熟练技术工人，缓解了结构性失业压力，促进本国经济复苏与发展；"红印章计划"则通过严密的内部网络化管理，制定全国通用的职业资格鉴定标准、考核标准、培训标准，促进技术工人在全国范围内合理流通。再如社区学院培训，始于 20 世纪 60 年代，为了适应经济高速发展需求建立的介于大学与高中之间的教育载体，一般学制 2 年，以社区为基础，向高中毕业生和成年人提供技术性职业培训或大学教程，从而掌握实用性职业技能，提升就业竞争力（中国人事科学研究院，2013）。

（2）移民优惠

加拿大移民战略主要是基于便利国家发展、领先于国际竞争，技术类移民政策包括联邦技工移民项目（Federal Skilled Workers）和联邦熟练技工移民项目（Federal Skilled Trades）。联邦熟练技工移民主要针对已经取得执业资格的技术人员，即只要获取省一级所颁发的职业技术资格证书，且在前五年内至少有两年以上在该职业领域连续、带薪的全职工作，满足其他移民基本要求后即可申请；经验类移民计划（Canadian Experience Class）则对拥有高技能及加拿大工作经验的临时居民取得永久居民身份提供优惠，部分省份对条件更放宽，甚至有"一人申请，全家移民"的政策，旨在为缓解地区技工严重短缺状况。在艾伯塔省，移民提名项目（Alberta Immigrant Nominee Program）放宽了临时外籍劳工申请门槛，即凡至艾伯特省应聘"国家职业分类－经理人、专业人员和技术工人"等三类职位人员，若申请者工作签证有效期在半年以上，其家属申请开放工作签证的期限可延长。在安大略省也对技术工人提供了提名计划项目，此类政策旨在通过吸引技工移民以促进地区经济发展。

6. 日本

（1）技能培训

日本在1951年颁布并于1983年适应性修订了《产业教育振兴法》，通过设立较完善的职业教育培养体系、规定国家在振兴职业教育方面的任务，迅速建立起战后日本的职业教育体系，通过振兴产业教育，批量培养产业发展所需劳动力，使国民能够成为国家发展所需之才，目标是能够培养从事农业、工业、商业、水产业及其他行业的人才。为了振兴日本教育特别是职业教育，建立面向21世纪的终身职业能力开发体系，日本文部科学省在2001年1月向国会提交了《21世纪教育新生计划》。从教育机构看，高职院校、高等专业学校和专业学校是日本职业教育实施的主要机构，学生在多年学习后，可分别获得副学士、副学士（或学士）以及技术副学士学位。

为了缓解技术工人短缺问题，日本在1958年出台了《职业培训法》，该法包括公共职业培训制度、企业内职业培训制度、职业培训指导员确保制度。为了适应经济缓慢增长下的失业问题，日本于1974年颁布了《雇佣保险法》，确立了新的雇佣保险制度。同时，还创设了由创设职业培训短期大学和技能开发中心、退休前职业讲习、工作场所适应训练等失业援助所组成的"能力开发事业"。为了能够适应当时经济背景和能力培养需求，日本于1978年重新修改了《职业训练法》。1980年，日本提出了"技术立国"

方针，制订了"创造科学技术推进制度""下一代产业基础技术研究开发制度"等重要的研究开发计划。伴随日本企业作用的扩大，政府政策主要为企业提供辅助，增加了企业和工人的自主性。在此背景下，日本于1985年颁布了《职业能力开发促进法》，从坚持终生训练、重视企业作用、更改训练补助等方面对技能人才的培养进行了规定。之后，为了应对未经过技能培训和自由职业者增加、年轻人职业意识淡薄、特殊技能因无人继承而逐渐消失的局面，日本于2006年修订了《职业能力开发促进法》，主要内容包括企业与教育机构的双向职业培训、实践型技能人才培训计划、企业家需科学管理掌握熟练技能劳动者等。

（2）竞赛及表彰政策

日本政府对那些在各个领域掌握尖端技能和高超技艺、具有45年以上工作经验、平均年龄63岁左右的高技能人才建立了表彰制度，即授予他们"卓越技能士"的终身荣誉称号，并颁发由厚生劳动大臣亲笔签署的证书，使之在日本社会享有崇高的社会地位。另外，日本每年举办一次日本全国技能竞赛，竞赛领域涵盖机械组装、机电、木工、美发和西餐烹饪等各种行业，旨在提高年轻在职人员的技能和社会认同度，获胜选手将代表日本参加国际技能竞赛。

（3）移民优惠政策

2014年日本修订移民相关法律，拥有高技能的外国人在日本工作3年则有资格获得永久居留权，而在过去，这一期限需要保持10年以上。修订后的法律，目的是吸引IT工人、工程师、公司管理人员、医疗技术人员、科学家和研究人员。对于此类签证申请人一旦申请成功，将被给予特殊的地位。成功申请者的配偶将被允许在日本工作，并可将其父母接到日本生活。日本首相安倍晋三希望修订后的法律将带来更多的高技能外国人到日本工作，作为重振日本经济的率先行动。

7. 韩国

（1）职业教育和培训

韩国教育体系是6-3-3-4制，即小学6年，初中3年，高中3年，学员或附有旨在培养博士的研究生课程的大学4年，另外还有两年制和三年制的专科大学及职业大学。涉及职业教育的包括中学职业教育阶段的职业高中以及旨在培养年轻大师的大师高中，中学后教育阶段的可获得副学士学位的初级学院、依附于大型公司的公司技术大学以及为在职青年或中年提供可获得学士学位教育路径的工科大学。

强有力的法律是韩国人才成长的保证，1967年，韩国颁布了《职业培训法》，建立义务制的职业培训体系。1976年，韩国颁布了《基本培训法》，实施强制性的职业培训制度，并首次提出征收职业培训税。在1995年，韩国颁布了《就业保险法》，通过确保工人的生活和促进失业人员的求职活动，促进韩国经济和社会发展。在1997年，韩国颁布了《职业培训提高法》，取代了之前的《基本培训法》，将职业培训的重点由之前的提供越来越多的高级技师转向建设终身学习的培训制度。同时，韩国于2004年废除了强制性的职业培训制度，将《职业培训提高法》修订为《工人技能提升法》。

（2）提高职业教育社会关注度

韩国政府为了扭转民众头脑中"体力劳动低贱"的思想采取了一系列措施。如改革了高中升学考试方案。将报考职业高中的升学考试放在前期，报考普通高中的升学考试放在后期，考生若被职业高中录取，就不得再参加普通高中升学考试。在韩国，职业高中录取标准不但高于普通高中，还要进行复试。此外，还改革了奖学金制度。20世纪80年代，韩国提高了职业学校的助学金，出台了相关政策，免收部分职业高中学生的学费。①

（3）技能人才优先就业及提高待遇政策

韩国政府还出台政策，优先保障职业高中毕业生就业，就业后即能获得熟练工人证书。在韩国，最高档次的技术工人与最高档次的工程师同等重要，享受同样待遇。

（4）竞赛及表彰政策

韩国从1966年开始举办各类技能竞赛，并在1989年颁布了《技能奖励法》。国内技能竞赛分为全国技能竞赛和地方技能竞赛，国内技能竞赛无特殊情况每年举办一次。技能竞赛对于优秀的技术工人、优秀组织和有突出贡献的产业部门和学校给予奖励。为鼓励技术工人努力提高技能，韩国政

---

① 《韩国：最高档次技术工人与最高档次工程师同等待遇》，《现代班组》2012年第9期。

府还建立日常表彰制度。如 1984 年的"名匠"评选表彰制度，对从事某种职业 20 年以上，并做出突出贡献的技能人才，以总统名义颁发"名匠"证书，同时奖励奖金。

8. 澳大利亚

（1）培训体系

澳大利亚政府首先明确了人力资源改革的方向是将澳洲建设成为智慧型国度，在此基础上确定了职业培训的理念。职业培训微观层面针对个人职业生涯全过程的终身培训，宏观层面则着眼于未来社会发展而非现时所需，培养的技能注重普适性而非快速淘汰的专业技能。为使学徒制得到良好发展，澳大利亚各州和地区设立了 300 多所学徒培训服务中心（GPA）。服务中心帮助培训机构和学徒达成培训协议，获得政府财政资助。培训主要依托技术与继续教育学院（TAFE）、注册的职业培训机构（RTO）、职业技术中心（ISC）等职业培训机构组织开展，各机构间既有竞争，也可互补。此外，该政府设立了严密、完备的培训质量保障体系，特别值得一提的是培训包（Training Package），是澳大利亚职业培训的特色和亮点，相当于国家职业标准和职业教育培训大纲，具有强制性效力。

（2）移民优惠

在澳大利亚，实行明确技能选择性的移民政策已有 40 年的历史，从 1996 年开始，该国一致侧重于技能人才的引进。对于被认可的学历和技能的专业人才，移民机构会优先引进并使其能快捷地进入澳洲劳动力市场工作，对于州/领地担保技术移民是为了解决边远地区技术人才短缺问题而设置的移民政策，引进对象是具有高技术或高技能，即其技术、职业资格和未来就业都对澳洲经济发展有利的人。此外，雇主担保技术移民是针对境外高技能人选通过雇主提名担保从而优先获取澳大利亚的永久居留签证。

四　政策分析

纵观国外典型国家有关技能人才或高级技能人才的相关政策，我们发现这些国家所采取的政策主要通过间接措施来促进和提高技能类人才的收入和待遇，而大多数国家没有过多采用直接简单性的提高技能人才的宏观干预措施。

1. 强大的培训体系

人才培训是目前国外很多国家或地区提升人才竞争力和践行人才立国的重要举措。通过强大、科学且周密的培训体系，可以提高本国或地区人才的国际竞争力，同时提升企业员工在本国或本地区行业的竞争力，从而创造更高的经济效益。众多国家选择建立多类人才培训机构，投入高额的资金，或开展特殊人才专项培训计划等措施来为人才强国战略提供坚实的基础。

2. 有针对性的高技能人才培训

很多国家针对培养高技能人才，出台了一系列针对性政策或专门的培养模式。如德国采用的双元制培训模式是以岗位为定向，以培养高技能、高素质的技术工人为目标；英国现代学徒制的培养目标在传统学徒制的基础上有进一步发展，演变成为理论联系实际的新型劳动者。此外，加拿大针对不同群体培养高技能人才制定了不同的就业战略和项目，旨在为不同群体提升技能、工作经验和工作能力。

3. 国际高技能人才吸引政策

很多国家为了实现人才强国战略，通过调整工作签证和移民优惠政策，引进国际高技能人才在本国或本地区工作或居住。所以主要发达国家的移民与工作签证政策呈现了"重质轻量"的趋势。同时，给予全球高技能人才很多移民优惠政策或签证便利政策，在减少人才流失的同时，吸引更多的海外人才工作与服务，创造更多价值。

4. 较高的社会地位及待遇水平

纵观主要发达国家技能劳动者的工作环境、收入水平、福利待遇以及人文社会地位方面均处于较高地位。同时，很多发达国家在高速发展过程中遭遇技能短缺问题，并采取积极应对的宏观政策，积极发挥市场的作用，由市场形成较合理的薪酬水平。技能劳动者，特别是高级技师的收入很高，同时能得到整个社会的认同、肯定和尊重，这对于提高工作积极性和产业效率均有正面效应。个别国家如韩国出台了很多措施扭转公众态度，提高对职业教育的认可，并将最高等级技术工人和工程师待遇对等，逐步提升其社会地位。

5. 激励性竞赛及表彰政策

韩国和日本等国在很多年前就开始组织各类技能竞赛，甚至为此颁发特定的相关法律。对于胜出的竞赛者给予精神和物质上的奖励，不但提高了技能工人自身荣誉感，激励了此类人才的进取心，同时也为产业发展奠定了坚实的基础。

附1

美国各城市生活工资法律和覆盖面专题材料

全国具有生活工资法律的自治市的数量（一些城市具有多个政策；不包括废除了的政策）：125。

除非有其他标注，工资水平截至 2010 年 12 月。

市政当局或机构	制度实施日期	生活工资		覆盖范围				备注
		w/型健康保险	w/o型健康保险	当地政府雇员	公共合同	经济发展财政援助	全市最低工资	
匹兹堡，宾夕法尼亚州	2010 年 2 月	**	**	N	Y	Y	N	现行工资法律。对建筑服务、餐饮服务、酒店和杂货店雇员必须按照当前行业薪酬水平进行支付。包括所有行的项目的工作受援或与之城市援助的工作受援助，其中包括相关的房屋租赁业务
圣莱安德罗，加利福尼亚州	2007 年 7 月	$11.67	$13.17	Y	Y	Y	N	生活工资水平与 CPI 关联上升

续表

市政当局或机构	制度实施日期	生活工资		覆盖范围				备注
		w/型健康保险	w/o型健康保险	当地政府雇员	公共合同	经济发展财政援助	全市最低工资	
阿什维尔，北卡罗来纳州	2007年5月，2011年5月扩充	$9.85	$11.35	Y	Y	N	N	市议会打算在每年编制预算过程中重新审视生活工资水平，以确保其与基于生活通胀水平CPI的主张反倡议者的主张和建议相一致
谢尔比县，田纳西州	2007年5月	$10.02	$12.01	Y	Y	N	N	
欧文，加利福尼亚州	2007年5月	$10.82	$13.16	N	Y	N	N	
里维尔，马萨诸塞州	2007年2月	$10.78	$12.16	Y	Y	N	N	
诺沃克，康涅狄格州	2007年1月	$12.19	$15.19	Y	Y	Y	N	生活工资定在一个四口之家的贫穷劳务水平的115%。所涉及的雇员不得支付超过33%的自己的健康保险
佩塔卢马，加利福尼亚州	2006年12月	$12.46	$13.99	Y	Y	Y	N	还涵盖了公共财产，特许经营和加盟商的某些承租人
孟菲斯，田纳西州	2006年12月	$10.27	$12.32	N	Y	N	N	
派恩布拉夫，阿肯色州	2006年11月	$9.30	$10.55	Y	Y	Y	N	经投票表决通过。对于所有南部城市都市圈的城市消费者，生活工资水平与CPI关联上升
文图拉，加利福尼亚州	2006年5月	$10.73	$13.75	Y	Y	N	N	仅覆盖每年工作超过1000小时的城市雇员

续表

市政当局或机构	制度实施日期	生活工资		覆盖范围				备注
		w/型健康保险	w/o型健康保险	当地政府雇员	公共合同	经济发展财政援助	全市最低工资	
曼彻斯特，康涅狄格州	2006年4月	$12.19	$15.54	N	Y	Y	N	
迈阿密，佛罗里达州	2006年4月	$10.58	$11.83	Y	Y	N	N	
阿尔伯克基，新墨西哥州	2006年4月	$6.50	$7.50	N/A	N/A	N/A	Y	全市最低工资法律。$7.50的最终工资水平在2009年被逐步采用
桑迪亚普韦洛，新墨西哥州	2006年4月	N/A	$8.18	N/A	N/A	N/A	Y	普韦布洛范围内最低工资法
圣巴巴拉，加利福尼亚州	2006年3月	$13.24	$15.45	N	Y	N	N	可获得额外的好处的雇员生活工资率被设定得较低
华盛顿特区	2006年1月	N/A	$12.50	N	Y	Y	N	此外，全市最低工资设定为比联邦最低工资高$1.00
拿骚县，纽约州	2005年12月	$12.50	$14.16	N	Y	N	N	$12.50的最终工资水平在2010年被逐步采用
埃默里维尔，加利福尼亚州	2005年11月	$12.81	N/A	Y	Y	Y	N	还涵盖了公共财产、许可、特许经营和加盟商的某些承租人
马科姆县，密歇根州	2005年11月	$11.03	$13.78	N/A	Y	N/A	N/A	生活工资与具有三份w/型健康保险家庭的联邦贫困水平的100%相关联。对于w/o型健康保险，承包商将支付三口之家贫困水平的125%

市政当局或机构	制度实施日期	生活工资		覆盖范围				备注
		w/型健康保险	w/o型健康保险	当地政府雇员	公共合同	经济发展财政援助	全市最低工资	
奥尔巴尼, 纽约州	2005年9月	$10.25	$11.91	N	Y	Y	N	生活工资水平与CPI关联上升
布鲁克林, 马萨诸塞州	2005年5月	N/A	$12.24	N	Y	N	N	
锡拉丘兹, 纽约州	2005年5月	$11.60	$13.70	N	Y	N	N	生活工资水平与CPI-U关联上升。仅覆盖至少工龄30年的雇员
费城, 宾夕法尼亚州	2005年5月	N/A	$7.73	Y	Y	N	N	还涵盖了公共财产、特许经营和加盟商的某些承租人。生活工资水平被设定为联邦和州最低工资执行高值的150%
欧克莱尔, 威斯康星州	2005年5月, 2005年6月废除	N/A	$5.65	N/A	N/A	N/A	Y	由州法律废除。全市最低工资法律
拉克罗斯, 威斯康星州	2005年4月, 2005年6月废除	N/A	$5.70	N/A	N/A	N/A	Y	由州法律废除。全市最低工资法律
圣莫尼卡, 加利福尼亚州	2005年3月, 2008年4月修订	N/A	$13.27	N	Y	N	N	以前的生活工资条例于2001年通过，于2002年废除
布卢明顿, 印第安纳州	2005年3月	$8.50	$11.25	N	Y	Y	N	生活工资水平与CPI关联上升

续表

| 市政当局或机构 | 制度实施日期 | 生活工资 | | 覆盖范围 | | | | 备注 |
		w/型健康保险	w/o型健康保险	当地政府雇员	公共合同	经济发展财政援助	全市最低工资	
密尔沃基，威斯康星州	2005年2月，2005年6月废除	N/A	$7.98	N/A	N/A	N/A	Y	由州法律废除。全市最低工资法律
索诺玛，加利福尼亚州	2004年7月	$15.38	$15.38	Y	Y	Y	N	生活工资水平与CPI关联上升
达勒姆，北卡罗来纳州	2004年6月	N/A	$10.34	Y	Y	N	N	生活工资水平被设定为较四口之家的联邦贫困水平高7.5%
林肯，内布拉斯加州	2004年3月	$10.66	$11.66	Y	Y	N	N	生活工资水平被设定为四口之家的联邦贫困水平的100%（w/型健康保险）或110%（w/o型健康保险）
萨克拉门托，加利福尼亚州	2003年12月	$10.72	$12.33	Y	Y	N	N	生活工资水平与CPI关联上升
塞瓦斯托波尔，加利福尼亚州	2003年12月	**	$14.80	Y	Y	Y	N	雇主可从生活工资中扣除健康保险成本。生活工资水平与联邦旧金山地区的生活成本调整关联上升
旧金山，加利福尼亚州	2003年11月	N/A	$9.79	N/A	N/A	N/A	Y	全市最低工资法律，还可参考2000年8月通过的生活工资法律
劳伦斯，堪萨斯州	2003年10月	$11.43	$13.43	N	N	Y	N	生活工资水平被设定为三口之家的联邦贫困水平的130%

续表

市政当局或机构	制度实施日期	生活工资		覆盖范围				备注
		w/型健康保险	w/o型健康保险	当地政府雇员	公共合同	经济发展财政援助	全市最低工资	
怀尼米米港，加利福尼亚州	2003年10月	$10.35	$12.90	N	Y	N	N	
兰辛，密歇根州	2003年9月	$13.79	$13.79	N	Y	N	N	雇主可从生活工资中扣除健康保险成本（高达20%）。生活工资水平被设定为四口之家的联邦贫困水平的125%
奥兰多，佛罗里达州	2003年8月	$8.50	$10.20	Y	Y	N	N	
莱克伍德，俄亥俄州	2003年7月	$11.99	$13.28	Y	Y	Y	N	位于俄亥俄州东北部地区，生活工资水平与CPI关联上升
代顿，俄亥俄州	2003年7月	$10.60	$12.72	N	Y	N	N	生活工资水平被设定为四口之家的联邦贫困水平的100%（w/型健康保险）或120%（w/o型健康保险）
阿林顿，弗吉尼亚州	2003年6月	N/A	$11.20	N	Y	N	N	
英厄姆县，密歇根州	2003年6月	$10.00	$12.50	Y	Y	N	N	雇主可从生活工资中扣除健康保险成本（高达20%）。生活工资水平被设定为四口之家的联邦贫困水平的125%
乔治王子县，马里兰州	2003年6月	N/A	$12.65	N	Y	N	N	生活工资水平与CPI关联上升

续表

市政当局或机构	制度实施日期	生活工资		覆盖范围				备注
		w/型健康保险	w/o型健康保险	当地政府雇员	公共合同	经济发展财政援助	全市最低工资	
盖恩斯维尔，佛罗里达州	2003年3月，2003年9月修订	$10.60	$11.85	N	Y	N	N	
棕榈滩县，佛罗里达州	2003年2月	N/A	$11.40	N	Y	N	N	
圣达菲，新墨西哥州	2003年2月，2007年11月修订	N/A	$9.85	N/A	N/A	N/A	Y	全市最低工资法律。生活工资水平与CPI关联上升
辛辛那提，俄亥俄州	2002年11月	$10.60	$12.10	Y	Y	N	N	最低生活工资水平每年根据联邦贫困引导线的增幅来进行调整
贝灵汉，华盛顿州	2002年11月	$11.97	$13.18	N	Y	N	N	最低生活工资水平每年根据平减指数的变化情况来进行调整
韦斯特切斯特郡，纽约州	2002年11月	$11.50	$13.00	N	Y	Y	N	
泰勒，密歇根州	2002年11月	$10.60	$13.25	N	Y	N	N	生活工资水平被设定为四口之家的联邦贫困水平的100%（w/型健康保险）或125%（w/o型健康保险）
布劳沃德县，佛罗里达州	2002年10月	$11.13	$12.57	Y	Y	N	N	

续表

市政当局或机构	制度实施日期	生活工资		覆盖范围				备注
		w/型健康保险	w/o型健康保险	当地政府雇员	公共合同	经济发展财政援助	全市最低工资	
沃森维尔，加利福尼亚州	2002年9月	$13.08	$14.27	N	Y	N	N	生活工资水平与联邦生活成本关联上升
费尔法克斯，加利福尼亚州	2002年8月	$13.00	$14.75	Y	Y	Y	N	生活工资水平与CPI关联上升
绍斯菲尔德，密歇根州	2002年7月	$11.03	$13.78	N	Y	Y	N	生活工资被设定为四口之家的联邦贫困水平的100%（w/型健康保险）或120%（w/o型健康保险）
奥克斯纳德，加利福尼亚州	2002年7月	N/A	$13.25	N	Y	N	N	
蒙哥马利县，马里兰州	2002年6月	N/A	$13.00	N	Y	N	N	雇主可从生活工资中扣除健康保险成本
奥克兰港，加利福尼亚州	2002年3月	$10.09	$11.58	N	Y	N	N	覆盖奥克兰机场和港口的工作者
新奥尔良，路易斯安那州	2002年2月，2002年9月废除	N/A	$6.85	N/A	N/A	N/A	Y	全市最低工资被设定为高于联邦最低工资$1.00。2002年9月，该法律被该州最高法院推翻
榛园，密歇根州	2002年2月，2002年6月废除	N/A	N/A	N/A	N/A	N/A	N/A	
马林县，加利福尼亚州	2002年1月	$10.05	$11.55	Y	Y	N	N	

续表

市政当局或机构	制度实施日期	生活工资 w/型健康保险	生活工资 w/o型健康保险	覆盖范围 当地政府雇员	覆盖范围 公共合同	覆盖范围 经济发展财政援助	覆盖范围 全市最低工资	备注
博兹曼，蒙大拿	2001年12月	$9.93	$11.09	Y	N	Y	N	生活工资水平与CPI关联上升
圣克鲁斯县，加利福尼亚	2001年12月，2002年8月修订	$13.60	$14.83	N	Y	N	N	生活工资水平与CPI关联上升
新不列颠，康涅狄格州	2001年12月	N/A	$10.97	N	Y	Y	N	生活工资水平被设定为四口之家的联邦贫困水平的118%
坎伯兰郡，新泽西州	2001年12月	$8.50	$11.30	N	Y	N	N	没有提供退休津贴的雇主必须将每小时工资提高$1.25
卡姆登，新泽西州	2001年12月，2003年1月废除	$8.00	$9.50	N	Y	N	N	
伯灵顿，佛蒙特州	2001年11月	$14.21	$15.35	Y	Y	Y	N	生活工资水平与州一级生活成本调整关联上升
夏洛茨维尔，弗吉尼亚州	2001年11月	N/A	$10.52	N	Y	N	N	
里士满，加利福尼亚州	2001年10月	$15.19	$16.69	N	Y	Y	N	最低生活工资水平每年根据全市雇员劳资协议下工资的增幅来进行调整。某些承租人也被覆盖
沃什特诺县，密歇根州	2001年10月	$10.88	$12.75	N	Y	N	N	

续表

市政当局或机构	制度实施日期	生活工资		覆盖范围				备注
		w/型健康保险	w/o型健康保险	当地政府雇员	公共合同	经济发展财政援助	全市最低工资	
亨普斯特德，纽约州	2001年10月，2001年12月废除	$9.00	$10.25	N	Y	Y	N	
门罗县，密歇根州	2001年10月，2003年3月废除	$8.70	$10.20	Y	Y	N	N	
阿什兰，俄勒冈州	2001年9月	**	$13.40	Y	Y	N	N	雇主可从生活工资中扣除健康保险成本和其他福利。生活工资水平与CPI关联上升
杜蛎湾，纽约州	2001年8月	$9.00	$10.25	N	Y	N	N	仅覆盖安全和清洁卫生岗位的雇员
格洛斯特县，新泽西州	2001年8月	N/A	$10.27	N	Y	N	N	生活工资水平被设定为每小时$8.50和联邦贫困水平的较高值
萨福克郡，纽约州	2001年7月	$10.83	$12.33	N	Y	Y	N	承租人也被覆盖
匹兹堡，宾夕法尼亚州	2001年5月，2002年3月废除	$9.12	$10.62	Y	Y	Y	N	某些承租人也被覆盖。还可参考2010年2月通过的现行工资法律
圣莫尼卡，加利福尼亚州	2001年5月，2002年11月废除	$10.50	$13.00	Y	N	N	N	覆盖海岸带旅游区的雇员
文图拉县，加利福尼亚州	2001年5月	$9.50	$11.50	N	Y	N	N	

续表

市政当局或机构	制度实施日期	生活工资		覆盖范围				备注
		w/型健康保险	w/o型健康保险	当地政府雇员	公共合同	经济发展财政援助	全市最低工资	
迈阿密海滩，佛罗里达州	2001年4月，2010年6月修订	$10.16	$11.41	Y	Y	N	N	该法于2010年6月进行了修订，将生活工资水平与CPI-U关联，从2010年10月1日开始在三年内逐步推开。在2012年10月1日，完全实施的$11.28（至少$1.64的w/型健康保险）和$12.17（w/o型健康保险）的工资水平将生效
皮茨菲尔德乡，密歇根州	2001年4月	$10.97	$12.86	N	Y	Y	N	生活工资水平与CPI关联上升
伊斯特泊艾特，密歇根州	2001年3月	$11.03	$13.78	N	Y	Y	N	生活工资水平被设定为四口之家的联邦困水平的100%（w/型健康保险）或125%（w/o型健康保险）
米苏拉，蒙大拿州	2001年3月	$10.11	$11.62	N	N	Y	N	生活工资水平每年根据联邦城市全职雇员的最低报酬相匹配
安阿伯，密歇根州	2001年3月	$11.71	$13.06	N	Y	Y	N	最低生活工资水平每年根据联邦贫困引导线的增幅来进行调整
苏代，密歇根州	2001年2月	$9.59	$11.00	N	Y	N	N	
罗切斯特，纽约州	2001年1月	$10.59	$11.83	N	Y	Y	N	生活工资水平与CPI关联上升

续表

市政当局或机构	制度实施日期	生活工资		覆盖范围				备注
		w/型健康保险	w/o型健康保险	当地政府雇员	公共合同	经济发展财政援助	全市最低工资	
梅里登，康涅狄格州	2000年11月	$10.64	**	N	Y	N	N	生活工资水平被设定为四口之家的联邦贫困水平的110%（w/型健康保险）。如果未提供额外费用，雇主必须支付额外费用，根据州综合医疗保险确定
圣克鲁斯，加利福尼亚州	2000年10月	$13.60	$14.83	Y	Y	N	N	
欧克莱尔县，威斯康星州	2000年9月，2005年6月废除	$7.53	$8.29	N	Y	N	N	楼州法律废除
旧金山，加利福尼亚州重建局	2001年9月，2009年修订	**	$11.69	N	Y	N	N	对于部分建于机构拥有土地上的项目，其租客也被覆盖。2010年，该政策适用于猎人点/独谷点开发项目的企业所有雇员，包括承租人
旧金山，加利福尼亚州	2000年8月	**	$11.69	N	Y	N	N	旧金山国际机场承租人也被覆盖。所覆盖的雇主必须提供医疗保险或支付每个工人$1.25到城市的公共医疗系统基金。另外，2003年11月，全市最低工资水平被设定并要求与CPI关联上升

续表

市政当局或机构	制度实施日期	生活工资		覆盖范围				备注
		w/型健康保险	w/o型健康保险	当地政府雇员	公共合同	经济发展财政援助	全市最低工资	
圣路易斯，密苏里州	2000年8月	$11.33	$14.68	N	Y	Y	N	生活工资水平被定义为足以将一个三口之家提升至提供食品券的资格水平以上的工资。城市机场的特许经营者也被覆盖
伯克利，加利福尼亚州	2000年6月，2000年10月修订	$12.41	$14.47	Y	Y	Y	N	承租人也被覆盖。2000年10月该法律被修订，以包括所有在城市码头的雇员
克里夫兰，俄亥俄州	2000年6月	N/A	$10.00	N	Y	Y	N	仅覆盖一周至少工作30小时的雇员
亚历山德里亚，弗吉尼亚州	2000年6月，2009年9月修订	N/A	$13.13	N	Y	N	N	2009年9月，市议会通过了一项关于城市生活工资政策的新条例，将生活工资压至2008财年$13.13的水平
托莱多，俄亥俄州	2000年6月	$11.67	$13.79	N	Y	Y	N	生活工资水平被设定为四口之家的联邦贫困水平的110%（w/型健康保险）或130%（w/o型健康保险）
奥马哈，内布拉斯加州	2000年4月，2001年9月废除	N/A	N/A	Y	Y	Y	N	生活工资水平被设定为四口之家的联邦贫困水平的100%（w/型健康保险）或110%（w/o型健康保险）

续表

市政当局或机构	制度实施日期	生活工资		覆盖范围					备注
		w/型健康保险	w/o型健康保险	当地政府雇员	公共合同	经济发展财政援助	全市最低工资		
圣费尔南多，加利福尼亚州	2000年4月	$7.25	$8.50	N	Y	Y	N		最低生活工资水平每年根据州雇用退休金系统的变化情况来进行调整
丹佛，科罗拉多州	2000年2月	N/A	$10.60	N	Y	N	N		仅覆盖停车场服务员、保安员、文书协助工作者和儿童护理员。生活工资水平被设定为四口之家的联邦贫困水平的100%
沃伦，密歇根州	2000年1月	$11.25	$13.78	N	Y	Y	N		生活工资水平被设定为四口之家的联邦贫困水平的100%（w/型健康保险）或125%（w/o型健康保险）
科瓦利斯，俄勒冈州	1999年11月	N/A	$11.55	N	Y	N	N		生活工资水平与CPI关联上升
哈特福德，康涅狄格州	1999年9月	$11.66	$17.78	N	Y	Y	N		生活工资水平被设定为四口之家的联邦贫困水平的110%（w/型健康保险）
图森，亚利桑那州	1999年9月	$9.17	$10.32	N	Y	N	N		生活工资水平与CPI关联上升
布法罗，纽约州	1999年8月	$10.57	$11.87	N	Y	N	N		
洛杉矶县，加利福尼亚州	1999年6月	$9.64	$11.84	N	Y	N	N		仅覆盖全职雇员

续表

市政当局或机构	制度实施日期	生活工资		覆盖范围				备注
		w/型健康保险	w/o型健康保险	当地政府雇员	公共合同	经济发展财政援助	全市最低工资	
伊普西兰蒂，密歇根州	1999年6月，2009年6月修订	$10.48	$12.28	N	Y	Y	N	
伊普西兰蒂，密歇根州	1999年6月	$8.50	$10.00	N	Y	Y	N	
萨默维尔，马萨诸塞州	1999年5月	N/A	$11.22	Y	Y	N	N	生活工资水平被设定为四口之家的联邦贫困水平的100%
迈阿密戴德郡，佛罗里达州	1999年5月，2009年7月修订	$11.60	$13.29	Y	Y	N	N	在2009年7月，该条例进行了修订，以进行技术性修改和澄清某些定义。某些机场承租人也被覆盖
剑桥，马萨诸塞州	1999年5月	N/A	$13.69	Y	Y	Y	N	生活工资水平与CPI关联上升
海沃德，加利福尼亚州	1999年4月	$10.41	$12.01	Y	Y	N	N	生活工资与区域生活费用调整关联上升。仅覆盖某些签约服务
麦迪逊，威斯康星州	1999年3月	N/A	$11.66	Y	Y	Y	N	生活工资水平被设定为四口之家的联邦贫困水平的110%
戴恩县，威斯康星州	1999年3月	N/A	$10.61	Y	Y	Y	N	生活工资水平被设定为四口之家的联邦贫困水平的100%

市政当局或机构	制度实施日期	生活工资		覆盖范围				备注
		w/型健康保险	w/o型健康保险	当地政府雇员	公共合同	经济发展财政援助	全市最低工资	
哈德逊县，新泽西州	1999年1月，2005年10月修订	$8.25	N/A	N	Y	N	N	仅覆盖每周工作至少20小时的安全、食品服务和清洁卫生岗位的雇员。生活工资最低联邦工资标准的150%。2005年10月，该法令进行了修订，以按照行政命令指定所需健康保险覆盖的类型
圣何塞，加利福尼亚州	1998年11月	$12.94	$14.19	N	Y	Y	N	仅覆盖某些签约服务
底特律，密歇根州	1998年11月	$11.03	$13.78	N	Y	Y	N	生活工资水平被设定为四口之家的联邦贫困水平的100%（w/型健康保险）或125%（w/o型健康保险）
摩特诺玛县，俄勒冈州	1998年10月	**	$11.72	N	Y	N	N	生活工资水平与CPI关联上升。仅覆盖安全、食品服务和清洁卫生岗位的雇员。强制雇主工资水平是指每小时支付给员工的工资和福利待遇的价值
帕萨迪纳，加利福尼亚州	1998年9月，2008年7月修订	$10.14	$11.88	Y	Y	N	N	2008年7月，法律进行了了修订，允许集体谈判协议的各方免予对生活工资法律的申请。生活工资水平与CPI关联上升

续表

市政当局或机构	制度实施日期	生活工资		覆盖范围				备注
		w/型健康保险	w/o型健康保险	当地政府雇员	公共合同	经济发展财政援助	全市最低工资	
库克县，伊利诺伊州	1998年9月	$10.57	$13.21	N	Y	N	N	
芝加哥，伊利诺伊州	1998年7月	N/A	$10.33	N	Y	N	N	生活工资水平被设定为四口之家的联邦贫困水平的100%
圣安东尼奥，得克萨斯州	1998年7月	N/A	$10.60	N	N	Y	N	对于涉及耐用品和非耐用品服务的行业，所覆盖的雇主必须至少支付70%的员工更高的工资
奥克兰，加利福尼亚州	1998年3月	$11.15	$12.82	N	Y	Y	N	生活工资水平与CPI关联上升
达勒姆，北卡罗来纳州	1998年1月	N/A	$11.40	Y	Y	N	N	生活工资水平被设定为联邦贫困水平的105%
西好莱坞，加利福尼亚州	1997年10月	$9.38	$10.74	N	Y	Y	N	
波士顿，马萨诸塞州	1997年9月，1998年9月修订，2001年10月扩充	N/A	$13.02	N	Y	N	N	生活工资水平被设定为四口之家的联邦贫困水平的100%以及州最低工资水平的110%的较高值
德卢斯，明尼苏达州	1997年7月	$8.64	$9.63	N	N	Y	N	所覆盖的雇员必须支付至少90%的雇员的生活工资

续表

| 市政当局或机构 | 制度实施日期 | 生活工资 | | 当地政府雇员 | 公共合同 | 经济发展财政援助 | 全市最低工资 | 备注 |
		w/型健康保险	w/o型健康保险					
密尔沃基县，威斯康星州	1997年5月	$7.88	N/A	Y	Y	N	N	生活工资水平与县雇员资水平上升。仅覆盖清洁卫生、安全和停车场服务员岗位的雇员
纽黑文，康涅狄格州	1997年4月，2011年6月修订	N/A	$14.67	N	Y	N	N	生活工资水平被设定为四口之家的联邦贫困水平的120%
洛杉矶市，加利福尼亚州世纪走廊酒店区	2006年					Y		位于世纪走廊区 LAX 机场附近，从城市的投资中受益的机场酒店。根据本伴随随法律，由城市的生活工资覆盖
洛杉矶市，加利福尼亚州社区重建局	2003年	$10.30	$11.55	Y	Y	Y		在洛杉矶机的加州重建局是洛杉矶机构的经济发展中获益机构的。从机构的财政援助中获益的企业都被覆盖。诸如酒店等受益者也被覆盖。只要项目涉及盛大道重建那样，所有就像承租拥有的土地，所有承租人均被覆盖

132

市政当局或机构	制度实施日期	生活工资		覆盖范围				备注
		w/型健康保险	w/o型健康保险	当地政府雇员	公共合同	经济发展财政援助	全市最低工资	
洛杉矶市，加利福尼亚州	1997年5月，1999年1月修订	$10.30	$11.55/$14.80 **	Y	Y	Y	N	$14.80仅适用于洛杉矶机场机场雇员。1999年1月，该法律进行了修订，以增加租人和被许可人也承租人和被许可人根据支付给城市雇员退休系统成员的收益变化进行调整
明尼阿波利斯，明尼苏达州	1997年3月	$11.66	$13.78	N	Y	Y	N	生活工资水平被设定为四口之家的联邦贫困水平的110%（w/型健康保险）或130%（w/o型健康保险）
圣保罗，明尼苏达州	1997年1月	$11.66	$13.78	Y	Y	Y	N	生活工资水平被设定为四口之家的联邦贫困水平的110%（w/型健康保险）或130%（w/o型健康保险）
纽约市，纽约州	1996年9月	**	**	Y	Y	N	N	根据生活工资计划审计官的概括，某些被覆盖的雇员有权获得各种现行工资率
泽西市，新泽西州	1996年6月	$10.50	$13.60	N	Y	N	N	仅覆盖牧师、安全、食品服务和清洁卫生岗位的雇员

续表

市政当局或机构	制度实施日期	生活工资		覆盖范围				备注
		w/型健康保险	w/o型健康保险	当地政府雇员	公共合同	经济发展财政援助	全市最低工资	
波特兰，俄勒冈州	1996年6月，1998年7月修订	$9.50	$11.26	N	Y	N	N	该项法律在1998年进行了修订，以提高所覆盖雇员的工资水平并要求提供健康保险
密尔沃基，威斯康星州	1995年11月	$8.80	$10.56	N	Y	N	N	生活工资水平每年根据三口之家的贫困水平进行调整
圣克拉拉县，加利福尼亚州	1995年10月	$10.00	N/A	N	N	Y	N	减税接受者必须为水久雇员提供健康保险或合适的替代品
巴尔的摩，马里兰州	1994年12月，2005年7月修订	N/A	$10.59	N	Y	N	N	
华盛顿特区	1992年	N/A	$8.25	N/A	N/A	N/A	Y	工资被设定为高于联邦最低工资$1.00。2005年将生活工资改为工资最低$7.00或高于联邦最低工资$1.00。也可参考2006年1月通过的生活工资法律

注：N：否；Y：是；N/A：缺失；*：未更新；**：参考备注；CPI：消费者价格指数。
资料来源：ACORN生活工资资料中心、相关政府网站。

附2
英国2016年全国最低生活工资的影响分析

简介

2.1 2016 年 4 月 1 日发布的全国最低生活工资（NLW）简介，使劳动力市场开始受到重大干预。25 岁及以上年龄的工人的最低时薪为 7.20 英镑，隔夜涨幅达 7.5%，最低工资率的年增长达 10.8%——均是史上最大涨幅，同期同一年龄段的平均收入增长为 3.1%，且通货膨胀率较低。由此带来的一部分结果是，最低工资率目前同时达到实际值和相对值的最高水平。

2.2 符合最低工资率标准的工人数量也较大。2016 年 4 月，25 岁及以上年龄的全国最低生活工资劳动力人数达到 160 万，占全部劳动力人口的 6.7%，而 1999 年开始实施全国最低生活工资时，22 岁及以上的劳动力人数仅为 75 万，占比为 3.4%。展望未来，由于"持续的经济增长"，全国最低生活工资有望在 2020 年上升至占平均收入的 60%。届时，它将成为世界上相对较高的最低工资标准，可以覆盖近 300 万工人，其中 25 岁以上年龄的工人占 12.4%。

2.3 本章将介绍我们对薪酬水平、就业和竞争力影响的初步评估，包括对 2020 年全国最低生活工资水平的最新影响预测。我们的信息来源多种多样——包括在英国的访问计划、通过书面和口头咨询收集的证据、对劳动力市场和薪资数据的内部分析以及委托研究项目。

2.4 由于仅仅在实施 7.2 英镑最低时薪后的六个月就对全国最低生活工资进行影响分析，所以这些不可避免地只是初步的结果。2016 年 4 月 1 日以后的可用数据比较有限。虽然现有的信息可以帮助我们泛泛地了解早期的影响——特别是使用定性证据后，但它存在很大的局限性。例如，利益相关者提供的关于雇主所面临的挑战的证据，并不一定能证明整个行业或整个经济层面上就业或竞争力受到的影响。相反，现有数据无法体现总体影响，这并不意味着我们就可以忽视它们，特别是在对未来增长率做出预期的时候。随着越来越多的证据可用，我们将继续监测和报告全国最低生活工资的影响。

2.5 本分析研究全国最低生活工资对收入和薪酬的影响，以确定它是否（如预期地）确实使工资增加，以及通过何种方式令谁受益，包括可能的不合规率。然后，尽管硬数据有限，但我们会研究关于全国最低生活工资是否影响就业或工作时长的早期证据。第三个要关注的重点是对竞争力的影响——包括利润、价格、投资和破产，但这个领域可用的数据比就业影响的要少得多。

2.6 我们首先研究的证据来自利益相关方、企业调查和关于全国最低生活工资实施后的初步反应的委托研究——这些证据涵盖影响的规模、受影响最大的行业、企业的反应和对未来增长的看法。

利益相关方的观点和关于最低工资率的调查证据

2.7 根据我们的 2016 年春季报告，大多数企业和员工都将涨薪视为重要目标，但他们可以分为以下几类：全国最低生活工资的支持者（觉得可以负担得起这一工资的人）、对最低工资率有所担忧的组织以及对 2020 年全国最低生活工资将占平均时薪 60% 感到担忧的人。

2.8 一个关键的不确定因素是各公司如何适应升高的劳动力成本。证据表明它们都采取了一系列可能的方法，包括：通过工作重组、培训或技术投资来提高生产率；减少工作时长或裁员（或不再增加工作机会）；压缩薪级和挤压工资差；降低奖金或更广泛奖励待遇；减少利润；提高价格；增加外包；加大利用青年工人的最低工资率，包括新的 21～24 岁年龄段。

2.9 对短期影响感到担忧的主要行业包括：社会保障供应商——他们警告称，如果全国最低生活工资的资金不足，会产生"严重的灾难性风险"；便利店；一般的小公司；某些食品制造商；园艺等劳动密集型行业（例如，纺织行业）。更多的群体则担心长期的影响，包括大型零售商、酒吧和餐馆——但他们对全国最低生活工资的风险程度有不同的看法。某些群体认为这意味着要调整薪酬制度，其他则认为会带来重大结构变化。一些新的行业也开始受到影响，包括地方政府和呼叫中心。

2.10　大多数受访者尚未确定如何适应 2020 年全国最低生活工资的变化，但做出的一些短期的计划中包括：薪酬合并、涨价或降低利润。之前的青年工人最低工资率没有现在这么高的公司报告称，会避免裁员或降低给年轻工人的工资。调查证据表明，许多雇主有意提高生产率，但没有具体说明。

2.11　为了撰写本报告，我们开展了进一步的咨询和访问。主要的变化在于，雇主和雇员代表现在或多或少能够就企业如何对最低工资率做出实际回应提供见解。反过来，我们会设置主题，然后再按行业进行讨论。许多信息与之前的一样，比如受访者可以大致分为三类——全国最低生活工资的支持者、认为最低工资率是一种挑战的人以及对未来的路感到担忧的人。

跨行业观点和研究证据

2.12　CBI 认为，最低工资率是"一项真实的挑战"且"与低收入行业和整体经济中的薪酬增长步伐不一致"。受影响的主要行业包括小零售、保健、食品、纺织和园艺业——"通常都属于劳动密集型、低利润率和价格既定类行业"。在工资上涨时，这些行业能将上升的成本转移到客户和在短期内提高生产率的空间都比较小，因此使得涨薪的挑战变得更加复杂。受影响的公司已经立即采取行动来"注重降低成本"，包括改变奖励计划、采用轮班工资和加班工资制度以及减少工作时间。尽管迄今为止还没有出现大量裁员，但零售商开始减少使用劳动力以降低成本已经成为突出现象。这包括"减少员工的工作时间或减少员工人数"。值得注意还有"投资意图的减弱"。一位小零售商说："2016 年 4 月上涨成本后，我们每年利润减少了三分之一。"

2.13　英国商会（BCC）认为，最低工资率进一步影响了工资等级，因此会直接或间接地提高了工资总额。在 1600 名受访雇主中，三分之一（34%）因此而受到影响。在这些公司中，有三分之一（34%）通过提高价格来应对工资支出的增长，四分之一（25%）减少招聘人数，五分之一

（18%）减少工作时间。虽然生产率可能有所提高，但商会成员认为提高可能也是有限的。

2.14 英国特许人事和发展协会（CIPD）在一份针对1050名雇主的调查报告中称，七分之一的雇主（13%）表示极大地受到了全国最低生活工资的影响，17%表示工资总额受到了一定影响。在称自己至少受到一定影响的雇主中，最常见的回答是：减少利润（36%）；提高效率和生产率（24%）；减少加班费和奖金（14%）。大约12%的受访者选择裁员，10%选择要求员工在基本工时内工作。要指出的是，与在引入全国最低生活工资之前开展的调查（D'Arcy and Whittaker，2016）相比，受访者的回答模式发生了变化——有意提高生产率或效率的公司的比例提高了，而有意减少利润的比例降低了。还要强调的是，受访者的回应随公司规模的不同而不同：大型企业更有可能报告称工资总额受到影响，但中小企业（SME）更有可能接受涨薪而慢慢调整，提高效率的可能性较小。报告认为，"虽然各公司能较好地应对2016年4月的初步涨薪，但许多公司的回应方式将难以持久，比如它们是通过降低利润和成本的方式而不是提高效率"。

2.15 在小企业联合会（FSB）对641名雇主的调查中，51%的小公司表示，全国最低生活工资"在很大程度上"增加了他们的工资总额——涨了19%。在受影响的公司中，五分之三（59%）减少了利润或吸收了成本，三分之一（35%）选择涨价，四分之一（24%）减少了员工的工作时间，而差不多相同比例（23%）的受访者选择减少投资。大约六分之一（16%）减少了招聘人数，差不多相同比例的受访者选择降低其他工人的工资（15%），或减少加班费和红利（14%）。八分之一（13%）试图提高效率或提高生产率。

2.16 相比之下，制造商组织（EEF）报告说，引进全国最低生活工资"并没有给制造商带来太多负担"。地方政府代表也称，最低工资率对各理事会的直接就业人员影响很小。在美发行业，全国理发师联合会（NHF）认为，许多雇主没有受到7.20英镑工资率的影响，因为25岁以上造型师的收入已经能达到这一标准，而25岁以下的收入往往更接近于青年工人的最低工资率。英国零售协会（BRC）表示，零售商们认识到本行业内低收入很常见且发展较快，所以对全国最低生活工资和全国最低工资的设定都表示欢迎，但也表示这会带来"相当可观"的成本。

　　2.17　员工代表对全国最低生活工资的影响持非常积极的态度，但是——与 2016 年春季报告一样——他们称这不是"真正的"最低生活工资，并且怀疑这种收益是否能够弥补福利的减少和税收抵免。他们认为，现在证明全国最低生活工资是可行的，没有明显的负面就业效应。通信工人联合会（CWU）表示，新的工资率旨在帮助工作人员从事低薪工作，如清洁和餐饮，特别是在私营部门和"更实惠"的领域，但是这些领域工资太低了，仍无法改变伦敦工人的境况。该联合会表示，尚未发现任何失业的证据——恰恰相反，低收入行业的就业人数增加了，弱势群体继续在劳动力市场上表现强劲。GMB 认为："我们记得首次实施全国最低工资时大家争论不休，但数以千计的低薪工人因此受益匪浅。"

　　2.18　员工代表的证据中的一个重点是关于薪酬合并的高调辩论，有些雇主通过以下方式给全国最低生活工资提供一部分资金：降低奖金；减少加班或加班费用；降低周日和公共假期工资率；或减少年假、病假和养老金福利等条款和条件。一些工会报告说，通过薪资合并来回应保底工资上涨的组织较少，而且过去也曾有过这种做法，因此不算新奇。将奖励纳入基薪一直是零售等行业的长期做法，这样往往有助于改善整个员工的境况。他们关心的不是这个更广泛的趋势本身，而是担心某些企业会将全国最低生活工资作为降低机会成本的借口。

案例研究：食品制造商和零售商

　　一位食品制造商和零售商告诉我们，全国最低生活工资是一种挑战，但是总体而言还是对它持欢迎的态度，因为它可以刺激业务的改善。劳动力成本约占总成本的 40%，而利润率较紧张的行业容易受到不可预知的工资增长影响。但该零售商表示有信心应对，因为竞争对手也同样承担这一新的工资率。

　　该公司一直渴望支付高于最低水平的工资，这次改变让它再次发现增效机会。该公司长期面临着制造业人员与零售人员之间存在薪酬差距的挑战，最低工资率的实施让它有理由提高后者的薪酬。

> 首先通过下调年薪来支持发放最低工资率，高薪工人的涨薪幅度较小：底层员工至少占5%；高层占2.8%。给员工支付的最低工资以上的溢价较上年减少。这有助于减少工资上的性别差异。
>
> 还有效率问题。该公司发现了增加其制造部门产量的重大机会，而其零售业务固定成本高，若缩减可能会损害客户体验。
>
> 该公司曾试图避免涨价，但未来不排除会这样做：公司的生存力取决于其竞争对手的行动。但是，它已经取消对21~24岁员工的薪酬差，因为它认为这是不合理的。

2.19 通信工人联合会称，受影响最大的公司并没有做出抵消薪酬和条件的变化。但是，有出现雇主通过减少条款和条件来"抵消或潜在地从全国最低生活工资中获利"的例子，包括降低加班费率、年假、病假工资和养老金福利，以及鼓励更多的"虚假的自雇"。GMB也发现了同样的带薪休假、加班和员工免费食物减少的趋势。值得强调的是有的公司还取消了员工的薪金牺牲安排，原本根据这些安排，捐款将使工人的薪金低至全国最低生活工资的水平（许多雇主代表——包括EEF、食品饮料联合会（FDF）和特许工薪专业学会（CIPP）等——警告称，由于全国最低生活工资的实施，有的公司减少了基于工资牺牲的福利。

2.20 TUC的调查数据强调，2001年最低工资大幅上涨后，10%的雇主减少了福利，6%的雇主减少了加班时间，所以薪资合并并不新鲜。商店、分销商和同业工人联盟（Usdaw）指出，新闻界批评零售商降低奖金，但其实它们在全国最低生活工资宣布之前就开始制订这类计划。除了部分减薪外，这些雇主大幅增加了25岁以下工人的基本时薪，并通过"保护伞式扶助金"来保障奖金总额。在绝大多数情况下，工人的境况已经有所好转。

2.21 除利益相关者调查的证据外，我们还委托开展两个研究项目，研究低收入行业企业受到的影响规模及其在全国最低生活工资实施后做出的反应。

2.22 D'Arcy和Whittaker（2016）对低收入行业内的800名雇主进行了电话调查并分析了调查数据，这些行业包括：批发和零售、住宿和餐饮服务、清洁和景观美化、食品制造和加工。与利益相关方报告的影响规模相似，47% 的雇主因全国最低生活工资的实施而提高了工资总额（19% 的雇主的工资支出大大提高，28% 略微提高）。但是，与利益相关方的证据相反，反映自己的工资总额超过大中型组织的小企业较少。

2.23　约有 30% 的受影响的公司报告说，为了响应全国最低生活工资，他们有的"大幅"涨价，有的"在相当程度上"涨价——清洁行业中 61% 的受影响企业称它们涨价了。一些受影响的公司称做出了就业变化，其中 27% 的公司减少员工人数或使用不同类型的员工。这其中又有 27% 的公司表示它们"员工人数大大减少"，43% 是"适量减少"，30% 是"轻微减少"。在这些公司中，最受欢迎的人员调整做法是减少雇用人数、减少工时以及更多地使用散工或零工时合同工，但裁员是非常罕见的。

2.24　各公司的应对方式还包括改变薪酬和福利（占受影响公司的 28%）。在这些公司中，最常见的变化包括：降低工资高于全国最低生活工资的员工的工资涨幅，而改变公共假日薪酬、加班费、周日薪酬、带薪休假和养老金缴款的做法较少。

2.25　在所有接受调查的公司中，45% 寻求提高生产率。报告称全国最低生活工资使它们的工资支出增加的公司增长到占三分之二——这表明全国最低生活工资可能是一种刺激。最常见的行动是投资培训以提高员工技能、加大使用技术熟练的员工以及要求员工做更多的工作。

2.26　收入数据研究公司（2016 年）也对企业进行了一项调查——调查的对象是多个低收入行业的 119 名雇主，其中许多是大型雇主。大多数公司在实施全国最低生活工资方面都没有困难。但是，稍高于三分之一的受访者（35%）认为，全国最低生活工资实施起来有困难或非常困难——尤其是保育行业。实施全国最低生活工资后的工资支出平均增长率为 6%。

2.27　与其他来源一样，对竞争力和薪酬的影响也有不同的反应。一半的受访者预计会对利润产生影响，这种反应在儿童保育和酒店行业更为常见。大多数受访者也在寻求提高生产率——尽管有 65% 的受访者仅表示他们将会采取此类措施——其他受访者认为全国最低生活工资是推动或密切相关的一个因素。与 D'Arcy 和 Whittaker（2016 年）的结论一样，33% 的受访者认为全国最低生活工资的实施可能会造成价格上涨。这种反应在儿童保育（78%）和酒店业（60%）更为常见，但零售业（20%）则低得多。

2.28 在薪酬方面，相比于改变分级结构和减少非正常工作时间的奖金，改变工时是更常见的做法。在本研究中，一家非食品零售商的例子十分突出。它雇用了22000多名员工，后来将薪酬差距较小的22个工资等级转变为差距较大的3个等级。还有一家雇用90000名员工的大型零售商，也缩小了全国最低生活工资水平的员工与更高薪酬的员工之间的差距：薪酬最低的员工工资增加了8.5%，而上级主管则增加了2.2%。零售商也取消了新入职员工的星期日奖金、公共假期奖金和加班费——但薪资合并是一个较长期的趋势。三分之一的受访者认为，在引入全国最低生活工资后，其员工队伍的年龄结构将会改变，但其他利益相关方通常将其认定为是一种不受欢迎的变化。

英格兰银行代理商的证据

在向委员会提供的口头证据中，根据其与英国各个行业和不同规模的雇主的定期讨论，英格兰银行的一个代理商分享了关于全国最低生活工资实施后的影响和劳动力市场普遍趋势的见解。

·平均而言，雇主认为劳动力成本适度增长。全国最低生活工资对总体劳动力成本增长的影响不大，但对那些低薪员工比例较高的雇主来说，影响较大。

·全国最低生活工资最常被认为是提高服务业劳动力成本的因素，特别是消费者服务公司。少数制造业企业也称感受到了全国最低生活工资带来的上涨压力。

·为减轻全国最低生活工资对利润的影响而采取的措施各有不同。例如，一些雇主正在审查工资差额、奖金和佣金，以限制其对总劳动力成本的潜在影响。有人认为，今后几年里进一步调整的余地不多。但在某些情况下，全国最低生活工资已经扩展到25岁以下年龄的员工——法律并没有要求提高他们的工资率。

·在2016年年初的代理人调查中，人事费用被认为是招聘计划的重要因素。一些涉及人事费用的受访者也提到了全国最低生活工资的影响，其中主要是消费者服务行业和制造业的受访者。

首当其冲的行业

2.29　对最低工资率的最关键的回应，来自于在 2016 年春季报告中表达过担忧的行业，包括小零售业、园艺业和社会保健业。

2.30　便利店协会（ACS）表示，7.20 英镑的涨幅对本行业产生了重大影响。在一项涉及超过 5000 家商店的 97 名雇主的调查中，2016 年 4 月以来的受访者做出三种明确回应：带薪工时减少（74%）、就业人员减少（67%）、雇主增加自己在公司的工作时间（65%）。五分之二的公司（43%）表示它们推迟了投资决策或扩张计划——尽管 ACS 也表示该行业的投资依然强劲。相似比例的受访者（44%）表示他们正在减少员工福利，例如非工作时间的加薪费、加班费和折扣。出现了单独工作的趋势。约三分之一的受影响企业通过商品涨价做出回应。全国零售报业联合会（NFRN）反映其他小零售企业也是类似景象。全国最低生活工资提高与病假工资、退休金成本成为三大压力，这意味着员工的就业和工作时间减少，而零售雇主本人的工作时间延长。CBI 警告称，便利店等小型商店将"缩短营业时间或完全关闭"。

案例研究：北爱尔兰连锁便利店

三家店铺的业主——两家 SPAR 和一家 EUROSPAR 告诉我们，全国最低生活工资对他的业务产生了不利影响，并且预计这种影响将持续恶化到 2020 年。这三家店铺在北爱尔兰共有 160 名员工，其中大部分为兼职。

按全国最低生活工资为 7.20 英镑时的总成本是 41500 英镑，但是最低工资上升到 9 英镑后的成本大约为 200000 英镑。

全国最低生活工资还影响了他们的增长计划。该公司正计划收购另一家商店，并翻新现有的商店，加装收银抽屉和冰柜。但是，翻新费用为 65000 英镑，所以推迟了。

该公司正在寻求其他提高效率的方法，例如 LED 照明和将所有商店分类到一个保险单上，但能节约的成本微乎其微。在减少工作人员的重

复工作方面已经节省了一些费用，例如每次轮班的监督人员从三人改为两人，并聘用 25 岁以下年龄的工人和发放该年龄段的工资率。

他们认为价格上涨不是一种选择，因为是由供应商来定价的。

2.31 相比之下，员工代表对有关这些压力的争论持更加怀疑的态度。他们指出，随着消费需求的变化，便利店的店铺数量将继续保持强劲增长。无论如何，全国最低生活工资只是推动食品零售结构变化的几个更广泛的因素之一，其他因素包括互联网的兴起、折扣店的出现和价格竞争。

2.32 除了便利店行业，园艺界的代表也强调了引进全国最低生活工资的影响。在其后续的证据中，全国农民联合会（NFU）和个别农场的多次反映都称，引进全国最低生活工资确实对其造成了不利影响——影响了工资、就业和竞争力。在对 451 个 NFU 成员的调查中，近一半（47%）的园艺企业称利润受到影响，三分之一（32%）称投资决策受到影响，七分之一（14%）称生产水平受到影响，五分之一（17%）称人员有所减少。由于需要确保工资差异，因此直接工资成本增加了。

2.33 在个别农场提交的资料中，受访者提到薪酬影响。例如，怀河畔罗斯的一家园艺企业表示，它已经减少了工资差，并不再提供免费巴士旅行这一额外待遇。一名耕地农民表示，全国最低生活工资已经使其加班奖金从半倍缩小到四分之一，并减少了附加福利——包括支付市政税和水费。农民们也列举了就业方面的影响。一家英国的软果种植者说，最低工资率使劳动力成本增加了 170 万英镑，未来可能的进一步增长将迫使其停止再聘用英国的劳动力（它还被迫退出一些产品市场，并将部分生产转移到南欧）。东安格利亚的一家软果种植者表示，他们已经限制了员工的工作时间。就业影响往往与竞争力方面更广泛的后果有关，多位受访者均突出强调其盈利能力下降。一家草莓公司表示，因为全国最低生活工资的原因其投资决策已经被搁置——不仅是因为它的实施，而且也考虑到其未来还会增加的前景。另一家农场表示，鉴于全国最低生活工资的实施，该公司审查了自己的业务，并因劳动力成本增加而停止种植甘蔗。

> **案例研究：赫里福德郡的农场**
>
> 赫里福德郡的一家农场雇用了 22 名长期工人和 1000 名季节性工人。据其称，全国最低生活工资已经影响了技术人员和监管人员之间的薪酬差异。70%的生产成本用于劳动力，所以该企业对工资率的变化很敏感。
>
> 2015 年的差额为 11%，但 2015 年 10 月以来，符合全国最低生活工资的工人的劳动力成本上涨了 9%，一旦社会保险缴款、假期工资和养老金缴款都增加，这意味着最大工资差异将不得不减少到 5.5%。
>
> 它还对岗位进行了审查，并降低了某工资级。此外还减少了一些福利，比如可以向员工提供的免费巴士旅行次数。

2.34　社会保健是第三个突出强调最低工资率在春季实施后带来的挑战的行业，该行业在之前的 LPC 分析中也常常提出这一问题。在为本报告提交的材料中，英国行业代表原则上支持全国最低生活工资，但担心自己是否能够负担。他们强调了对薪酬、质量和可持续发展的影响——尽管跟其他有关行业相比他们对就业影响的关注较少。

2.35　首先考虑薪酬问题。英国家庭护理协会（UKHCA）认为全国最低生活工资不足以负担最低的薪酬水平，使得供应商难以奖励更多有经验的员工，这会加剧现有的人才保留问题和进一步造成人才流失。提高薪酬水平意味着薪酬较高的员工工资增长较慢。普茨茅斯的一家社会保健慈善机构 YOU Trust 认为，提高最低工资削弱了工资差距，让招聘难上加难：护理人员以前的工资高于最低工资，但现在他们是垫底。

2.36　根据英国成年社会保健提供者的薪资数据，Gardiner（2016）没有发现证据表明为了抵消全国最低生活工资而减少员工工时。社会保障提供者压倒性地将福利向 25 岁以下的员工倾斜，产生了分配溢出效应。相比于只满足全国最低生活工资的要求，他们在涨薪上的投资多出两倍多。但是，分析还发现了薪酬聚集现象，有三分之一的劳动力处于 7.20 英镑水平，高于之前的全国最低成人工资率的五分之一。研究没有涉及就业水平或违规问题，也不考虑停业或取消合同的组织。

2.37　Giupponi、Lindner、Manning 和 Machin（2016）对英国的疗养院

进行了一项调查，研究全国最低生活工资实施后对工资、就业、价格和生产率的影响（这项研究是对之前关于全国最低工资影响的研究的有效延续）。研究发现一个积极的现象：在 2016 年 4 月之前，超过五分之二的疗养院认为，全国最低生活工资水平的设定是正确的（43%），差不多比例的受访者（38%）则认为设得太高。但是，4 月之后，只有五分之一（21%）认为该工资水平太高，而近乎相同比例的受访者（22%）表示该工资水平太低。研究发现，全国最低生活工资率的实施提高了许多护理员的薪酬——低于 7.20 英镑的百分比从 59% 降低到 4%——而在全国最低生活工资实施后，护理员每小时和每周的收入大幅增加。25 岁以下的许多护理员也从全国最低生活工资中获益，4 月后只有四分之一的人的工资水平低于 7.20 英镑。

2.38 尽管加薪幅度很大，但是这对护理员以及 25 岁以下年龄的人员的就业没有太大影响。对价格或生产率（以居民为员工测量，因此无法保证质量）也没有产生重大影响。但研究指出，就业、生产率或价格的调整范围受到最低人员配置规定和地方当局服务委托的限制。值得指出的是，这些发现是基于数据收集的早期阶段，随着研究的完成，这些调查结果将得到补充。

2.39 研究调查了在全国最低生活工资调查前后是否有组织停业。但结果发现，在下一次调查之前，前次调查中只有很少一部分组织倒闭。此外，在 2016 年 4 月之前，这些公司内低于全国最低生活工资水平的工人比例很低，这表明可能是其他原因导致其关闭。

案例研究：绍森德的社会保健行业

在 2016 年春季报告中，我们描述了全国最低生活工资对滨海绍森德社会保健行业的预期影响。供应商担心资金不足以应付不断上涨的成本。三家公司已经取消与地方当局签订的合同，因为，它们在财务上负担不了，而其他公司也正在考虑做出同样的选择。

其中一家家庭护理服务供应商再次接受我们的调查，称在引入全国最低生活工资之后，按照市政税的规定市政合同最后一年的时薪率提高了 9%。这有助于护理提供者应对全国最低生活工资。但是，财政压力仍然存在。

　　　　过去四年中，工资成本（总工资加上假期工资、国民保险和增加的养老金缴款）占总营业额的比例有所增加，现达到92.5%，而2011～2012年时只占88%。该公司力图减少其日常开支，以应付这一变化。

　　　　尽管护理人员的时薪增加了，但该公司正在努力招聘新员工。以前，它通过提供高于最低工资的费率去吸引员工，现在它能支付的只是保底工资。为了吸引和留住员工，该公司注重发放其他福利，包括联络津贴和增加非工作时间。议会已经推出了一项招聘支持举措来帮助企业改善这一情况。

　　　　展望未来，减少劳动力使用的空间很小，因为现在的用人已经接近最低水平了。相反，它正在探索进军更复杂的私人护理领域，延长出诊时间，但缩短旅行时间。该公司将很快决定是否参与投标新的合约和其他市政合同，但是，担心高时薪率会让企业捉襟见肘。在这种情况下，它们的服务很可能被一个服务质量较低的大型运营商所接收，或者随着各公司纷纷停业，该行业将会缩减。

　　2.40　其他证据则指向竞争力和可持续性受到的更广泛的影响。成人社会服务主管协会（ADASS）的预算调查报告显示，英国有93%的理事会使用完整的2%的市政税规则（尽管其中40%并未将基本的市政税提高到允许的全额）。英国85%的成人社会服务主管认为，社会保健将能获得通过该规则筹集的资金，这表明地方当局通过实施该规则来提高收费。但是，有代表机构坚持认为，时薪仍然太低，且没有得到系统地调整。UKHCA认为"地方当局普遍未能认识到社会保健服务提供者的人员成本在日益增加"。它警告说，在兰开夏郡、达勒姆和约克郡的社会保健提供者（报告称）受到极大的胁迫，因为在地方当局减少对护理服务资助的同时他们还得承受全国最低生活工资的影响。这似乎不是对利润下降甚至盈利能力下降的担忧，而是对保健服务的一种真正威胁。Care England也对全国最低生活工资与资金不足给家庭保健市场带来的双重风险发出警告。GMB亦强调，虽然它乐见最低工资的提高，但缺乏资金"可能会将社会保健行业推向暴风边缘"。

　　2.41　其他证据也肯定了市场可持续性方面的风险，但原因有多种。护理质量委员会在其《护理状况》报告中警告说，过去五年来，英国81%的地方当局减少了在老年人社会护理方面的实际支出。由于人事费平均占疗养院总成本的 60% 左右、占家庭护理费的 80% 左右，CQC 警告说，"在全国最低生活工资的影响下，成本挑战将……更加难以应对"。

2.42 要强调的是，地方当局资助的供应商面临严重的财务困难，现在开始影响服务的供应。自 2015 年 4 月以来，全国疗养院的床位增长停滞不前，养老院的数量从 4698 家下降到 4623 家，降低了 1.6%。根据 ADASS 的数据，截至 2016 年 5 月的六个月内，有 32 家议会已经退还了住院或护理合同，受影响居民约达 700 名。此外，59 家议会已退回家庭护理合同，受影响人数达 3700 人。一家大型家庭护理服务提供商 Mears 被援引称，"之所以退回合同，是因为通过简单计算我们发现，按议会支付的收费率水平，提供商将不符合护理服务提供者的全国最低生活工资要求，或无法提供用户所需的服务"。

2.43 虽然我们收集到的关于苏格兰、威尔士和北爱尔兰的社会保健方面的具体证据不多，但在访问中我们了解到，家庭护理提供商和住院护理提供商也面临着和英国类似的问题。但是，苏格兰政府承诺支付自愿的生活工资，其中包括苏格兰的所有护理人员。它再次拨出额外的 2.5 亿英镑给卫生和社会保健合作伙伴，使该领域的雇主能够履行其承诺，从而惠及约 40000 名工人。威尔士政府称，虽然它对低收入人士的工资上涨表示欢迎，但全国最低生活工资是"影响社会保健的多个经济压力之一，给行业的稳定带来压力和不确定性"。它表示，如果不能提供支持让供应商给员工支付更高的工资，那么将可能导致消费者的价格上涨、裁员或对服务质量有影响。我们必须向英国政府申请获得资金支持。

其他行业

2.44 EEF 报告说，大多数制造商没有受到全国最低生活工资的直接影响，且可以维持更高的工资水平。最低工资率主要体现在该行业的商品部分和食品制造业的部分领域。食物饮料联合会（FDF）提供了更详细的证据表明最低工资率可以得到广泛控制，但也强调了薪酬方面的具体挑战。全国最低生活工资主要影响小公司，造成技术熟练工人和非熟练工人之间的工资差距正在缩小。大公司则不得不让一些人退出薪金牺牲计划。它要求将轮班薪酬列入最低工资计算中。

2.45　在美发行业，NHF 认为许多公司没有受到最低工资率的影响。但是，500 名受访者中有 39% 称没有任何影响，53% 表示利润下降，13% 表示工时减少，12% 表示雇员人数减少，而 9% 表示价格上涨。在敦提调查时，委员会会见了一名沙龙店主，他是通过涨价来应付最低工资率。他担心的是非正规美发行业的增长和不受最低工资限制的竞争对手——特别是那些个体经营者、移动理发师和收现钱的经营者。我们在切尔滕纳姆遇见的一位沙龙老板则显得更放松：全国最低生活工资可能会影响培训的提供，但是他所在市场的价格更高。

2.46　英国时装纺织协会（UKFT）表示，由于全国最低生活工资的实施，"取消带薪休假、取消或减少出勤奖金、削减加班费……和降低雇主养老金缴款……的例子很多"。UKFT 称，就业人数已经下降了 10%，而且招聘已经"完全停止"。为了维持工资差，竞争力受到了影响，而且造成了"一定程度的裁员"。

2.47　在零售和酒店这两大的低收入行业，大多数受访者认为，最低工资率一般都是可控的，但它也导致了薪酬和就业方面发生一些变化。

案例研究：坎布里亚郡的酒店休闲公司

全国最低生活工资已经影响了坎布里亚郡商会的会员，包括一家酒店休闲公司。该公司有两个经营点，其薪酬结构受到了影响。以前，21 岁以上年龄的工作人员的工资水平最低为 6.90 英镑，现在 25 岁以上年龄的工作人员的最低工资增加到 7.20 英镑。尽管许多高层员工的工资超出了全国最低生活工资，但公司还是将他们的时薪提高了 30 便士。在实施全国最低生活工资之前，主管的时薪是 7.80 英镑，现在要增加到 8.10 英镑才能维持相同的级差。该公司也决定不改变员工福利。

公司通过吸收成本来应付，因为在其市场涨价是现实的。

2.48　根据一项针对 130 万名雇员的零售商调查，BRC 报告说，近一半的受访者（47%）预计在实施全国最低生活工资后将采取行动降低劳动力成本，包括减少差额、提高奖金目标、减少奖金、免除薪金牺牲计划，

以及减少带薪假期、养老金缴款和假期津贴。批发经销商联合会（FWD）的成员也称，就业福利已经减少，薪酬结构也发生了变化。

2.49 一些对年轻员工使用不同工资率的零售商也提供了一些证据——尽管它们已经采用了青年工人的工资率。新闻界报道了很多大公司给低于全国最低生活工资水平的 21～24 岁工人的工资率，包括 Next、Halfords、Mothercare 和 Poundland。在 CIPP 为本委员会组织的一次薪资管理人员圆桌会议上，一家高街零售商告诉我们，他们给试用期内 25 岁以下的新员工支付低于全国最低生活工资水平的工资。另一家高街零售商正在实施自己给 18～20 岁员工的工资率。

2.50 与薪酬变动相反，为了适应全国最低生活工资而涨价似乎不是一种受欢迎的选择，尤其在零售行业里——接受调查的 BRC 成员中约有 11% 会选择涨价，相比而言 BCC 的比例达三分之一。BRC 称，在零售这个极具竞争力的行业，涨价可能会反映出价格通货膨胀的可能性——定价行为存在明显的地域和行业差异。

2.51 酒店行业的反馈也出现了类似多变的情况，雇主们首先强调的是工资支出受到的影响和薪资结构方面的挑战。特许大型零售商协会（ALMR）表示，"大部分（调查对象）称，必须给经验丰富和薪酬较高的员工加薪才能维持住工资差"。一家大型酒店称，它实施了一种"进阶工资制度，因为我们认为技术的进步应该反映在收入中"。它对全国最低生活工资予以广泛支持，但强调了给"入门级技术人员发放奖金"的风险。它说，改革会导致"薪资水平和晋升空间进一步被压缩，因为我们都在试图吸收掉涨薪的幅度和与年龄相关的工资率"。

2.52 受访者认为，相较于零售业，酒店业的公司所做的回应是在较大程度上使用 21～24 岁的工资率。ALMR 表示，21～24 岁的工资率在该行业得到广泛使用，而且通常也是 18～20 岁的标准薪酬水平，"尽管这似乎是过渡之策……因为各公司都在寻求削减成本"。英国啤酒和酒吧协会（BB-PA）认为，许多企业给年轻工人发放足额的全国最低生活工资，但他们往往集中在伦敦和东南部，而较不繁荣地区的企业有时给的工资率较低。

2.53 少数代表则强调就业和工作时间受到的影响。在对 ALMR 的调查中，只有一半以上的受访者（55%）选择缩短工作时间。英国酒店协会

（BHA）说，"对于处于边际利润水平的企业，就业和工作时间不可避免地都会受到影响。威尔士的一些企业的就业人数就下降了 8%"。

2.54　我们还收集到关于竞争力受到影响的证据。BHA 表示，如果市场条件允许，价格会上涨。尽管削减了其他费用，但在许多情况下，利润也下降了。BBPA 举了其成员们努力涨价的例子。"在目前的经济气候下，涨价已经不足以支付额外的人事费用……因此，利润减少是不可避免的。"其他公司则正在采取措施来提高生产率——要么是通过资本投资（比如酒店安装的触屏登记设施），要么是通过重新设计各项服务（比如从提供煮熟的早餐变为提供欧式早餐）。全国最低生活工资并没有直接引发这方面的举措，但起到了加速的作用。鉴于技术变革需要时间，酒店和酒吧行业的早期应对方式更多的是重新设计自己的服务。

2.55　相比之下，该协会认为，酒店行业表现强劲。所引用的数据显示，酒店业排名前 50 的雇主中有 32 位的财务状况较上年有所改善，且整个行业预计将在主要市场上实现增长。

2.56　最后一个强调最低工资率影响的是保育行业。英国国家托儿所协会（NDNA）担心在英国薪资成本增加的同时又碰上空闲时间增多——恐怕会达到挤压利润、降低保育质量和增加家长费用的"临界点"。它报告说，在过去一年中，其成员的工资支出增长了 10%，部分原因在于全国最低生活工资。在每年的调查中，员工工资都是首要关切的。它可以支持涨薪，但担心全国最低生活工资会压平薪酬结构，削弱托儿所对绩效和合格人员进行奖励的酌情权。由于该行业会受到监管，因此供应商几乎没有减少人员配置的余地。该协会举例称某些托儿所已经提高了保育员与儿童比，并且减少了给员工的折扣。

未来轨迹

2.57　展望未来，我们收集的资料与 2016 年春季报告收到的意见一致——相比于目前的最低工资率，更广泛领域内的雇主对 2020 年时的工资负担能力更为担忧。但是，其他行业和员工代表比较乐观，甚至认为它会带来商业利益。和春季报告的结果一样，有很多不确定性，很多雇主还没有做出特别的回应。这些回应几乎全部基于 2016 年春季而对 2020 年全国最低生活工资率做出的预测，因此尽管相对数字不变，但现金数字比最新预测的更高。

2.58 CBI突出强调"与成本相关的累计增长的规模和步伐"。它认为，园艺行业"面临着生存的斗争"，而护理行业以及经济复苏脆弱的地区则面临风险。CIPD表示，各公司的"回应方式包括减少利润和成本，这样是难以持久的……随着时间的推移，这些回应可能会有所改变……但可能更多组织会开始减少工作时间和培训投资"。21家行业协会在给我们和政府的一封信中警告说，"劳动密集型企业将受到工资增长的负面影响"。

2.59 有些雇主代表报告说，工资结构和晋升可能会发生变化，工资差会大大压缩，担心会影响对员工的动员和激励。地方政府协会（LGA）认为，到2020年如果工资提高0.8%而不调整工资差，将有11000名员工受到影响。要想保持相对高的奖金，可能需要对薪酬支出进行审查。一家大型酒店也同样担心必须要对自己的奖励方式做出重大变动。

2.60 多个雇主利益相关者认为，到2020年，就业风险将大幅增加。在对BCC的调查中，三分之一受影响企业（约占所有调查公司的10%）报告说，如果2020年全国最低生活工资达到预计的9英镑，它们将减少招聘。有四分之一的受访者则预计会减少工时（25%）。21家行业协会在信中呼吁将2020年的目标设置得更有灵活性。它们警告说，随着时间的推移，"它们的成员将必须根据上涨的工资水平修改增长、投资和就业计划"。ACS警告说，"到2020年，人员配置水平将发生结构性变化"。NFU在报告中认为2020年全国最低生活工资将一路涨到9.02英镑，它警告称到2020年园艺和家禽供应商将变得无利可图。在社会保障行业，UKHCA担心，一旦全国最低生活工资达到约7.80英镑的水平，中小型护理供应商将无法继续维持它们的市场份额。

2.61 相反，员工代表认为，2020年时的工资增长是可负担得起的。UNISON认为，由于经济需求增加，雇主的利益将不会得到充分重视。它表示，工资率的增长应该基于对企业经营盈余的分析，而企业经营盈余已经实现大幅增长。该协会认为，工资的进一步增长将呈"分布式进阶形式，它会改善公共财政，并且有创造就业的潜力"。

2.62 在其调查中，BRC还发现，绝大多数公司认为其全国最低生活工资而制定的未来轨迹是"正确的",但大多数员工不足10000名的公司警告说该工资水平太高,并且存在歇业和裁员的风险。

2.63 D'Arcy 和 Whittaker(2016)还了解低收入行业的雇主计划如何应对2020年全国最低生活工资的增长。只有20%的企业表示它们没有计划采取行动,并认为未来工资增长的影响会比当前的最低工资率更广。计划回应的结果与2016年最低工资率开始实施后相似,超过一半(54%)的公司计划涨价,45%则通过降低利润来吸收上涨的成本。改善生产率也是很受欢迎的一种做法,38%的公司将加大对员工培训的投资,33%的公司将加大技术投资。但是,人员配置的变化也是相对普遍的,32%的公司计划减少员工、减少工时、放缓或减少招聘人数,26%的公司计划雇用更多的25岁以下年龄的员工。

案例研究:埃塞克斯的面包店

在2016年春季报告中,埃塞克斯一家小型家庭面包店的老板告诉我们,全国最低生活工资对他的生意构成了威胁。他拥有三家面包店和一家蛋糕店,雇用了23名工人,其中包括18名店员(除了一名店员,其余全部按最低工资标准发工资)、2名面包师和1名派送司机。面对当地竞争激烈的大型连锁企业以及生产成本昂贵的手工产品,该公司一直处于经济压力之下。

店主预测,由于2015年10月全国最低工资上调和目前实施的全国最低生活工资,劳动力成本将上涨9.2%,而且到2020年每年会再增长7.2%。全国最低生活工资实施后,店主说他现在要关闭自1952年开始营业的一家面包店和一家零售店。这意味着会多出6名员工,包括店内的两名技术面包师之一。

歇业以后,生产会集中在一个场地,可以降低公司的日常开支,但预计人员多余产生的23000英镑成本将破坏其处于平衡状态的其他业务。近年来一直在下降的商品价格近期开始上涨,加剧了公司的压力。

为了缓解这些成本压力,店主估计涨价幅度至少达到3%或6%才能维持利润率。店主认为这不是长久之计,并且预计在大约4年内歇业。

2.64 对于一些表示担忧的行业，并没有证据证明行业结构的变化是可能的就业损失而不是净失业。例如，尽管许多调查对象表示他们希望减少就业机会甚至可能停业，但 ACS 报告说，未来五年该行业预计每年将增长3.5%——尽管这还是慢于之前的增长速度。

2.65 雇主在警告竞争力和就业风险时一直提及的一个内容是，一些低收入行业将失去中间层，直接分为"高劳动力使用"的豪华服务层和低劳动力使用的"预算"层两个极端，自动化和自助服务将增多。例如，一些酒店经营者认为，三星级酒店将会惨淡经营，只有高端精品酒店和用人最少的经济型酒店会幸存，而餐厅或酒吧将面临歇业。磁卡进出技术将得到应用。

2.66 与此相关的一个主题是公司规模的两极分化。例如，在便利零售行业，各公司认为该行业可能会分拆为更大的连锁商店和延长家庭成员工时的小型独立零售商。社会保健和幼儿保育行业的代表警告说，由一系列原因引发的成本上升意味着某些个人托儿所和疗养院将无法再维持当前的规模。该行业可能需要更大的供应商来接收。

2.67 能成功应对的公司会提高生产率。CBI 援引了一家零售商的话称："我们不想通过裁员来应付全国最低生活工资。所以我们正在计划改变我们的运营模式。"它还提到有些公司会通过设置更广泛的目标来扩大岗位职责。员工代表强调，员工参与有助于获得收益。CWU 认为，涨薪会激励员工更努力地工作，会降低员工流动率，会降低聘用和培训新员工的成本，会改善客户服务，会减少纪律问题和旷工。CIPD 强调对技术和重新设计岗位的投资。在 BRC 的调查中，近四分之三的利益缩水的企业强调，它们通过拉高奖金目标来提高生产率。

2.68 有些受访者对提高生产率的范围表示怀疑。例如，苏格兰的酒店经营者说，他们在某些酒店使用触屏登记设施，但客户并不热衷使用。其他则说，虽然在许多情况下可以采用技术解决方案，但技术"还没有到位"——例如软果采摘技术就还不成熟。

全国最低生活工资的利益相关者和调查证据总结

2.69 总体而言，利益相关者提供的关于全国最低生活工资实施影响的证据表明，雇主和工人均产生成本和收益。雇主和工会普遍同意：全国最低生活工资实施后，处于工资底层的工人的薪酬水平明显提高，而最低工资水平以上的工人亦然（涟漪效应）。据报道，在许多行业，全国最低生活工资也使25岁以下的人受益。取消保底工资带来的一项重大挑战是挤压工资差，以及如何保留给员工的激励机制让他们争取承担监督者的角色，从而在职业上步步高升。此外，工作流动性也可能会受到影响，需要密切关注。

2.70　关于对全国最低生活工资做出的广泛早期回应，利益相关者意见一致，雇主和雇员代表都在一系列调查中称，降低利润或提高价格是应对成本增加的最常见做法（但有些行业明显存在例外情况）。FSB、CIPD和BCC的调查均发现了价格和利润方面的变化，且生产率落后，尽管各公司的平衡内容有所不同。三分之一以上的BCC成员和中小企业在调查中表示，应对最低工资率最受欢迎的做法是涨价。但采取这一做法的零售商比例较低，仅11%的BRC成员会这么做。社会保健和儿童保育行业认为，尽管出现了因社会保健税收规定而涨价的一些例子，但该行业的雇主通过涨价而转移成本的范围有限。

2.71　许多利益相关者认为，生产率的提高仍然是全国最低生活工资长期可持续发展的核心，员工代表和一些雇主均指出，岗位设计、人员任务和职责的变化、技术和资本的投资有助于支撑工资成本的增长。CIPD发现，调查中有四分之一的受影响公司提高了自己的生产率和效率。但是，正如我们在2016年春季报告中所述，很少有公司能证明自己实际采用了相关方法或做出了变化。

2.72　利益相关者还在以下领域取得了广泛共识：在某些情况下，工人的收益被薪资合并所抵消。此外，大多数雇主不会根据年龄实施工资差异化——而是往往按照公平与和谐的就业关系，但是少数公司的工资率较低，有些公司会在更大范围内重组青年工人的比率。

2.73　最后一个达成共识的领域是不合规问题，许多利益相关方都谈到了执法方面的挑战，但是几乎没有证据表明全国最低生活工资实施之后短付工资现象有所改变。

2.74　如果这些属于利益相关者意见普遍一致的领域，那么也有一些领域存在分歧或不确定性，包括全国最低生活工资对工作和工时的影响。对于工资支出不受全国最低生活工资率影响的企业，迄今为止它对就业的影响很小。在风险较大的行业，雇主代表称已经出现了减少工时、减缓就业增长和（较少见）裁员的情况，并警告说随着日后工资率的增长这种情况也会越来越多，其中最大的雇主称便利店和贸易行业（比如园艺业）也受到影响。总的来说，根据目前的证据尚不清楚影响的规模如何。调查中记录的是做出这些回应的公司比例，而不是相对于劳动力人数、总工时或之前计划的就业增长而减少的岗位或工时数。虽然这些做法不如其他的那样普遍，但其中有些是有可能产生重大影响的。

全国最低生活工资影响的定量证据

2.75 在收集利益相关者观点和开展委托研究的背景下，本章的第二部分是对全国最低生活工资的定量分析。首先探讨工资率对覆盖率的影响及其相较于平均收入的价值，然后详细考虑它对薪资分配、收入、就业和竞争力的影响。研究表明，最低工资率对于薪酬有重大影响（正如2016年春季报告所预测的），它会使特定群体的员工受益，同时让特定地区和行业的雇主面临重要挑战。对薪酬和就业影响的详细研究支持并在一定程度上精确体现了利益相关方的证据。尤其是研究认为，全国最低生活工资会产生大量溢出效应，同时也挤压工资差——这些结论与利益相关者的观点一致。关于价格影响的少数证据也与利益相关者的证言一致，均表示价格上涨是对最低工资增长做出的反应。

2.76 主要出发点涉及薪酬合并、短付工资和就业影响。关于薪酬影响，根据当前可用数据可发现少量关于轮班奖金或加班时间减少的定量证据，尽管这可能是时间、组成或测量上的问题。但是，与年中的全国最低工资相比（2016年4月与2015年4月比较），我们的分析表明，在全国最低生活工资实施后的年初时间里，短付工资现象增加了。这可能代表着全国最低生活工资不合规，虽然我们不清楚其中有多少要归因于全国最低生活工资的周期变化。

2.77 分析做出的更广泛的结论涉及工时和工作的减少，当前可用数据仅包含最低工资率开始实施后的第一季度，但没有显示全国最低生活工资带来的影响。

整个经济范围内处于最低工资水平的工人

2.78　2016 年 4 月，约有 190 万人获得与其年龄相关（或适用学徒制）或更低的最低工资。他们占整个经济内全部员工的 7.1%。（为了纠正测量误差和涵盖薪酬由最低工资决定的人员的具体工资率，我们的覆盖范围为最低工资率加减五便士）。由附图 2 - 1 可看出，增长非常明显。

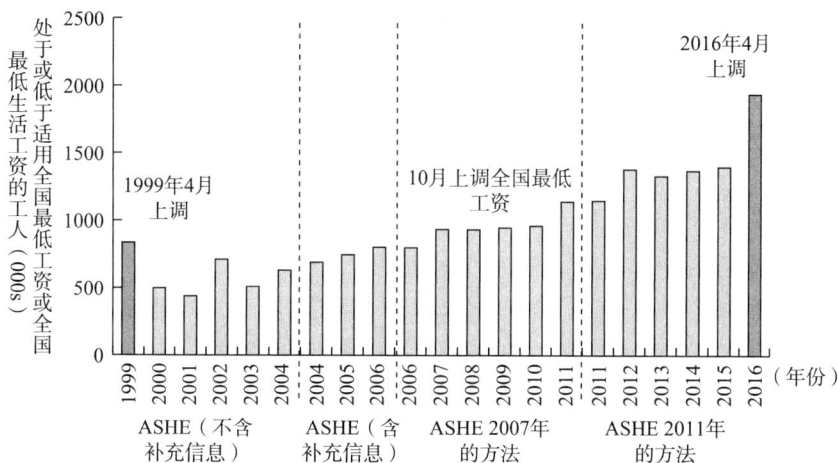

附图 2 - 1　1999 ~ 2016 年英国 16 岁及以上人员最低工资的覆盖范围

注：a. 本数据包含学徒在内，因为在 2013 年之前无法确定学徒数量。

b. 2015 年和 2016 年的数据是在最低工资年度的不同时间获得，所以不能直接比较。

资料来源：LPC 基于 ONS 数据的估算结果：ASHE，不含补充信息，1999 年 4 月 ~ 2004 年 4 月；ASHE 补充信息，2004 年 4 月 ~ 2006 年 4 月；ASHE 2007 年的方法，2006 年 11 月 ~ 2011 年 11 月；ASHE 2011 年的方法，2011 年 4 月 ~ 2016 年 4 月，低薪权重；英国。

1999 年 4 月，处于最低工资水平的工人不足 100 万人（3.4%），随着时间的推移，全国最低工资率逐渐升值，这一比例也逐渐上升。2015 年 10 月开始实施的最低工资水平有所上升，2016 年 4 月开始实施全国最低生活工资，这两者共同使得处于最低工资水平的工人人数增加了三分之一（25 岁及以上工人的覆盖面较广，但 25 岁以下工人及学徒的覆盖率略有下降，二者相互抵消了），但是进行精确比较时要注意，因为部分增长反映了因最低工资日历变化造成的测量时间的变化。

2.79　由附图 2 - 2 可看出，与之前的报告详细列出的一样，处于最低工资水平的工人具有与劳动力队伍中的平常工人不同的特点，他们往往来自就业率低的群体。2016 年，超过 60% 的最低工资工人是女性（而整个经济中的女性工人比例是 50%）。在私营部门工作的最低工资工人比例超过 90%，志愿行业只有 5%，公共部门只有 4%，而整个经济的比例分别为 68%、8% 和 24%。约有 14% 的人从事临时工作，而整个经济内临时工的比例为 8%。最低工资工人从事多种工作的比例为 8%，而整个经济的比例则为 5%。所以（正如我们在附图 2 - 2 看到的），许多这些群体能从最近的涨薪中获益。

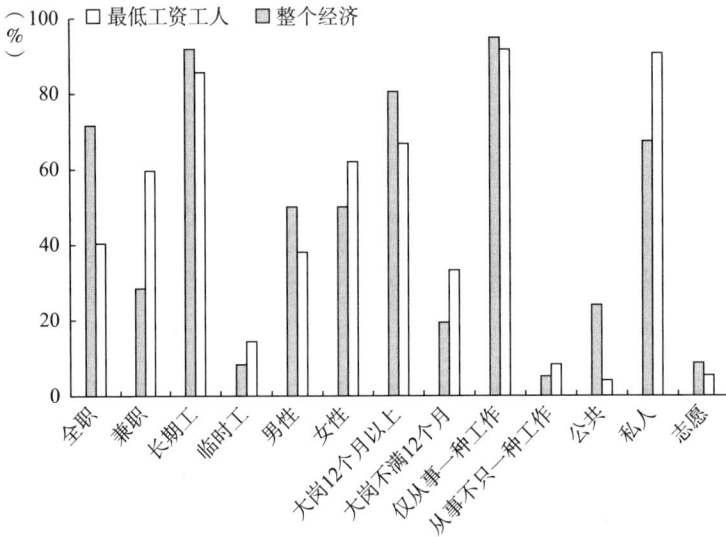

附图 2 - 2　2016 年 4 月 16 岁及以上的最低工资工人和就业的特点

注：不满 12 个月是指工作不满 12 个月，12 个月以上是指工作满 12 个月以上。

资料来源：LPC 的估算结果，所用的资料有：2016 年 4 月，低薪权重，包括非成年工资，英国。

全国最低生活工资对收入和薪酬的影响

2.80　如附表 2 - 1 所示，过去一年内总体最低工资的覆盖面大幅增加，体现了全国最低生活工资的全面实施。7.20 英镑的全国最低生活工资意味着最低工资的年增长率为 10.8%（相比于之前的 6.50 英镑），为史上最大涨幅，自 4 月起增长了 7.5%（当时为 6.70 英镑）。相比之下，25 岁以上的所有工人的平均时薪在同一时期增长了 3.1%，所以全国最低生活工资的涨幅是一般工人加薪水平的三倍。第 10 百分位的时薪收入增长 5.6%，第 25 百分位则下降 3.5%。由于通货膨胀率较低，实际增长与名义增长接近。

附表 2 - 1 2015 ~ 2016 年英国 25 岁以上工人收入分配不同点处的全国最低工资/全国最低生活工资的增长情况

	2015 年 4 月	2016 年 4 月	增速
25 岁以上最低工资	￡ 6.50	￡ 7.20	10.8%
时薪中位数（不含加班工资）	￡ 12.38	￡ 12.77	3.1%
时薪平均值（不含加班工资）	￡ 15.52	￡ 16.16	4.1%
时薪 10% 分位数（不含加班工资）	￡ 7.10	￡ 7.50	5.6%
时薪 25% 分位数（不含加班工资）	￡ 8.74	￡ 9.04	3.5%

注：时薪收入的估算不包括加班费。
资料来源：LPC 估算结果，所用数据：2015 年 4 月和 2016 年 4 月，标准权重，不包括第一年期学徒，英国。

2.81 全年增长幅度一部分归因于全国最低生活工资的实施改变了最低工资的上调月份。过去是在每年 10 月上调最低工资水平，而全国最低生活工资是在 2016 年 4 月推出，基本上将第二次工资增长压缩至 18 个月，而不是原本的 24 个月。2015 年 10 月，英国全国最低成人工资率上升到 6.70 英镑，所以 4 月的隔夜涨幅是 7.5%（从 6.70 英镑到 7.20 英镑）。但是，50 便士的增幅已经是最低工资率史上出现的最大现金增幅。从 2017 年起，所有最低工资率都会在 4 月进行调整。

2.82 最低工资周期变化也使全国最低生活工资的影响分析变得复杂，特别是在全国最低生活工资与其前身——全国最低工资进行比较时。收入数据的主要来源是年度时薪和收入调查（ASHE）。这是每年 4 月对雇主 PAYE 记录中的员工进行的调查，自 1999 年以后该调查在全国最低工资调整年的中期进行。但是，4 月的调查日期现已滞后到全国最低生活工资调整年的年初，就在实施后不久。最低工资影响的主要指标（即相对价值（或占平均收入的比例）和覆盖率）在涨薪后的估算结果可能要高于年中时的估算结果。原因如下：一年内，某些处于最低工资水平的工人将加薪，这意味着他们不再适用于该工资率。同样，一年内，更广泛的经济体系内的人们将加薪，这样平均时薪就会提高，而最低工资水平保持不变。所以，最低工资的价值全年都在下降——4月时的降幅最高,3月后的最低。为了开展分析和与前几年一致,我们使用了4~10月收入增长的预测结果来估算2016年10月的价值,并将其与之前年中点(4月)的水平进行比较。但是,我们对覆盖率的估算只能针对2016年4月,所以通过比较,全国最低工资和全国最低生活工资之间的差距会略微夸大。但是,由于全国最低生活工资大幅上涨,可以确定其覆盖面会大大增加,但对涨幅的规模须持谨慎态度。

2.83 当然,最低工资的名义上涨只是衡量其规模的粗略指标。要想全面了解,其实际和相对价值也很重要,而这取决于薪酬和通货膨胀方面的更广泛趋势。附图2-3显示了1999~2016年与价格相对应的最低工资标准,从中可看出,2016年4月,无论是根据消费者物价指数(CPI)还是零售价格指数(RPI)衡量,主要最低工资标准的实际值均处于历史最高水平。

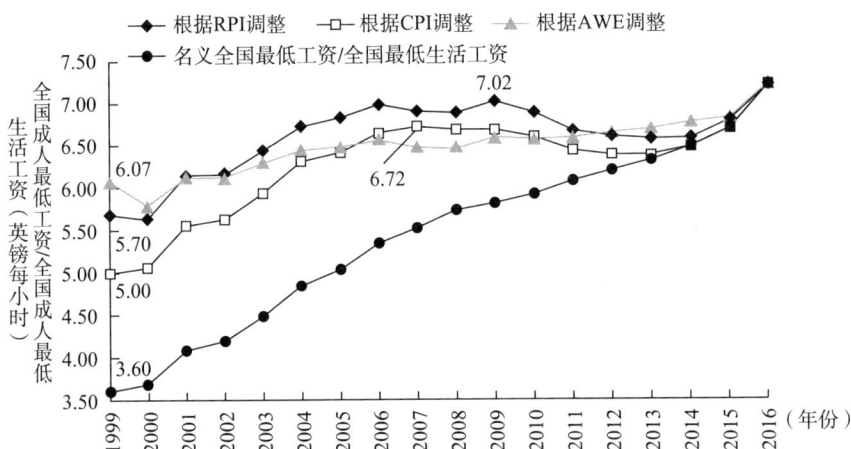

**附图2-3 1999~2016年英国全国最低工资/全国最低
生活工资的实际价值和相对价值**

注:AWE系列于2000年1月开始,AEI系列于2010年7月结束。我们收入系列的估算使用的是从1999年4月~2000年1月的AEI(包括奖金)以及从2000年1月~2016年4月的AWE(总薪酬)。

资料来源:基于ONS数据的LPC估算结果:1999~2000年的AEI,包括奖金(LNMQ)、1999~2016年的AWA总薪酬(KA89)、1999~2016年的CPI(D7BT)以及1999~2016年的RPI(CHAW),按季度和季节调整(仅AEI和AWE),英国(AEI和AWE的GB)。

2.84 在整个生命周期中,前九年的全国最低成人工资率均呈现实际价值大幅上涨（按 2016 年时的价格水平）的特点，在 2007 年 CPI 调整（6.72英镑）和 2009 年 RPI 调整（7.02 英镑）后均达到了高峰。其相对价值也在同期逐步上涨，因为它的上升速度高于平均收入的增速。但在经济衰退的过程中发生了重大变化。虽然最低工资水平的增速仍然高于其他的工人工资水平，但由于 LPC 建议在经济衰退期间要避免将失业工人也计算在内，所以最低工资水平的增速比通货膨胀要慢得多。近年来，它的相对价值进一步上涨，覆盖率有所提高，但由于其增幅超过了通货膨胀，所以最低工资的实际值大幅回升，全国最低工资几乎恢复到 2015 年衰退前按 CPI 计算的峰值（6.69 英镑）。全国最低生活工资的实施大大加快了这一趋势。主要的最低工资标准从未超过 2016 年 4 月时的水平，而且每年还会进一步增长，直到 2020 年。相比之下，实际工资的中位数仍保持在 5%（按 CPI 计算）或 10%（按 RPI 计算）的水平，低于衰退前的峰值。

2.85　最低工资的增加意味着相关工人的工资将大幅增加。按现金计算，4 月时工资上涨 50 便士，这意味着处于最低工资水平的普通工人（每周工作26 小时）的全年收入将增加约 680 英镑，经 CPI 通货膨胀调整后为 590 英镑，经 RPI 通胀调整后为 490 英镑。但是，在英国的保底工资不变的情况下，工人们可合理预期到会加薪，所以估算结果中夸大了收入的数值。如果在不设置最低工资的情况下工人的涨薪体现在年均工资增长上，那么处于最低工资水平的普通工人每年可涨薪 390 英镑，略高于 2016 年春季报告的预期。

2.86　当然，这些估算结果严格地说属于总收入，不能反映全国最低生活工资对家庭净收入的影响。这取决于家庭的构成，包括领取全国最低生活工资的工人人数、受抚养子女的数量和年龄、家庭其他成员的收入、非劳动收入以及税收和福利制度——对于最后一项，之前的研究曾提出一种复杂情况，即当某些家庭的边际退休率较高时。例如，增加个人津贴意味着领取 7.20 英镑全国最低生活工资的工人工作不到 29 小时，可不缴纳所得税，尽管国民保险的起征点是大约 22.5 小时。处于全国最低生活工资水平的工人如果领取住房福利，那么他们每增加一英镑的收入会损失 65 便士，有些获得市政税扶持的人还要再损失 20 便士。自 2016 年 4 月起，在职福利也发生了变化，这将影响处于全国最低生活工资水平的家庭。这些估算结果也适用于符合 2015 年全国成人最低工资率以及 2016 年全国最低生活工资的工人，所以，对于之前收入超过 6.70 英镑的处于全国最低生活工资水平的工人，这些估算结果偏小。但是，相对于最低工资率增幅较小的假设，这些估算结果体现了较大幅度的增长，预计可以使许多家庭受益。

2.87 全国最低生活工资的价值也会影响 LPC 衡量最低工资影响的长期标准：占平均收入的比例和覆盖面。

全国最低生活工资占平均收入的比例

2.88 根据经济文献记载，相对最低工资水平的一个常见指标是其"韧性"或"占平均收入的比例"，即它与收益分配上某些点的相对值（见附图 2－4）。一直以来，LPC 都选择在平均水平上衡量全国最低生活工资的比例，并将其视为经济压力的一项指标。高比例表明，最低工资更接近劳动力市场特定地区的平均工资，这可能表明工资差受到挤压，雇主难以支付高于保底工资的工时费率。

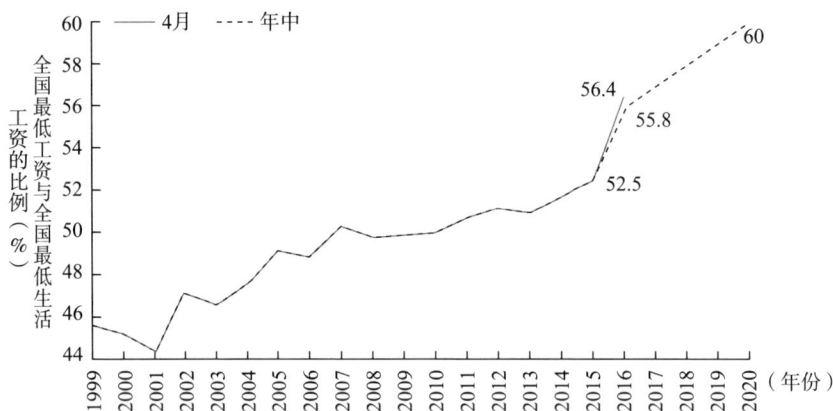

附图 2－4　1999～2020 年英国 25 岁以上工人的全国最低工资/全国最低生活工资的比例

注：a. 2016 年中的比例依据的是收入预测，在结算数据可用时可能会有所变化。

b. 基于截至 2020 年的直线比例，该比例可能会随 LPC 的考量和政府决定而改变。

c. 本数据包含所有学徒，因为在 2013 年之前无法确定学徒数量。

资料来源：LPC 基于 ONS 数据对调整后的收入数据进行估算的结果；ASHE，不含补充信息，1999 年 4 月～2004 年 4 月；ASHE 补充信息，2004 年 4 月～2006 年 4 月；ASHE 2007 年的方法，2006 年 11 月～2011 年 11 月；ASHE 2010 年的方法，2011 年 4 月～2016 年 4 月，标准权重；英国；2016 年 10 月 HMT 独立预测小组的收入预测，以及 2016 年 8 月英格兰银行的平均收入预测。

2.89 全国最低生活工资占平均收入的比例也是设置 2020 年 10 月实现全国最低生活工资率达 60% 的目标的基准。2015 年 4 月，英国全国最低工资标准为每小时 6.5 英镑，比例为 52.5%（见附表 2－2）。这意味着五年内要增加超过 7 个百分点才能实现目标。为了进行比较，1999 年 4 月开始实施每小时 3.60 英镑的全国最低工资（针对 22 岁及以上的工人），占 25 岁及以上工人的平均时薪的 45.6%——因此，要成功实施全国最低生活工资，需要在三分之一的时间内实现几乎相同的增幅。

附表 2－2　2015～2016 年英国全国最低工资和全国最低生活工资的比例

		中位数	值	Bite	年度点
		£	£	%	
国家最低工资	2015 年 4 月	12.38	6.50	52.5	中间
	2015 年 10 月	12.57	6.70	53.3	上升
国家生活工资	2016 年 4 月	12.77	7.20	56.4	上升
	2016 年 10 月	12.91	7.20	55.8	中间

注：本数据不包含第一年的学徒。

资料来源：LPC 的估算使用的是：2015 年 4 月～2016 年 4 月，ASHE 标准权重，英国；2016 年 10 月 HMT 独立预测小组的收入预测，以及 2016 年 8 月英格兰银行的平均收入预测。

2.90 宣布实施全国最低生活工资后，25 岁以上工人工资率的相对值预计将大幅提高。在这种情况下，全国最低生活工资占平均收入的比例增幅已经超过预期。这反映出——正如第一章所示——工资增长预测放缓，截至 2016 年 4 月的实际工资增长弱于预测值，如附表 2－3 所示。

附表 2－3　2015 年 7 月～2016 年 10 月英国 25 岁以上工人
全国最低生活工资比例估算

	2015 年 7 月公布的国家生活工资	2015 年 9 月至 11 月	2016 年引入咨询	2016 年 10 月	
2016 年估计值	10 月	10 月	10 月	4 月	10 月
数据	ASHE 2014, OBR July 2015	ASHE 2015, OBR Nov 2015	ASHE 2015, OBR March 2016	ASHE 2016	ASHE 2016, HMT and BoE forecasts

续表

	2015 年 7 月公布的国家生活工资	2015 年 9 月至 11 月	2016 年引入咨询	2016 年 10 月	
Bite of £ 7. 20 （per cent）	54.8	55.1	55.5	56.4	55.8
Estimated median	£ 13.13	£ 13.06	£ 12.98	£ 12.77	£ 12.91

注：本数据不包含第一年的学徒。

资料来源：LPC 的估算使用的是：2014 年 4 月 ~ 2016 年 4 月，ASHE 标准权重，英国；2016 年 10 月 HMT 独立预测小组的收入预测，以及 2016 年 8 月英格兰银行的平均收入预测。

2.91 我们估计，2016 年 4 月 25 岁以上工人的全国最低生活工资比例为 56.4%，并在 10 月（年中点和 2020 年目标测量点）达到 55.8%。但其平均水平未体现不同经济成分间的显著差异。我们在 2016 年春季报告中指出，某类工人、企业和地区的比例会比其他的高。下面我们按地理、企业规模和职业再次进行同样的分析。①

2.92 附图 2 - 5 显示了 2015 年英国不同管辖区和大地区（指的是英格兰、威尔士和苏格兰以及爱尔兰岛东北部的北爱尔兰）已经存在的明显比例差异，其中东密德兰、约克郡和亨伯、北爱尔兰和威尔士的比例较伦敦高出近 20 个百分点，反映出伦敦以外的平均工资水平要低得多。全国最低生活工资实施后，这一模式大致保持不变，但是水平明显提高。事实上，2016 年 10 月，九个管辖区中有四个和四个大地区中有两个预计会出现 60% 以上的比例。2020 年，如果全英国的比例达到 60%，那么除伦敦和东南部之外的所有地区以及除英格兰之外的所有国家和地区的比例都将高于这一数字，并且东密德兰和北爱尔兰可能高达 68%。因此，全国最低生活工资可能在全国不同地区有不同的影响，到 2020 年之前它带给工人的相对收益和给企业的经济压力都会越来越高。

2.93 附图 2 - 6 显示的是不同规模的公司的不同比例，随着 2020 年目

---

① 我们使用 4 月的数据（全国最低生活工资开始实施之后）和工资增长预测来估计 2016 年 10 月年中时的比例。这与 2020 年的比例目标相当，与之前全国最低工资的中期估算结果更接近。预测值的使用会影响比例的绝对值（10 月比 4 月低），但是劳动力市场不同领域之间的相对性依据的就是全国最低生活工资实施后的实际数据。

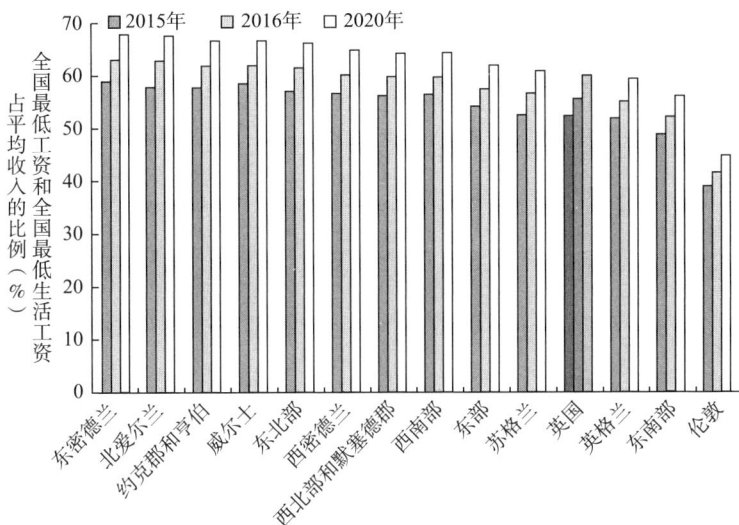

附图 2 – 5　2015 年 4 月、2016 年 10 月和 2020 年 10 月英国各地区
25 岁以上工人的全国最低工资和全国最低生活工资比例

注：本数据不包含第一年的学徒。

资料来源：LPC 的估算使用的是：2015 年 4 月 ~ 2016 年 4 月，ASHE 标准权重，英国；2016 年 10 月 HMT 独立预测小组的收入预测，以及 2016 年 8 月英格兰银行的平均收入预测。

标的逐渐实现，无论规模如何，各公司的全国最低生活工资比例都在增加。正如后续 LPC 报告指出的，规模最小的公司一般平均工资最低，所以全国最低生活公资占的比例总是较高。2015 年，微型企业中 25 岁以上工人的最低工资比例已经超过 60%，而大型企业则低于 50%。全国最低生活工资实施后，微型企业的最低工资比例升到 70% 以上，而大型企业仅超过 50%。如果该模式持续到 2020 年，那么除了最大型的公司之外，其余公司的最低工资比例都会超过 60%。

2.94　附图 2 – 7 显示了低收入行业的比例差异。2016 年 10 月，所有低收入行业的比例均超过 70%，清洁和酒店行业的比例超过 90%。这表明全国最低生活工资会推动这些职业的比例上升。所有低收入行业的百分比增幅普遍高于整个经济。但是，低收入行业中也存在一些变化：仓储、纺织品和办公文职类行业增幅最大。如果把最低工资设定为占平均收入的60%，那么清洁和酒店行业的比例将接近 100%，而幼儿保育、食品加工、美发和零售行业可能会超过 90%。

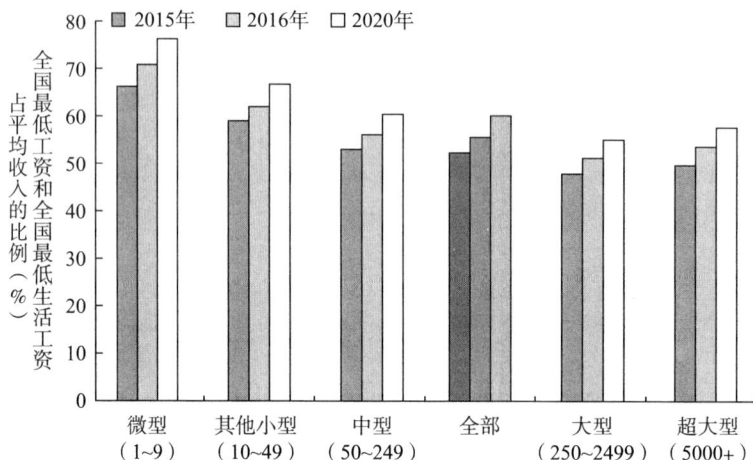

附图 2 - 6　2015 年 4 月、2016 年 10 月和 2020 年 10 月英国不同规模的公司中 25 岁以上工人的全国最低工资和全国最低生活工资比例

注：本数据不包含第一年的学徒。

资料来源：LPC 的估算使用的是：2015 年 4 月～2016 年 4 月，ASHE 标准权重，英国；2016 年 10 月 HMT 独立预测小组的收入预测，以及 2016 年 8 月英格兰银行的平均收入预测。

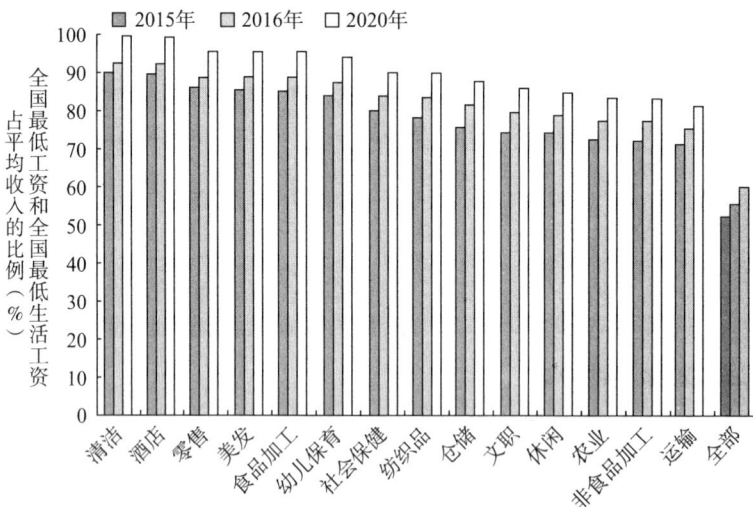

附图 2 - 7　2015 年 4 月、2016 年 10 月和 2020 年 10 月英国低收入职业中 25 岁以上工人的全国最低工资和全国最低生活工资比例

注：本数据不包含第一年的学徒。

资料来源：LPC 的估算使用的是：2015 年 4 月～2016 年 4 月，ASHE 标准权重，英国；2016 年 10 月 HMT 独立预测小组的收入预测，以及 2016 年 8 月英格兰银行的平均收入预测。

全国最低生活工资的覆盖面

2.95 最低工资比例升高会对工资分配以及受益于最低工资的工人数量和类型有影响。附图 2 - 8 显示了 2015 ~ 2016 年时薪分布的变化。在时薪达7.20 英镑的分配点上可以看到全球最低生活工资的影响在飙升,其中有 110万个工作岗位(4.7%)处于这一工资水平。尽管比较时需要注意上述说明,但在 2015 年,25 岁以上的员工有 88 万个就业岗位(3.6%)的工资水平为 6.50 英镑(即 2015 年 4 月的最低工资标准)。(这与全球最低生活工资的峰值影响形成了对比,全国最低工资的峰值出现在中点处)

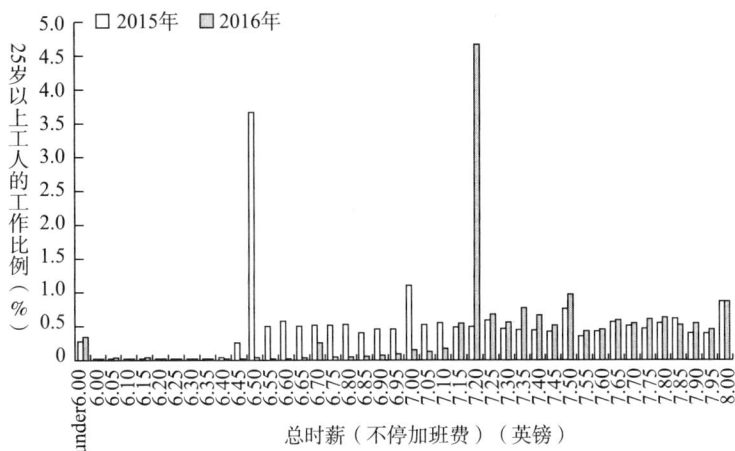

附图 2 - 8　2015 ~ 2016 年英国 25 岁以上工人的时薪分配情况

注:a. 2015 年和 2016 年的数据是在最低工资年度的不同时间获得,所以不能直接比较。

b. 本数据不包含第一年的学徒。

c. 为了防止对 2016 年 4 月后工资标准在 7.20 英镑以下的工人出现测量误差,本数据没有低薪标准。

资料来源:LPC 的估算使用的是:2015 年 4 月 ~ 2016 年 4 月的 ASHE 数据,低薪权重,英国。

2.96 附图 2 - 8 突出显示了另一个重要变化:低于适用最低工资率以下的比例在增加。2015 年和 2016 年,低于 6.00 英镑的工作岗位的比例相近。但是,2016 年 4 月,6.70 ~ 7.20 英镑的工作岗位的比例激增,6.70 英镑的比例小幅上涨——6.70 英镑是 2015 年 10 月 ~ 2016 年 4 月 25 岁以上工人的最低工资。对此我们将在下文进一步讨论。

2.97 时薪分配的变化表明，全国最低生活工资率的覆盖面也大幅增加。2016 年 4 月，25 岁以上工人从事的处于或低于全国最低生活工资的岗位有 160 万个，占 25 岁以上工人职位的 6.7%。作为比较的粗略基准，2015年 4 月，25 岁以上工人从事的处于或低于全国最低成人工资的岗位有 100万个，占 25 岁以上工人职位的 4.3%。我们估计，如果把最低工资标准设为占平均收入的 60%，则该最低工资将覆盖近 300 万人，占 25 岁及以上工人岗位的 12.4%——2015~2020 年，主要最低工资率的覆盖面几乎是原来的三倍，将有约 600 万工人通过溢出效应而获益（见附图 2-9）。

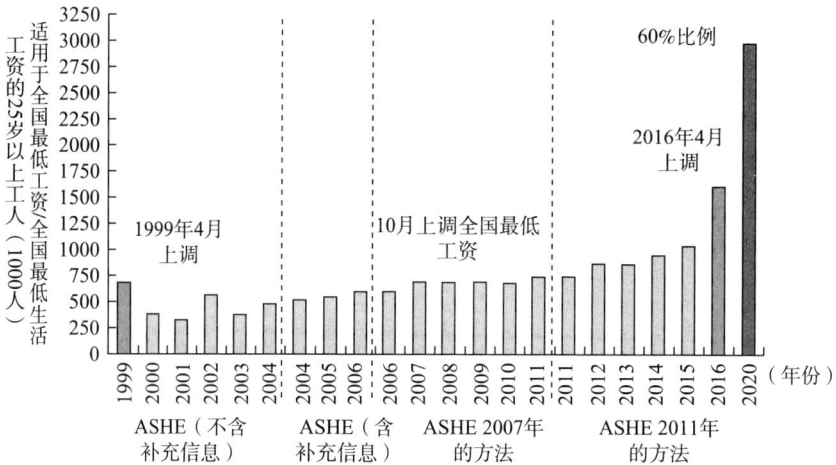

附图 2-9 **1999~2020 年英国 25 岁以上工人的全国最低工资/全国最低生活工资的覆盖面**

注：a. 本数据不含学徒在内，因为在 2013 年之前无法确定学徒数量。

b. 由于 2015 年和 2016 年的估算是在最低工资年度的不同时间进行，因此估算结果有所变化，这会夸大全国最低工资和全国最低生活工资间覆盖面的增长。

资料来源：LPC 基于 ONS 数据的估算结果：ASHE，不含补充信息，1999 年 4月~2004 年 4 月；ASHE 补充信息，2004 年 4 月~2006 年 4 月；ASHE 2007 年的方法，2006 年 11 月~2011 年 11 月；ASHE 2011 年的方法，2011 年 4 月~2016 年 4月，低薪权重；英国。

2.98 在 2016 年春季报告中，我们强调了劳动力市场不同领域的覆盖面差异。与比例评估的情况一样，本部分的分析是建立在以前研究的基础之上，但是使用的是关于 7.20 英镑的工资水平对覆盖面的影响的实际数据，而不是预测值。

2.99 附图 2 - 10 显示不同年龄组的覆盖面的变化情况。2015 年、2016 年和 2020 年均出现类似的 U 形模式，年老工人和年轻工人的覆盖率均高于中年工人。65 岁以上群体的覆盖率最高，但实际人数相对较少（2016 年为 73000 人），因为这个年龄段的大多数人已经退休了。紧接着是 25 岁到 29 岁的区间（2016 年为 278000 人），然后是 60 ~ 64 岁（2016 年为 108000 人）。30 ~ 59 岁的群体的覆盖率最低。但是，这一年龄段的工人在处于最低工资水平的总人数中占的比例最多——超过 70%（2016 年 30 ~ 39 岁实际人数为 394000 人，40 ~ 49 岁实际人数为 396000 人）。如果假设最低工资占平均收入的 60%，那么所有年龄组从全国最低生活工资率中获益的比例大致相同。

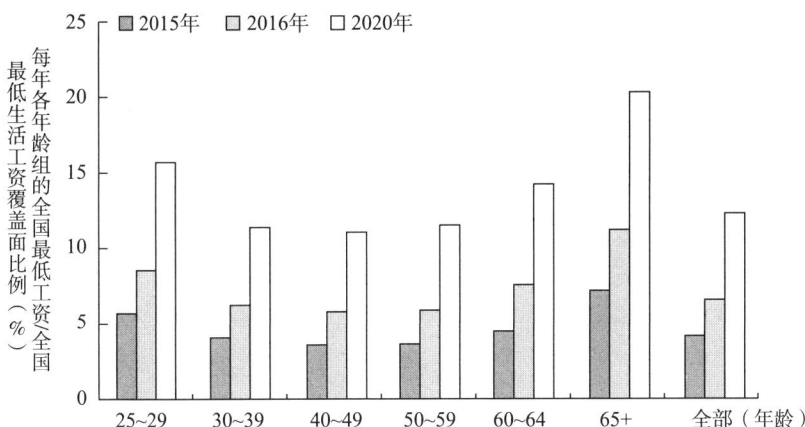

附图 2 - 10　2015 ~ 2020 年英国 25 岁以上工人按年龄划分的全国最低工资/全国最低生活工资的覆盖面

注：a. 由于 2015 年和 2016 年的估算是在最低工资年度的不同时间进行，因此估算结果有所变化，这会夸大全国最低工资和全国最低生活工资间覆盖面的增长。

b. 本数据不包含第一年的学徒。

资料来源：LPC 的估算使用的是：2015 年 4 月 ~ 2016 年 4 月 ASHE 的低薪权重，英国。

2.100 全国最低生活工资的覆盖面也因工作特点的不同而不同。私营行业的工人最有可能从全国最低生活工资中获益。2016 年 4 月的覆盖率超过 9%，而志愿行业的工人覆盖率只有 4%，公共部门则为 1%。女性也更有可能获益，女性工人的覆盖率从 5.3% 增加到 2016 年的 8.5%。在更广泛范围内，所从事的工作与劳动力市场联系较少的工人更有可能满足全国最低生活工资的标准——因为证据表明临时类工作的覆盖率更高，尤其是可从事多个工作以及 2016 年一年内换过不同工作的工人——尽管从事这类工作的工人人数相对较少。

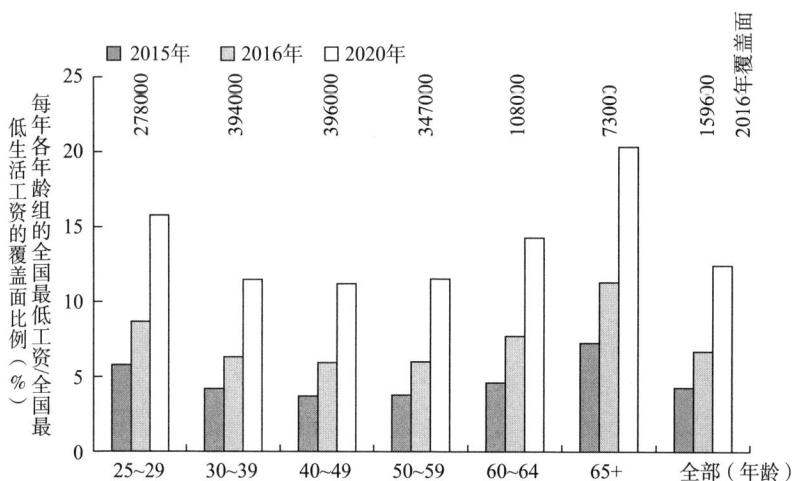

附图 2 - 11   2015 ~ 2020 年英国 25 岁以上工人按工人和工作特点
划分的全国最低工资/全国最低生活工资的覆盖面

注：a. 由于 2015 年和 2016 年的估算是在最低工资年度的不同时间进行，因此估算结果有所变化，这会夸大全国最低工资和全国最低生活工资间覆盖面的增长。

b. 本数据不包含第一年的学徒。

c. 不满 12 个月是指工作不满 12 个月，12 个月以上是指工作满 12 个月以上。

资料来源：LPC 的估算使用的是：2015 年 4 月 ~ 2016 年 4 月 ASHE 的低薪权重，英国。

2.101   兼职和全职工作的覆盖率也有显著差异。2016 年 4 月，超过 15% 的兼职工作处于全国最低生活工资水平，而全职工作岗位的比例仅为 3.6%。实际上，从覆盖水平来看，2016 年处于全国最低生活工资水平的兼职工人（95.8 万）多于全职工人（63.8 万）。到 2020 年，我们估计，将有四分之一以上的兼职工作被全国最低生活工资所涵盖。附表 2 - 4 显示了不同性别全职和兼职工作的覆盖率。从事兼职工作的男性的覆盖率最高（19%），这一群体在劳动力市场上的比例相对较小，但在不断增长。但是，就数量而言，处于全国最低生活工资水平的全职男性人数更多（32.2 万全职：25.8 万兼职）。女性恰好相反：处于全国最低生活工资水平的兼职女性人数是全职女性人数的两倍（70 万：31.6 万）。

附表 2 – 4　2016 年英国 25 岁以上工人按性别和工时划分的
全国最低生活工资的覆盖面

	%			000s		
	全职	兼职	总计	全职	兼职	总计
男性	3.0	19.0	4.8	322	258	579
女性	4.5	14.2	8.5	316	700	1017
总计	3.6	15.3	6.7	638	958	1596

注：本数据不包含第一年的学徒。

资料来源：LPC 的估算使用的是：2016 年 4 月 ASHE 的低薪权重，英国。

2.102　针对不同的人口群体，我们还发现，劳动力市场结果不太理想的群体更有可能处于全国最低生活工资水平，并且随着最低工资率的实施其覆盖率会明显增大。分析使用的是劳动力调查（LFS）而不是 ASHE，因为前者采用的人口统计信息后者没有。但是，使用该信息也存在一个缺点，即：LFS 的分析往往会高估最低工资的覆盖面，因为其数据是基于自我报告的工资和工时信息。[①] 尽管如此，它仍然是衡量不同工人的覆盖模式的最佳标准，虽然衡量的不是绝对水平。

2.103　从附图 2 – 12 可看出，没有技能的工人的覆盖率比有技能的工人高出约三倍。非英国籍工人、残疾工人和少数民族工人的覆盖率也比英国籍工人、非残疾工人和白种工人的高。不同群体的覆盖率增长幅度不同，整体情况不明显。例如，非英国籍的工人的覆盖率轻微增加，而残疾工人的增幅却相对较大。

2.104　全国最低生活工资的覆盖面也因行业而异。[②] 附图 2 – 13 显示，2015 年美发、清洁和酒店行业的低薪职业中，有五分之一以上的 25 岁以上

---

① 例如，在 ASHE 中，我们估计 2016 年 4 月全国最低生活工资覆盖 8% 的女性和不到 5% 的男性。LFS 中的估值则分别为 13% 和 8%。

② 本分析通过职业来界定低收入行业——即按工作类型来定义。也可以根据行业来定义——即根据雇主的业务领域来定义。例如，在金融服务公司工作的清洁工属于从事清洁工作，但算金融服务行业。某一职业的最低工资覆盖情况最能体现该工人的工作性质。而行业的覆盖情况则能显示哪些行业的工资支出在最低工资上涨后会受到最大影响。这里的主要区别是，行业的覆盖面往往略低一点，因为它包括管理层和监督层，这类员工的工资往往高于最低工资。从行业层面看，2016 年低收入行业的覆盖率估计为 19.4%，而 2015 年时是 12.8%。按职业来看，2016 年的覆盖率是 20.9%，2015 年是 13.4%。

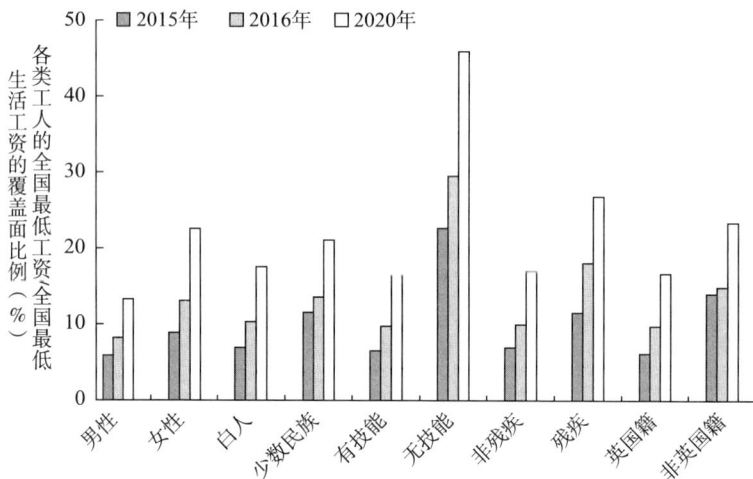

附图 2 - 12　2015 ~ 2020 年英国 25 岁以上工人按工人特点划分的
全国最低工资/全国最低生活工资的覆盖面

资料来源：LPC 的估算使用的是：LFS 微数据，收入权重，季度，未经季节性调整，2015 年第二季度至 2016 年第二季度，英国。

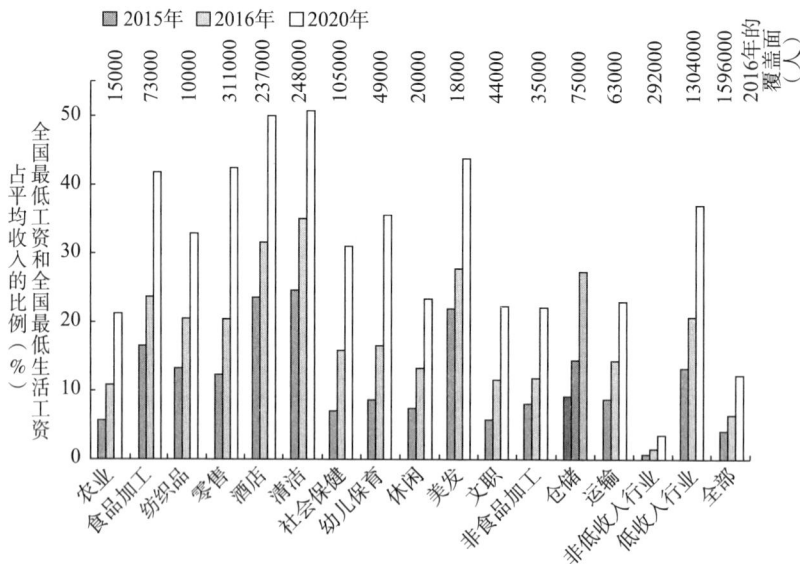

附图 2 - 13　2015 ~ 2020 年英国 25 岁以上工人按职业划分的
全国最低工资/全国最低生活工资的覆盖面

注：a. 由于 2015 年和 2016 年的估算是在最低工资年度的不同时间进行，因此估算结果有所变化，这会夸大全国最低工资和全国最低生活工资间覆盖面的增长。

b. 本数据不包含第一年的学徒。

资料来源：LPC 的估算使用的是：2015 年 4 月 ~ 2016 年 4 月 ASHE 的低薪权重，英国。

工人处于最低成人工资水平。2016 年，全国最低生活工资的实施大大增加了整个低收入行业的覆盖率，从 13.4% 上升到 20.9%，清洁、酒店和美发行业的四分之一人员处于或低于最低工资率。某些比例也出现了惊人的变化。虽然与其他低收入行业相比，社会保健的覆盖率相对较低，但在 2015～2016 年其增长幅度翻了一番以上，是所有行业中增幅最大的。其他覆盖率增幅较大的行业包括文职、幼儿保育和农业。在数量方面，绝大多数处于全国最低生活工资水平的工人从事的是零售、酒店和清洁工作，占全部最低生活工资职业的一半。处于全国最低生活工资水平的工人人数最少是在低收入纺织品行业（10000 人）、农业（15000 人）和美发行业（18000 人）。

2.105　总体而言，从水平、覆盖面和占平均收入比例上说，全国最低生活工资都是对全国成人最低工资率的进一步改革。2016 年，全国最低生活工资提高后覆盖的工人人数大幅增加，特别是妇女和兼职人员，随着全国最低生活工资占平均收入的比例提高到 60%，预计还会带来更多收益。主要受益人就是 2015 年时处于或接近全国最低工资水平的工人，因为他们的时薪大幅增加，一般全国最低生活工资水平的工人的总年薪实际增长会超过 500 英镑。这些工人所在的行业将受到重大的资金压力。正如我们从利益相关者那里了解到的，大多数处于全国最低生活工资水平的工人均从事零售和酒店行业。此外，那些雇用最低工资水平的工人较少的行业也同样承受压力——因为保健、园艺和便利店行业的利益相关方均表示它们正在面临挑战。

2.106　现在我们来看一下全国最低生活工资率对薪酬的影响，具体而言这些影响体现在：时薪分配的变化，处于全国最低生活工资水平以上的和 25 岁以下的工人的溢出效应，轮班奖金和加班费制度的实施，所测得的全国最低生活工资的短付数目。

收入分配

2.107　全国最低生活工资，附图 2－14 显示，2015～2016 年，底端时薪分配的增长率最高——这是全国最低生活工资带来的明显影响。[①] 在分配

---

① 本节分析比较了 2015 年与 2016 年的时薪分配，而不是特定工人的时薪增长——因为几年内工人在收入分配中的位置会发生变化。

曲线后四分之一处的时薪水平增加了至少3%，平均增长率几乎是6%。相比之下，分配曲线其他位置的时薪的增长幅度相当平坦——约为3%。这与第一章所述的每周收益和薪资结算数据更契合，通常表示最多也只是出现适度薪酬增长。

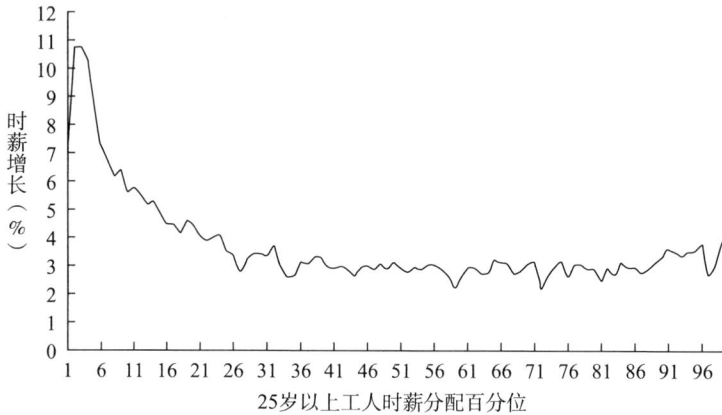

附图 2 – 14 2015～2016 年英国 25 岁以上工人的时薪分布增长率

注：本数据不包含第一年的学徒。

资料来源：LPC 的估算使用的是：2015 年 4 月～2016 年 4 月 ASHE 的标准权重，英国。

2.108　不同类型工人的时薪分配变化差别很大。如上所述，女性和兼职人员的覆盖水平很高，所以我们预计全国最低生活工资对时薪的影响将更明显。附表 2 – 5 显示了这些不同群体的不同收入分配点的变化。在分配底部，女性的时薪增长强于男性，其平均增长率分别为 6.3% 和 4.9%。兼职人员的时薪大大高于全职人员，在分配底部四分之一处其平均增长率分别为 8.0% 和 4.3%。

附表 2 – 5 2015～2016 年英国 25 岁以上工人按性别和工时划分的
不同分配点处的时薪增长率

	Growth at the（per cent）			
	中值	25 分位数	10 分位数	最低分位数
女性	3.4	4.6	6.4	6.3
男性	2.5	3.7	5.3	4.9

Growth at the（per cent）			
	中值	25分位数	10分位数	最低分位数
兼职	3.8	6.3	10.1	8.0
全职	2.0	2.2	3.8	4.3

注：本数据不包含第一年的学徒。

资料来源：LPC的估算使用的是：2015年4月～2016年4月ASHE的标准权重，英国。

2.109　附图2-15更详细地显示了25岁以上工人的时薪分配后四分之一部分的工资增长情况，并与2015年时的水平相比较。2015年的时薪增长曲线表明，2015年不到11%的25岁以上的工人时薪低于7.20英镑。满足7.20英镑工资水平需要实现的时薪增长率曲线代表新的最低限度要求实施后时薪的涨幅。2015～2016年的时薪增长曲线显示处于分配底部的工人的实际薪酬增长。值得注意的是，2015年处于6.50英镑全国最低工资水平的工人需要（并实现）超过10%的大幅增长方可达到2016年要求的7.20英镑，尽管（根据上文简要提过的工资短付证据）一些在最底层的工人并没有实现这么大的增长。同样值得注意的是，2015年工资水平刚刚超过6.50

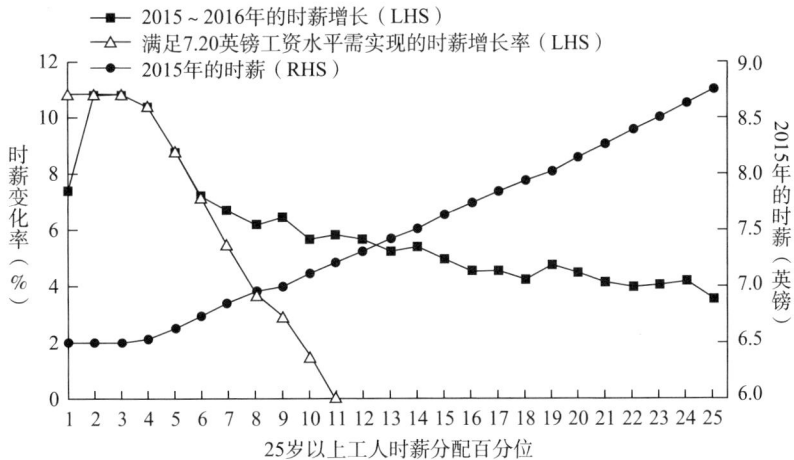

附图2-15　时薪增长、2015年的时薪率及2015～2016年英国25岁以上工人要达到最顶7.20英镑的工资水平需实现的增长率

注：本数据不包含第一年的学徒。

资料来源：LPC的估算使用的是：2015年4月～2016年4月ASHE的标准权重，英国。

英镑的工人也会实现大幅上涨，涨幅要超过 7.20 英镑的新规定所需的最低水平。例如，如果 2015 年的时薪为 7.00 英镑（第 9 个百分位），则需要增加 2.9% 才能达到 7.20 英镑。2015 年 4 月～2016 年 4 月，时薪实际增长了 6.4%，达到 7.45 英镑。

2.110 如附图 2－15 所示，根据利益相关方的意见，全国最低生活工资的实施对分配产生了明显的溢出效应。这意味着不仅是处于全国最低生活工资水平的工人，而是会有更多工人因此而获益，这次调整后雇主需要付出的不仅仅是提高保底工资以满足全国最低生活工资的要求。在此基础上，以前的覆盖率估算低估了从全国最低生活工资的实施中受益的工人人数（实际上，我们在 2016 年春季报告中指出了这一可能性：虽然 2020 年的目标是覆盖面过 300 万人，但全国最低生活工资可能会影响到 600 万工人的工资）。

2.111 以前的研究（Butcher、Dickens and Manning，2012）认为，最低工资增长的溢出效应已经达到了时薪分配的第 25 个百分位。如附图 2－14 所示，从 2015～2016 年的时薪分配情况发生了变化，表明全国最低生活工资的实施也产生了类似影响。工资增长的幅度也与先前的研究结果相当。除了平均工资增长之外，分配底部四分之一处的工资也在最低工资的基础上再涨 20%。根据以前研究提供的经验，第 7～25 个百分位数之间的时薪平均增长率为 4.9%，接近 4.6%。分配底部的时薪增长幅度较大，第 7～19 个百分位数之间的平均增长率为 5.3%，而第 20～25 个百分位数之间为 4%。

2.112 除非在整个分配范围内实现工资增长，否则溢出效应产生的同时也会伴随着工资压缩问题。从附图 2－15 中还可看出，随着分配水平的提高，工人的薪酬水平因涟漪效应在不断提高，处于最低工资水平的工人和工资较高的工人之间的差距也受到挤压。这是显而易见的，因为仅有第 5 个百分位数的时薪增加了 10.8%，越往上增幅越小。因此，最低工资工人与工资稍高的工人之间的差距已经缩小。

2.113 附图 2－16 显示，一些行业的工资差比其他行业受挤压更严重。其中的柱状代表 2015 年时薪的增长百分率。柱状内的不同色调代表 2015 年的不同时薪水平——从 6.50 英镑（2015 年 4 月的最低工资）到稍高于 7.20 英镑。

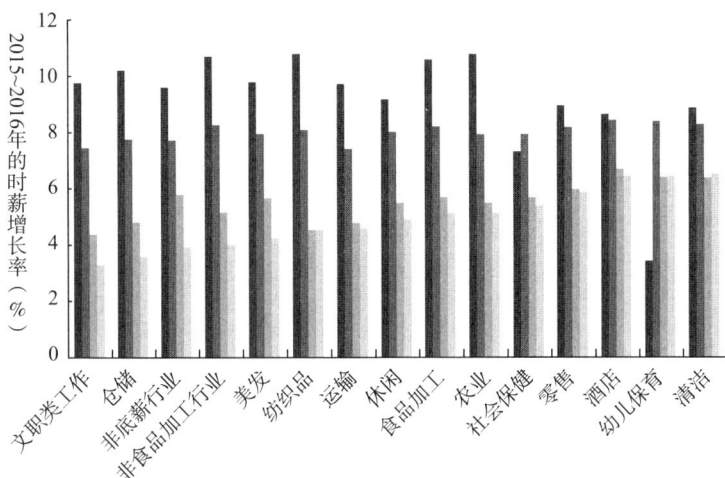

附图 2-16　2015～2016 年英国 25 岁以上工人按行业划分的时薪增长率

注：本数据不包含第一年的学徒。

资料来源：LPC 的估算使用的是：2015 年 4 月～2016 年 4 月 ASHE 的标准权重，英国。

2.114　每个行业的第一栏和第四栏之间的间隔越大，全国最低生活工资实施后的工资差就越大，这一影响在左边的行业体现最明显。例如，2015～2016 年，文职和仓储行业的时薪在 2015 年稍高于 7.20 英镑的基础上增长不到 4%。非食品加工、美发、纺织品和运输等行业的增长率稍高一些。但是，在清洁和幼儿保育等行业，这一水平的工资增长率超过 6%，而零售业则增长近 6%。①

2.115　但是，有一个重要的提示是：这些数据呈现了同比变化。对最低工资最敏感的许多行业可能以前压缩过工资差，因此已经没有更多空间可以将涨幅转移到高薪层级。

对 25 岁以下工人的溢出效应

2.116　利益相关方指出，全国最低生活工资的实施除了使某些高薪工人获益外，许多 25 岁以下的工人也是受益者。为了进行估算，我们需要假设在没有实施全国最低生活工资（反事实）的情况下 25 岁以下工人的收

---

①　还应指出的是，要达到 7.20 英镑的水平，部分行业处于分配底部的时薪需增加不到 10.8%。这反映出 2016 年数据中观察到的工资短付现象的增多。下文将详细讨论。

入。我们使用与年龄相关的最低工资率（16~17岁为2.1%，18~20岁为3.3%，21~24岁为3.1%）的反事实工资增长来计算2015年的全国最低生活工资水平，即从7.20英镑下调到2015年的水平。附表2-6显示了每年超出全国最低生活工资水平的比例。在此基础上，我们估计，到2016年，16~24岁超过全国最低生活工资的工人人数将比2015年增加7%（但是如果反事实的工资假设得过低，收益就会夸大）。同样地，25岁以下的工人也可以通过加薪从全国最低生活工资中受益，虽然2016年他们已经达到或超出全国最低生活工资的水平。第三章将进一步研究16~24岁工人的工资情况。

附表2-6　2015~2016年英国16~24岁处于或高于
全国最低生活工资水平的工人比例

	2015年支付高于最低工资水平的比例	2016年支付高于最低工资水平的比例	2016年比2015年增加的百分点个数
16~17岁	16	25	9
18~20岁	46	52	7
21~24岁	76	84	8
16~24岁	62	69	7

资料来源：LPC的估算是基于：2015年4月~2016年4月ASHE的低薪权重，英国。

2.117　总体来说，上述证据表明，分配底部以及年龄段上年轻工人的时薪均大幅增加。全国最低生活工资实施以后，许多工人的时薪有所增加，对于25岁以上工人而言可能还会超过最低工资10.8%的涨幅。但是，在薪酬上涨的同时也伴随着高低薪工人之间的工资差被挤压的问题。

2.118　证据表明，全国最低生活工资的实施令时薪大幅提高，给工人带来福利的同时也给雇主带来了成本负担。现在，我们关注一下可能被用于抵消增长的更广泛的变化：薪资合并和不合规做法。

薪酬合并

2.119　如利益相关者的证据所示，自全国最低生活工资公布以后，为了应对随之而来的薪酬成本增多问题，一些企业改变了自己的整体奖励和福利待遇，这引起了公众的广泛关注。可能的薪酬变动包括：轮班奖金、加班薪酬和奖励薪酬的改变；取消带薪休假；取消提供免费食物；减少年假天数；减少雇主养老金缴款；取消薪金牺牲计划。根据这些影响的规模和分布情况，在一个极端情况下这可能意味着，全国最低生活工资实施后，某些工人的实发工资其实并没有增加。

2.120　可用于调查这些问题的数据有限。但是，ASHE 提供了关于轮班奖金和加班费的数据。从全国最低生活工资实施后不久的 2016 年 4 月的数据中，我们没有发现有量化证据表明这些奖金大大减少——但该分析只是初步的，所做的结论不够有力量。

2.121　从附图 2 – 17 可看出，25 岁以上的最低工资水平的工人相对较少能获得轮班奖金——2016 年 4 月可领到该奖金的工人仅不到 4%。但是，2011 ~ 2015 年这一比例增加了 3%。低收入行业和其他行业的最低工资工人之间也没有太大差异。

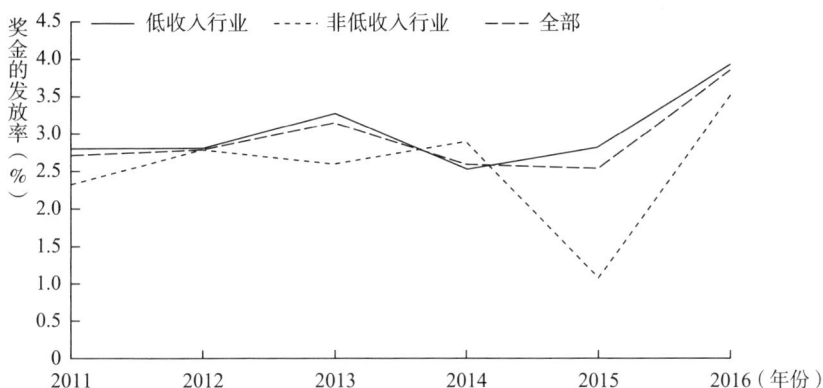

附图 2 – 17　2011 ~ 2016 年英国 25 岁以上处于或低于主要
最低工资率的工人的轮班奖金发放情况

资料来源：LPC 的估算使用的是：ASHE 2010 年的方法、2011 年 4 月 ~ 2016 年 4 月的低薪权重，英国。

2.122　附图 2 – 18 采用更广泛的方法对低收入行业与非低收入行业的所有工人进行比较。与非低收入行业（8%）相比，低收入行业发放轮班奖金的比例较高（10% 以上），且一年内这一情况几乎没有变化。全年内轮班奖金的平均值也相当平稳。

2.123　对加班费的发放和发放水平进行的相同分析显示，在过去一年中，加班费也出现小幅增长——2015 年，25 岁以上的最低工资工人中有

13%能领到加班费，2016年上升到15%。低收入行业的工人和其他经济部门的工人均呈现明显类似的趋势。

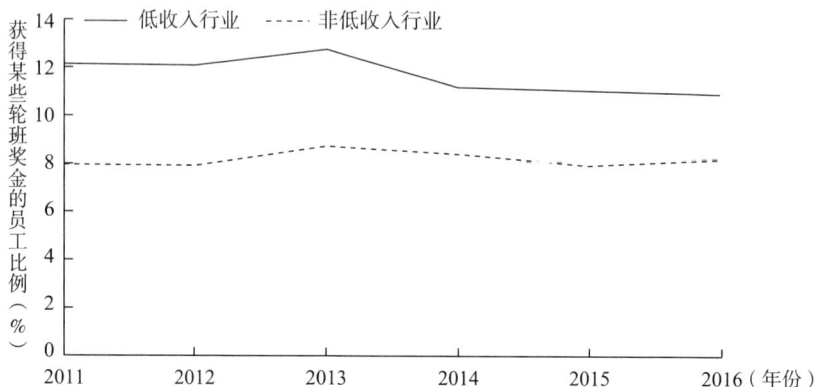

附图2-18   2011～2016年英国低收入和非低收入行业的
轮班奖金发放情况

资料来源：LPC的估算使用的是：ASHE 2010年的方法、2011年4月～2016年4月的低薪权重，英国。

2.124   总体而言，这一分析表明，自全国最低生活工资实施后，最低工资水平的工人的轮班奖金和加班费并没有大幅度下降。然而，这些研究结果是暂时的，原因有很多。首先，这一年里最低工资工人的覆盖率显著增加，所以附图2-17中的变化可能反映的是组成部分的变化。其次，已经公布的福利计划的变化可能尚未得到充分实施，因此还不能在数据中体现。最后，这里没有考虑到薪酬福利计划的其他部分——例如带薪休假或年假天数——这些地方可能会有调整。随着更多的数据可用，我们将继续监测这些趋势。

测量到的短付工资和不合规问题

2.125   数据显示，全国最低生活工资的实施提高了某些高薪工人和年轻工人的底薪水平。但是，时薪分配方面的证据还显示了另一个影响：2016年4月，25岁以上时薪低于7.20英镑的工人比例明显增加。

2.126   从原始数据来看，2016年4月，约有48万个25岁以上工人的工资水平低于7.20英镑——这占该工资水平所覆盖工人总数的30%，占全部工人人数约2%。但是，这种明显的短付工资问题大部分可能是调查时间产生的测量影响，现在调查与薪酬上调同时进行。2016 年 ASHE 调查使用的是 2016 年 4 月 13 日的薪资参考信息，就在全国最低生活工资实施后的两周内。如果员工的薪酬报告期是在 4 月 1 日以前（例如，每月或每四周发一次工资），那么雇主在法律上就不需要从旧的全国最低工资增加到新的全国最低生活工资，直到全国最低生活工资实施后的第一个薪酬报告期满。根据 ONS，有大约 17.5 万人属于这种情况。①

2.127　除了这 17.5 万个案例，ASHE 还发现：2016 年 4 月，全国最低生活工资覆盖的工人中有超过 30 万人或 19% 的时薪低于 7.20 英镑（占 25 岁以上雇员的 1.3%）。作为比较，2015 年 4 月，时薪低于全国最低工资水平 6.50 英镑的 25 岁以上工人人数大约为 16 万（占 25 岁以上雇员的 0.7%）。正如我们在过去的报告中指出的，短付工资的数据本身不能证明不合规问题：有些工人没有领到法定最低工资的理由很正当，其中包括通过住宿待遇抵消、学徒身份、计件工资率的采用或者薪酬报告期内对之前的预付工资或佣金等因素进行了调整。但这些因素显然无法解释 2015 ~ 2016 年的阶段性变化。有些增幅更有可能反映出暂时性的短付工资。全国最低生活工资周期的时间变化意味着这些数据与全国最低生活工资的实施后短付工资有关，而 2015 年 4 月的数据与全国最低工资的年中点有关。暂支不合规是以前未在数据中发现的问题（除了 1999 年全国最低工资实施的时候，也是 4 月）。这也有助于解释为什么在利益相关者的证据中没有太多体现不合规问题。

2.128　以前的研究（Ormerod and Ritchie，2007）为这一假设提供了一些支持。它研究的是时间对低薪估算的影响，特别是在调查期和全国最低工资的变化不相符的时候。使用 LFS 来分析全年的低薪预测可以发现，上调后的第四季度的不合规率最高——这同时反映出短付工资和测量误差的问题。在下一轮工资上调实施之前，全年的不合规率一直下降，这意味着雇主需要花时间来应对新的工资率，并且在上调后立即出现测量错误不是唯一的问题。与 1999 年 4 月的最低工资相关的数据也呈现类似的情况。据估计，短付工资问题将影响 2.1% 的工人，与 2016 年的规模相当。在 2000

---

①　在这些案例中，薪酬报告期是在 2016 年 4 月 1 ~ 13 日，时薪为 6.70 ~ 7.20 英镑。

年 10 月上调之后，短付工资比例下降至 0.9%，自那以后一直在低于 1% 的水平保持不变。

2.129 附图 2 - 19 显示了时薪低于 7.20 英镑的工人的时薪分配情况，并采用与 ONS 相同的方法。它强调了几个具体的时薪率——6.70 英镑和 7.00 英镑，大部分工人均处于这两个水平，还有一些略低于全国最低生活工资。6.70~7.20 英镑可能属于暂时不合规的案例。相比之下，低于 6.70 英镑则不能被解释为适应新工资率的暂时不合规——它们更可能是长期不合规案例。

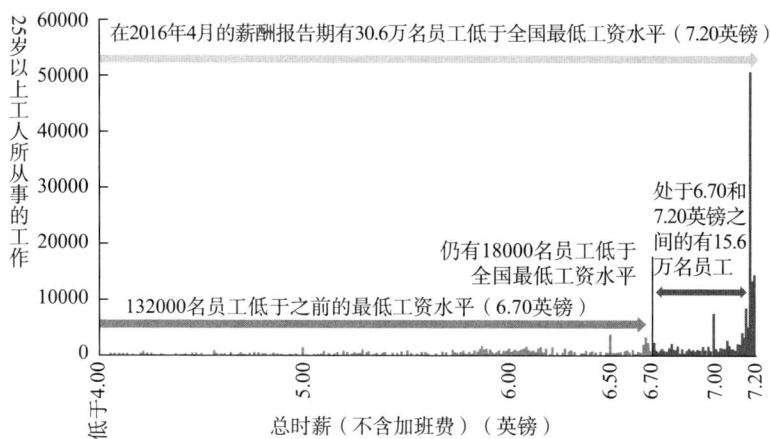

附图 2 - 19 2016 年英国 25 岁以上低于全国最低生活工资水平的员工的时薪分配情况

资料来源：LPC 的估算使用的是：ASHE 2016 年 4 月的低薪权重和适用的低薪基准，英国。

2.130 尽管如此，即使不合规是暂时性的，它仍然是非法的，对工人产生不利影响，会波及（根据这些数据显示）大规模的、处于全国最低生活工资水平的五分之一的工人。我们也不能排除为了应付保底工资的提高会出现越来越多的长期违规行为。事实上，我们在 2016 年春季报告中指出了这样的可能性。全国最低生活工资的推出与往年最低工资的上调时间不同。全国最低生活工资的值越高，覆盖率就越低。以前不受全国最低工资影响的很多雇主和一些行业这回是第一次被覆盖到。平均值的计算也可能会掩盖行业之间的显著差异。

2.131　由附图 2 – 20 可看出，与 2015 年相比，2016 年所有行业测量到的工资短付现象明显增加。虽然低收入行业整体从 1.5% 上升到 2.8%，不合规率最高的行业是美发、酒店、幼儿保育和清洁行业。社会保健和运输部门的不合规率也出现大幅增长。

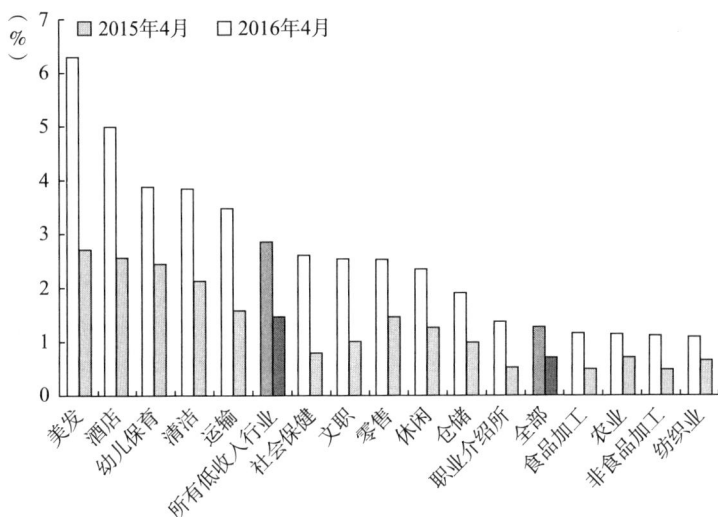

附图 2 – 20　2015 ~ 2016 年英国 25 岁以上低于全国最低生活工资水平的员工的比例

注：a. 本数据不包含第一年的学徒。

b. 本数据中应用了 ONS 的低薪基准，排除薪酬报告期从 4 月 1 日开始的工资在 6.70 ~ 7.20 英镑的工人。

资料来源：LPC 的估算使用的是：2015 年 4 月 ~ 2016 年 4 月 ASHE 的低薪权重，英国。

2.132　按照公司规模来看，小公司的短付工资比例一直居高不下——这或许反映出大公司投入了专门的人力资源团队，这些团队通常有较好的意识，能够针对立法改革更快地做出反应。2016 年继续出现中小企业短付工资比例较高现象，这些年各个规模的企业的短付工资比例都有所增加，但增加最明显的是微型企业（见附图 2 – 21）。

2.133　如果能通过数据进行同期比较，我们将继续研究我们 2017 年报告的这个问题。证据表明需要进行后续研究，以确定随着时间的推移短付工资的程度以及 HMRC 继续强制执行并且与工人和雇主定期沟通的重要性。

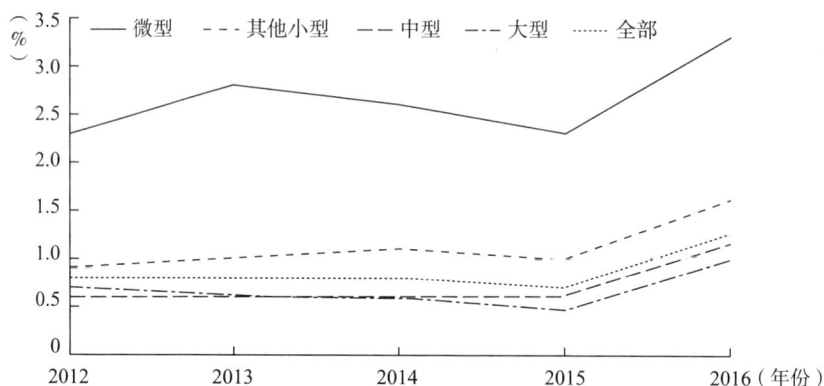

附图 2－21　2015～2016 年英国按公司规模划分的 25 岁以上低于全国最低生活工资水平的员工比例

注：a. 本数据不包含第一年的学徒。

b. 本数据中应用了 ONS 的低薪基准，排除薪酬报告期从 4 月 1 日开始的工资在 6.70~7.20 英镑的工人。

资料来源：LPC 的估算使用的是：2015 年 4 月~2016 年 4 月 ASHE 的低薪权重，英国。

对就业和工时的影响

2.134　确定了全国最低生活工资对收入分配的底线有重大影响后，我们再来研究企业如何应对由此带来的更高的工资成本。在增加成本的情况下，雇主有多种选择来抑制工资支出的增加。我们已经考虑过通过调整薪酬结构、扩大薪酬方案以及不合规等方式来吸收这些成本。公司还可以通过调整就业人数或工作时数来改变就业。

2.135　我们从过去 15 年的研究中总结出，英国最低工资的上涨总体而言对就业或工时没有显著影响。这一观点是基于我们对研究结果的判断。兰德欧洲（RAND Europe，2016）采用了另一种总结证据的方法，对英国的现有文献进行荟萃分析（研究文献），了解全国最低工资对就业、工时和工作保留率的影响。未在这些英国文献中发现存在偏见的证据，并且根据我们以前对全国最低工资影响的评估，发现没有证据显示最低工资会对就业产生真正负面的影响。但是，确实发现兼职职工要比全职工人更容易受到全国最低工资的不利影响，尤其是在就业保留率方面。在实施阶段、在经济衰退前出现大规模全国最低工资上涨以及在经济衰退之后，这些影响尤其强劲。但是，在经济衰退期间，当全国最低工资实际值下降时，并没有发现这样的影响。相比之下，它提供的证据表明，在经济衰退期，年轻员工的就业保留率会受到更大的不利影响——尽管除了这一时期，没有证据表明会对该年龄段的青年工人有不利的就业或工时影响。在工时方面，之前的研究发现对工时的影响大于对就业的影响，但该研究有不充分的证据显示，兼职员工会受到积极影响。

2.136　根据荟萃分析中考虑的之前的研究，相比于对全国最低生活工资的预测结果，最低工资的增长水平普遍较低。虽然 21 世纪初最低成人工资率有快速增长，但增长的绝对水平较低，实际值较低，相对价值也较低。根据经济理论，在某种程度上，最低工资有可能会破坏就业，因为它使劳动成本提高到超出雇主所获得的价值。从英国最低工资的历史来看，温和的增长不会造成工作机会或工时减少，因此才能带给工人收益。与更快和持续增长的影响有关的研究证据不多。正如我们在 2016 年春季报告中指出的，从经济的角度来看，全国最低生活工资是一个有效的自然实验，但是需要时间来评估。计量经济学分析需要时间来适当地进行影响评估，需要高工资率实施后至少几个季度的就业数据。累积增长则需要在更长的经济周期内进行测试，才能充分了解其可负担性、效益和成本。

劳动力市场数据

2.137　为了及早了解全国最低生活工资的影响，我们有一些 LFS 数据是涵盖从 2016 年 4 月初的实施到后面一个季度的时间，尤其是到 2016 年第二季度。通过将这些数据与 2015 年第二季度（2015 年 7 月全国最低生活工资政策公布之前）的劳动力市场比较，或许可以了解就业或工时受到的负面影响，特别是在弱势行业或群体中。但是，也有许多其他因素在影响着劳动力市场，它们可能会掩盖其他任何影响。同样地，对全国最低生活工资的反应可能会随着时间的推移而发展，短期的反应与长期的反应会有很大的不同。由于这些限制，下文的观察只能被视为 7.20 英镑的影响的早期指标。

2.138　在研究就业、员工职位、工时、职位空缺和裁员以及失业情况受到的影响时，第一章讨论的是从全国最低生活工资开始实施到 2016 年英国的就业和工时发生的总体变化。有证据显示就业水平创下新纪录且呈持续强劲增长的迹象，同时还有一些可能的软化迹象——最新数据显示申请失业救济人数和裁员人数增加了。

2.139 我们首先考虑不同的人口群体。正如本章前面所述，妇女、少数民族、残疾工人、非英国籍人员和无技能人员比其他类工人更有可能获得全国最低生活工资，他们的覆盖面和占平均收入的比例更高。因此，这些人员的就业表现的变化是衡量最低工资效应的潜在指标。

2.140 附图 2－22 显示了 2015～2016 年 6 月的就业率变化情况。从中可看出，所有符合全国最低生活工资标准的群体——无论在绝对值还是相对值上——均显现出强劲的就业增长率。除女性外，所有群体的表现均优于其对应群体（例如，残疾人的就业率高于非残疾人的就业率），他们的就业增长率也高于所有工人。虽然我们没有反事实假设如果不实施全国最低生活工资就业表现会如何强劲，但这表明在最初阶段全国最低生活工资的实施没有对相关工人产生明显的负面影响。

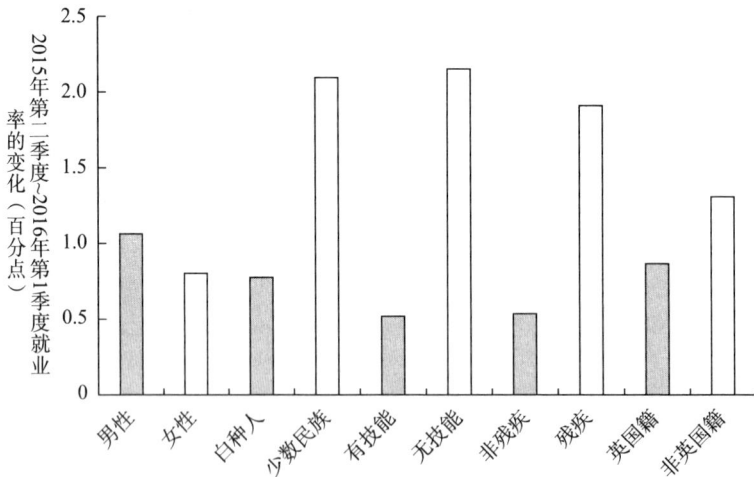

**附图 2－22 2015～2016 年英国按工人特点划分的
25 岁以上工人的就业率变化**

资料来源：LPC 的估算使用的是：LFS 微数据，人口权重，未经季节性调整，
英国单季度数据，2015 年第二季度至 2016 年第二季度，英国。

2.141 附表 2－7 对这些工人群体的失业率和不活跃率变化做了类似分析和结论。所有群体的失业率和不活跃率均有所下降，其中最有可能获得全国最低生活工资的群体比相对应群体下降幅度更大。如附图 2 - 22 所示，在过去一年的工资率变化方面，女性的表现略逊于男性。但是，她们的就业率仍然大幅上涨，失业率和不活跃率则下降。

附表 2 - 7　2015 ~ 2016 年英国按工人特点划分的 25 岁以上工人的就业率、
失业率和不活跃率变化

	2016 年第二季度比 2015 年同期变化的百分点数		
	就业率（%）	失业率（%）	非活跃比率（%）
男	1.1	- 0.5	- 0.7
女	0.8	- 0.4	- 0.6
白人	0.8	- 0.4	- 0.5
少数民族	2.1	- 0.9	- 1.5
有资格	0.5	- 0.3	- 0.3
无资格	2.2	- 2.7	- 0.8
健康人	0.5	- 0.4	- 0.2
残疾人	1.9	- 0.6	- 1.8
英国出生	0.9	0	- 0.6
国外出生	1.3	- 0.6	- 0.9

资料来源：LPC 的估算使用的是：LFS 微数据，人口权重，未经季节性调整，英国单季度数据，2015 年第二季度至 2016 年第二季度，英国。

2.142　在年龄方面，对 2015 年第二季度至 2016 年第二季度不同群体的就业率变化的分析表明，三个群体中有两个劳动力市场表现强劲，最有可能符合要求：25 ~ 29 岁以及 60 ~ 64 岁。实际上，从附图 2 - 23 中可看出，到 2016 年 6 月，60 ~ 64 岁的工人的就业增长最为强劲，其次是 25 ~ 29 岁年龄段。

2.143　但是，第三大群体——65 岁以上的工人——就业增长较弱，而 25 岁以上的群体的就业增长最弱。这里的一个复杂因素是 65 岁以上的人口在迅速增加。由于就业率是按人口比例来衡量的，所以其水平可能会随人口的增多而被压低。从同期的就业水平（而不是速度）的增长方式来看，我们发现，65 岁以上的工人的就业水平提高了 5% 以上，呈现令人鼓舞的趋势。

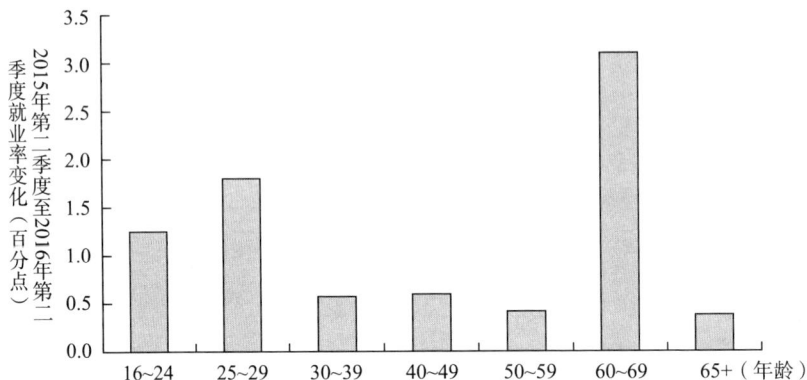

附图 2 - 23   2015～2016 年英国 25 岁以上工人的就业率变化

资料来源：LPC 的估算使用的是：LFS 微数据，人口权重，未经季节性调整，英国单季度数据，2015 年第二季度至 2016 年第二季度，英国。

2.144   第一章指出，整个经济近期的就业增长在很大程度上受到个体经营不断增加的影响，所以尽管我们在这里没有进行分析，但我们也考虑到这类人员的就业率变动。虽然绝对意义上的变化有所降低，但总体情况与就业率类似——受全国最低生活工资影响最大的群体人数在过去一年中强劲增加，与其对应群体相比增长态势猛烈。总的来说，尚未有证据显示全国最低生活工资对这些工人群体的劳动力市场前景产生很大影响。

2.145   除了人口组别的变化外，全国最低生活工资的影响也因行业、企业规模和地区而异。我们首先讨论低收入行业的工时和就业以及工作岗位的变化情况——而且这些方面的情况比工人群体的更为多样化。

2.146   附图 2 - 24 显示了过去两年广泛类别的低收入行业的工时变化。我们重点关注工时是因为工时是调整就业最简单的入手点，因此可能是第一个可以看到效果的地方。纵观整个研究期，尽管变化率有所削弱，但增长仍然是积极的。在 2014 年工时大幅增加之后，整个经济和低收入行业在 2015 年全年和 2016 年初的工时增长都放缓了。但是，根据最新一季度的数据，全国最低生活工资实施后，增长略高于前几季度，低收入行业的增长速度比整个经济的更强劲。对符合全国最低生活工资要求的行业总体而言，整体工时似乎并未下降。

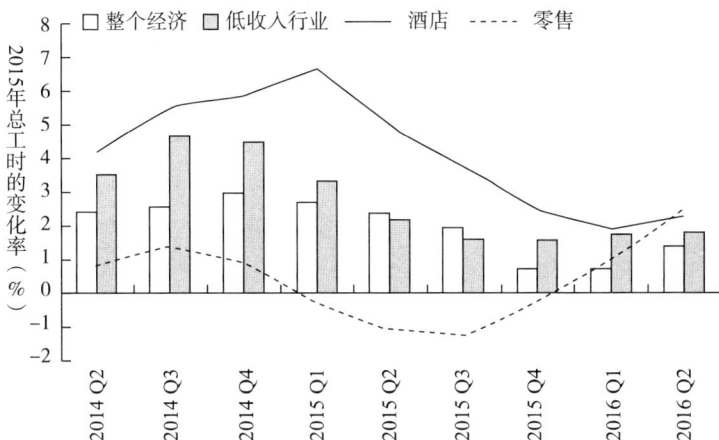

附图 2 - 24　2014～2016 年英国低收入行业和整个经济体的工时变化

资料来源：LPC 的估算使用的是：LFS 微数据，人口权重，未经季节性调整，连续四个季度的平均值，2014 年第二季度至 2016 年第二季度，英国。

2.147　附图 2 - 24 还显示了零售和酒店业的趋势——这些都是大多数最低工资工人所在的行业。从图中可看出，继 2014 年下半年的分歧后，酒店业和零售业的工时增长在 2015 年开始趋同。截至 2016 年第二季度，两个行业的工时增长率均在 2% 左右，与所有低收入行业的情况一致。自全国最低生活工资公布以来的大部分时间里，酒店业的工时增长一直在放缓。但是，这一趋势始于 2015 年第一季度，在 2016 年第二季度开始回升。相反，自 2015 年大部分时间都出现负增长后，2015 年零售业的工时开始增长。

2.148　跨行业人员数量的趋势与工时的情况非常相似。虽然从 2015 年至 2016 年初的增长速度放缓，但低收入行业从一个较高点开始增长，且最新数据显示，整个经济和低收入行业的增长率都在 1%～2%。零售业的就业增长速度持续快于酒店业，在 2016 年第二季度上升了 2.7%，而酒店业的增长与更广泛的经济范围内的增长（1.3%）相似。

2.149　附表 2 - 8 列出了多种低收入行业在就业和工时方面的最新变化。其中明显可看到存在极大的差异性，没有出现明确的与全国最低生活工资相关的模式。一方面，处于全国最低生活工资水平的行业的增长率最高，比如职业介绍所和纺织服装业——根据最新的 LFS 数据，这两个行业均出现了两位数的百分比增长率。另一方面，过去一年里清洁、食品加工和社会保健行业的就业率有所下降，而农业、清洁、美发和社会保健等领域的工时也同期下降。

附表 2 – 8　2015～2016 年英国低收入行业的就业率和总工时变化

行业或领域	就业		工时	
比前一年变化率	2016 Q2	2015 Q2	2016 Q2	2015 Q2
农业、林业和渔业	1.5	2.2	– 2.3	2.9
育儿	3.7	– 1.5	4.3	0.8
清洁	– 6	7.1	– 4.1	6
就业中介	11.9	5.4	14.1	7.8
食品加工	– 2.8	– 0.1	0.1	– 4
理发	0.4	6.6	– 3.8	7
住宿	1.3	3.5	2.3	4.9
休闲、旅游和运动	3.1	7.6	3	7.7
零售	2.7	– 1.4	2.5	– 1.1
社会关怀	– 1.7	3.5	– 1.7	4.8
纺织服装	28.5	– 1.6	25.5	5.6
其他部门	1.4	2.4	1.3	2.4
所有低收入部门	1.4	1.7	1.5	2.1
整体经济	1.4	2.2	1.4	2.4

资料来源：LPC 的估算使用的是：LFS 微数据，人口权重，未经季节性调整，连续四个季度的平均值，2014 年第三季度至 2016 年第二季度，英国。

2.150　附表 2 – 9 列出了使用不同衡量标准时的情况，即不同行业的员工岗位数量。2015 年，大多数低收入行业的员工岗位数量有所增长，酒店休闲、旅游和体育等行业持续提高，而其他处于全国最低生活工资水平的行业增长强劲，比如纺织业和食品加工业。此外，低收入行业的员工工作岗位数量增长不及非低收入行业的一半——分别是 0.6% 和 1.5%。美发行业的员工岗位数量比例下降幅度最大，为 13.6%，而家庭护理和幼儿保育行业的工作岗位也下降了 5.0%。农业领域的工作岗位下降了 1.6%（3000个工作岗位）。

附表 2 - 9 2014～2016 年英国低收入行业的员工岗位变化情况

	2016 年 6 月份	相对 2015 年 6 月变化		相对 2014 年 6 月变化	
	000s	000s	%	000s	%
所有行业	28944	349	1.2	887	3.2
非低收入行业	19093	287	1.5	647	3.5
所有低收入行业	9851	62	0.6	240	2.5
消费服务	6107	51	0.8	284	4.9
零售	3318	21	0.6	55	1.7
零售（不包括汽车）	2826	4	0.1	50	1.8
住宿	2122	40	1.9	97	4.8
休闲、旅游和运动	534	11	2.1	26	5.1
理发	133	- 21	- 13.6	- 10	- 7
商业 - 商业	1487	12	0.8	267	21.9
清洁	731	3	0.4	14	2
就业中介	756	9	1.2	34	4.7
贸易	660	17	2.6	- 23	- 3.4
食品加工	363	8	2.3	16	4.6
农业	185	- 3	- 1.6	- 2	- 1.1
纺织和服装	112	12	12	24	27.3
政府资助	1597	- 18	- 1.1	209	15.1
居家护理	791	24	3.1	82	11.6
家庭护理/儿童保育	806	- 42	- 5	- 96	- 10.6

资料来源：LPC 的估算使用的是 ONS 员工岗位系列，三个月，未经季节性调整，2014～2016 年，英国。

2.151 关于这些数据，现在就判定工时、就业率和岗位数量的变化与全国最低生活工资有关，还为时尚早。不同来源的数据均显示岗位数量在减少的主要行业是社会保健业——该行业的工时和就业率也在下降，家庭护理和幼儿保育行业的员工岗位数量也在减少，尽管住宿式护理行业是例外。更加矛盾的是清洁行业——该行业的工时和就业水平在下降，但工作岗位数量略有增加。同样，农业和美发行业的工时和岗位数量也有所减少，但就业率却增加了。

2.152 在企业规模方面，附图2-25显示了25岁以上的员工在不同规模公司的总工时变化和就业率变化。这反映了本章前面的分析，说明小企业的全国最低生活工资覆盖率较高。对于25岁以上的工人来说，无论规模如何，所有企业的总工时似乎都在小幅增长，但其中微型企业的同期增幅最小。无论规模如何，所有企业的就业水平也略有增加，除了微型企业——其就业率同比略有下降。此外，第一章中讨论的数据显示，微型企业的岗位空缺在最近一段时期有所增加，这表明这些企业的就业前景可能会增强。

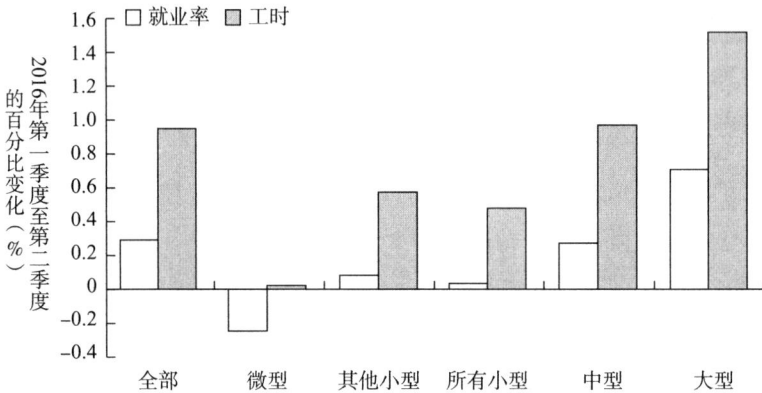

附图2-25 2016年英国按公司规模划分的就业和工时变化

资料来源：LPC的估算使用的是：LFS微数据，人口权重，未经季节性调整，连续四个季度的平均值，2015年第二季度至2016年第二季度，英国。

2.153 最后，附表2-10显示了按管辖区和大地区划分的就业水平和工资率变化。本章的前部分已经提过，英国最低工资的相对值差异很大，所以有可能某些地区的就业增长会慢于其他地区。但是，这些数据表明情况要更复杂。表格顶部的区域是全国最低生活工资占平均收入比例较高的区域，从上到下排列。虽然威尔士和北爱尔兰、西北部和东南部在截至2016年6月的三个月内就业水平略有下降，但这似乎与全国最低生活工资关系不大。例如，东密德兰的最低生活工资比例是第二高，但在截至2016年6月的三个月中，它的就业率上升幅度最大。总的来说，我们没有发现这一时间点上地区的就业率和工资率变化与全国最低生活工资之间存在明确的关系模式。

附表 2 – 10 2015～2016 年英国按管辖区和大地区划分的就业水平和工资率变化

地区	就业水平			就业率		
	截至 2016 年 6 月的前三个月	截至 2016 年 3 月的前三个月	截至 2015 年 6 月的前三个月	截至 2016 年 6 月的前三个月	截至 2016 年 3 月的前三个月	截至 2015 年 6 月的前三个月
	Change（000s）			Change（ppt）		
东米德兰	2295	39	35	75.6	1.2	0.7
威尔士	1440	– 14	17	72.2	– 0.3	0.7
约克夏和亨伯河流域	2520	10	12	72.2	0.2	0.5
北爱尔兰	833	– 4	21	69.0	0.0	1.3
东北	1211	16	51	71.2	0.8	3.1
西米德兰兹郡	2611	12	65	71.9	0.5	1.3
西南	2721	22	18	77.7	0.4	– 0.5
西北	3363	– 31	64	72.6	– 0.8	1.4
东部	3078	51	78	78.1	0.6	1.2
苏格兰	2629	51	14	74.1	1.0	0.0
英国	31750	172	606	74.5	0.3	1.0
英格兰	26847	139	554	74.8	0.3	1.2
伦敦	4486	25	131	73.5	0.2	1.2
东南	4512	– 5	101	78.3	0.1	1.7

资料来源：LPC 的分析是基于：ONS 区域劳动力市场统计，2015 年第二季度至 2016 年第二季度，英国。

2.154　总的来说，在这个早期阶段，还没有明确的数据证据表明全国最低生活工资会对就业产生影响。这也不奇怪。2015 年，劳动力市场中最有可能处于或低于全国最低生活工资水平的群体在就业率上出现强劲增长，失业率和不活跃率有所下降。整个经济和低收入行业的就业率、工时和岗位数量都在不断增加。然而，某些低收入行业在过去一年中的就业率、工时或岗位数量有所下降，特别是社会保健业、清洁行业、美发行业和农业。我们根据所收集的证据和现场考察了解到，这些行业都面临着严重的全国最低生活工资带来的成本压力。我们将继续监督这些行业，看看这一趋势是否持续并了解这些变化是否与全国最低生活工资或与劳动力市场广泛变化的其中一部分有关。

对竞争力的影响

2.155　除了工资、就业和工时变化外，最低工资的上涨还引发了许多其他的反应——包括价格上涨、生产率提高、利润下降以及最终的倒闭。我们的利益相关者和调查证据表明，全国最低生活工资实施后，相关公司的竞争力也会受到影响。工资支出增加后，随之而来的是通过减少利润来吸收上涨的成本——出现这一情况的雇主报告的最常见的反应就是涨价。在全国最低生活工资实施前夕，围绕提高劳动生产率进行了大量的讨论——提高时薪意味着员工会尽更大的力。虽然一些公司称它们做出了提高生产率的变革（投资技术或开展员工培训），但利益相关者的证据表明，2016年4月全国最低生活工资开始实施后，这可能是不太受欢迎的一种做法，尽管它仍然被认为是应对未来全国最低生活工资增长的核心措施。

2.156　第一章列出了我们决策的经济背景，包括整个经济层面上竞争力变化的指标。但是，可用于这些指标的数据很少，它们可以分解为水平和及时性两个因素来帮助我们评估全国最低生活工资的影响（正如我们在研究对薪资和就业的影响时做的一样）。此外，价格、利润和生产率由许多经济因素决定，其中保底工资的变化只是一个要素。尤其2016年以来，与全国最低生活工资的实施几乎同期的欧盟全民投票前后的不确定性也可能影响这些措施，因此更难以确认和量化这些影响。

2.157　这里我们研究一下价格数据，我们根据不同的商品和服务将这些数据分解成更多最新的、具体的细目，看看最低工资工人比例较高的行业是否出现涨价。我们还要研究全国最低生活工资宣布时的股价变化，因为这是利润的一个标志。然后，我们总结第一章中讨论的宏观经济竞争力趋势，发现全国最低生活工资的实施并没有对广泛的指标产生明显的影响（鉴于数据和时机的性质，这一点也不奇怪）。

2.158　附表2－11列出了最低工资群体的商品和服务的年度价格变动情况。前两列比较了2016年第二季度与2015年第二季度的价格——是在全国最低生活工资实施之后但在欧盟全民投票之前——最后两栏显示的是2016年第三季度的数据。2015~2016年最低工资商品和服务的价格上涨得比上一年度多，而且其涨幅也比CPI、RPI和服务生产者价格指数（SPPI）

的普遍涨幅大。显然，影响商品价格的因素很多，最低工资只是其中之一。但是，这些数据与一些利益相关者的证据和研究结果一致，均表明价格上涨是对保底工资增加做出的一个常见反应。

附表 2 – 11　2014 ~ 2016 年英国特定商品和服务的价格通胀

指数		第二季度		第三季度	
		2014 ~ 2015 年	2015 ~ 2016 年	2014 ~ 2015 年	2015 ~ 2016 年
CPI	所有消费品	0	0.3	0	0.8
	餐厅和咖啡馆	1.8	2.2	1.6	2.4
	食堂	– 1	1.4	– 1.1	1.6
	服装清洁、修理和出租	2.6	2.2	2.1	2.4
	家庭服务	3	3.7	3.5	3.3
	美发	1.7	2	1.9	2.2
RPI	所有项目	1	1.4	0.9	1.9
	所有项目（不含抵押利息支付）	1	1.6	1	2
	餐厅用餐	1.7	2.2	1.4	2.4
	食堂饭菜	– 0.8	1.5	– 0.8	1.7
	小吃和零食	2.2	1.9	1.9	2
	啤酒销售	1.9	2.2	1.7	2.3
	酒或烈酒类销售	2.2	3	2.2	3.1
	家政服务	3.2	3.1	3.4	3.1
	个人服务	2.1	3.1	2	3.3
SPPI	网络部门	0.5	1.2		
	酒店	– 3.6	– 0.7		
	食堂餐饮	1.9	1		
	职业中介	– 0.3	– 1.2		
	工业清洗	– 0.9	2		
	商业洗涤干洗	1.1	1		

　　资料来源：基于 ONS 数据的 LPC 估算：CPI 所有项目（D7BT）；餐厅和咖啡馆（D7EW）；食堂（D7EX）；干洗、维修和服装（D7DM）；家政服务和家庭服务（D7E6）；美发和个人护理设施（D7EY）；RPI 所有项目（CHAW）；餐厅用餐（DOBE）；食堂餐（DOBF）；外带和小吃（DOBG）；啤酒销售（DOBI）；葡萄酒和烈酒（DOBL）；家政服务（DOCI）；个人服务（DOCR）；SPPI 综合行业 2003 年 SIC 基准（I5RX）和 2007 年 SIC 基准（K8ZW）；酒店（K8TE）；食堂和餐饮（K8TP）；职业介绍所（K8XZ）；工业清洗（K8YQ）；商业洗涤和干洗（K8ZM），未经季节性调整，2014 年第二季度至 2016 年第三季度，英国。

2.159 价格上涨后，通过减少利润来吸收增加的工资成本是雇主们经常利用的一种做法。员工代表在证言中也强调强劲的公司利润可以负担得起最低工资率及其未来增长。可用的数据有限且太过聚集，因此难以辨别出全国最低生活工资的影响。

2.160 但是，另一个盈利能力指标是上市公司的股价。Bell 和 Machin（2016）抓住全国最低生活工资意外公布的契机，研究雇用大量处于全国最低工资水平的员工的公司和其他公司之间的股价变动情况。他们发现，在公布后的一天内，最低工资工人较多的公司的股价下跌了 1.2%，五天后下跌了 2%~3%（见附图 2-26）。研究将这一反应与工资成本增加造成的公司盈利能力变化估算进行比较，发现这些调整幅度相当。

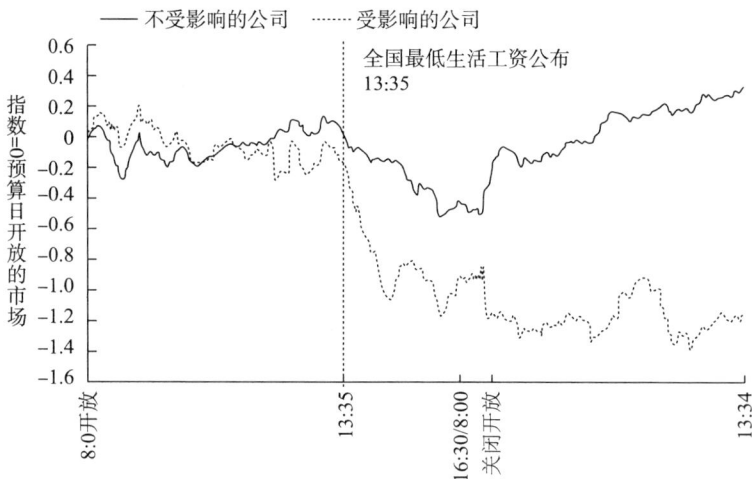

附图 2-26 2015 年 7 月 8~9 日受全国最低工资影响和不受影响的公司的股价对比

资料来源：Bell 和 Machin（2016）最低工资和企业价值，《劳动经济学》，即将出版。

2.161 与利润水平相关的是更广泛的指标，比如整个经济和低收入行业的投资水平，特别是零售业和酒店业。总体而言，正如第一章所示，2015年投资放缓，2015 年第四季度和 2016 年第一季度投资略有下降。但是，它随后在 2016 年第二季度略有回升，比前一天同期高出 1%。在这一整体模式下，商业投资下降，被政府投资的增加和住房投资所抵消。酒店和餐馆的投资情况尤为如此——2013 年和 2014 年的增长非常强劲，但从那以后开始放缓，与 2015 年同期相比，最近一季度有所下降。

　　2.162　对全国最低生活工资做出的一个关键反应是生产率。再次如第一章所述，整个经济的增长态势一直是低迷的，如果经济衰退前的光景持续下去，生产率将远远低于工资水平。不过，最新数据显示，服务行业的表现略好（截至 2016 年第二季度），其生产增长率达 2.5%，而整个经济仅有 0.9%。零售业、酒店和餐馆等有大量处于全国最低生活工资水平的工人的行业，近年来生产率的发展趋势出现了很大的不同。特别自 2013 年以来，零售业的生产率一直在提高，2015 年增长了 4.5%，而酒店和餐馆的生产率却没有恢复到衰退前的水平，尽管 2015 年也增长了 2.9%。总体而言，很难将全国最低生活工资的影响从更广泛的结构性趋势中分离出来，（例如）零售业通过增加产量来应对竞争和互联网兴起，而酒店开始受到自动化的影响。

　　2.163　对全国最低生活工资做出的最后一个回应是退出市场的企业数量有所增加，或进入市场的企业数量减少。这些企业进出市场都是通过经济内企业的净存量来实现的。最新可用的数据只到 2014 年。但是，我们确实掌握了关于破产的最新信息。2016 年第一季度的数据显示，低收入行业整体破产数量有所增加，包括零售业、酒店业和清洁行业。不过，整个经济也明显是一样的趋势，因此还无法说明全国最低生活工资的潜在影响。

　　2.164　总体而言，竞争力是最难评估全国最低生活工资影响的一个领域——特别还要将其与经济中的其他更广泛的干扰因素区分开来。上述分析表明，最低工资商品和服务的价格有所上涨，生产率几乎没有变化，破产数量略有上升。但这与第一章中的更广泛趋势没有任何关系，该章指出主要指标略有下滑。

　　结论

　　2.165　2016 年 4 月全国最低生活工资的实施标志着英国最低工资政策的一个转变。员工代表告诉我们，有大量和大范围的员工能从中受益，其中包括高于全国最低生活工资水平的工人和 25 岁以下的工人。他们对保底工资要增加的目标表示欢迎，但希望这一目标能设置得更高，或更接近生活工资水平。他们不认为全国最低生活工资的实施会对工作岗位造成影响，而是提供高利润的证据表明全国最低生活工资是可以负担得起的。

2.166 一些雇主代表报告说，实施最低工资率带来重大挑战，而其他雇主代表则更关心未来工资率的进一步增长。调查显示，有三分之一到一半的雇主认为全国最低生活工资实施后工资支出增加了。受影响的雇主指出薪酬发生的重大变化，特别是全国最低生活工资在收入分配范围内的涟漪效应，加上工资差的挤压。有些雇主还做出减少轮班奖金、加班费，红利或其他福利等变革；但是，雇主或雇员代表都没有发现不合规现象增多的问题。涨价和通过减少利润来吸收成本是最常见的做法。各公司已经表达出在 7.20 英镑工资率实施前提高生产率的意图；但是，在这种情况下，只有少部分雇主真正采取行动提高了生产率。

2.167 就业影响的规模较难确定。根据利益相关者的报告和调查的结果，有些公司在全国最低生活工资实施后减少了工时或工作岗位——最常见的做法是通过缩短工时或减少招聘人数，少数公司还进行裁员。这一影响在便利店和园艺行业中特别明显。但是，无法通过数据确定受影响岗位数量或工时数。

2.168 展望 2020 年，各企业不确定自己是否能成功应对全国最低生活工资。许多公司还指出在工资差上面临的压力，以及在调动员工使其保持进步动力上面临的挑战。许多雇主认为提高生产率是一种重要做法，尽管有时提高生产率会减少就业机会。有公司认为，到 2020 年之前他们将面临更多就业水平上的压力。员工代表则认为，加强员工参与将有助于提高生产率。

2.169 我们对全国最低生活工资率的分析再次突出了它产生的重要影响——许多工人会从涨薪中受益，同时企业会面临随之而来的挑战。主要最低工资率的实际值目前处于其历史最高水平，分别在 2007 年按 CPI 计算、2009 年按 RPI 计算达到峰值。对于一个典型的处于最低工资水平的工人（每周工作 26 小时），这意味着他的全年收入将增加 680 英镑，经 CPI 调整后为 590 英镑，或在平均收入增长的基础上增加 390 英镑。

2.170 这一增长导致了时薪分配底部的薪酬大幅增长，全国最低生活工资占平均收入的比例和覆盖率也会增加。

2.171 2016 年 4 月全国最低生活工资占平均收入的比例是 56.4%——

较 2015 年 4 月时的 52.5% 上涨不少。我们估计到 2016 年 10 月将达到 55.8%——这也是设定 2020 年目标时的衡量点。平均值掩盖了劳动力市场不同领域之间的显著差异。2016 年 10 月，英国最低生活工资比例已经超过 60%。到 2020 年，除伦敦和东南部以外，所有地区的比例都将高于 60%。小公司的全国最低生活工资比例更高，微型企业更是已经超过 70%。每个低收入行业的全国最低生活工资比例均已超过 70%，酒店和清洁行业已经超过 90%。

2.172　覆盖率也大幅增加——2016 年 4 月，全国最低生活工资覆盖到 160 万人，占全部劳动力的 6.7%。到 2020 年，可能再次上升到近 300 万工人。兼职人员的覆盖率较高，他们的最低工资覆盖率达七分之一，而全职人员的比例仅为二十五分之一。相比劳动力市场上的其他群体，妇女、残疾工人、无技能人员、65 岁以上工人和 25～29 岁工人更可能被全国最低生活工资所覆盖。4 月，在清洁、美发和酒店等低收入行业，有超过四分之一的 25 岁以上工人处于全国最低生活工资水平。

2.173　时薪分配变化表明，全国最低生活工资的涟漪效应已经影响到时薪分配上的第 25 个百分位，即时薪高达 9 英镑的工人。分配底部四分之一处的平均增长率为 6%。妇女和兼职人员最能从中受益——他们在分配底部四分之一处的平均增长率分别为 6.3% 和 8.0%。在其他分配区域，时薪的增长率平稳维持在 3% 左右。25 岁以下的工人虽然不符合全国最低生活工资的资格，但也能从中受益——据估计，另有 7% 的 16～24 岁工人涨薪到全国最低生活工资水平或以上。但是，这些波动效应产生的同时也伴随着工资差被挤压的问题。这种影响随行业而不同，文职类工作和仓储行业影响最大。虽然利益相关者在证言中强调了一些薪酬合并的案例，但是我们对总体数据的分析中没有发现过去一年轮班奖金和加班费出现重大变化。

2.174　2016 年 4 月，估计有 30.6 万名 25 岁以上工人工资低于全年最低生活工资——占所有 25 岁以上工人的 1.3%，占全国最低生活工资覆盖的全部工人的 19%。相比之下，2015 年 4 月，有 15.8 万名 25 岁以上工人工资低于全年最低工资，占全国最低生活工资覆盖的全部工人的 15%。我们认为这种增长在很大程度上可能是暂时的不合规，因为一些雇主面对新的工资率反应较慢，但这仍然令人担忧。

2.175 初步数据中并没有明确证据证明全国最低生活工资对就业和工时有影响——尽管任何影响都需要较长的时间来评估，才能得出明确的结论。截至 2016 年 6 月，低收入行业的就业率与其他经济部门的增长速度一致，但某些处于全国最低生活工资水平的行业也出现了就业率下降，比如清洁行业和社会保健行业。低收入行业的工作岗位数量继续增长，虽然速度较近几年慢且低于非低收入行业。家庭护理和幼儿保育、美发和农业等行业在过去一年中的工作岗位数量有所下降。此外，许多其他低收入行业的工作岗位数量增长强劲，例如住宿式护理（3.1%）和食品加工（2.3%）。2015 年微型企业的就业率有所减少，工时增长也很疲软，但其他规模的企业却均有增长。在过去一年中，更有可能获得全国最低生活工资的工人群体在劳动力市场上表现强劲。

2.176 利益相关者的证据和研究结果均指出全国最低生活工资对竞争力有影响——特别是在价格和利润方面。但是，这方面及时而具体的数据有限。我们发现，2015 年最低工资商品的价格比主要通货膨胀指数增长更快——这可能反映出工资成本的增加或其他因素。我们将继续监测这些压力。

附3
新加坡全国工资理事会指导原则

本材料通过整理 2014 ~ 2015 年新加坡工资指导原则，分析该国在指导企业工资增长的思路与原则，以期对我国政策提供参考。

1. 2013 年经济表现和劳动力市场情况及 2014 年展望

2013 年，新加坡经济增长了 3.9%，较 2012 年的增长率 2.5% 有所加快。总就业人数增加了 136200，增加了 4.1%，略高于 2012 年的总就业增加人数129100 人，增加了 4.0%。2013 年整体失业率依旧维持较低状态，保持在1.9%，较上年的 2% 小幅降低。同时，居民失业率依然维持在 2.8%。

2013 年居民消费价格指数增长了 2.4%，相对于 2012 年 4.6% 速度放缓。对于 CPI 的主要贡献者是住房成本，特别是自用住房估算租金（OOA），以及汽车成本。剔除估算租金后更直接接近于现金支出的住房成本，这样测算通胀率较低，仅为 1.9%，远低于 2012 年的 3.6%。

数据显示，2013 年下半年整体劳动生产率上升了 0.8%，相对于 2012年整体下降 1.4%，以及 2013 年上半年下降 1.3% 而言在逐步提升。

在稳定的劳动力市场以及逐步完善的经济条件下，私营部门雇员的名义工资（含年度奖金以及雇主中央公积金（CPF））2013 年增长了 5.3%，相对于 2012 年的 4.2%，提高了增长率。私营部门的工资总额增加主要缘于基本工资的强势增速 5.1%（2012 年增速为 4.5%），此外，奖金也小幅增加了，计算奖金周期由 2012 年 2.19 个月增加为 2013 年的 2.21 个月。

计算整体消费者物价指数通胀因素，2013 年实际基本工资增加了2.7%，转变了 2012 年的下降趋势。随着名义工资的快速增长以及 CPI 慢速调整，如调整使用消费者物价指数（不含估算租金）后实际工资总额增长2.9%，也改变了 2012 年的下降趋势。

新加坡 2014 年国内生产总值预期增长 2.0% ~ 4.0%。与全球需求复苏相一致，例如制造业和批发贸易等外向型行业可能会继续为经济增长提供支持。但劳动力状况的紧张可能拖累劳动密集型的内向型行业。MOM 预测除非经历外部经济严重的意外冲击，2014 年劳动力需求仍然强劲。

新加坡金融管理局（MAS）预测，2014 年的整体消费者物价指数通胀率将介于 1.5% ~ 2.5%。整体输入性通胀仍较疲弱。由于企业会将累计成本传递至消费价格，国内费用压力，特别是劳动力市场紧张，可能仍是通胀的最主要来源。与之相反，汽车价格不再是通胀的主要贡献因素。而新建住宅供给大增，但住房成本在 2014 年较坚挺。

2. 2014 ~ 2015 年全国工资理事会工资指导原则

（1）关注劳动力市场紧张下的生产率增长

整体而言，劳动力市场在 2014 年仍将保持紧张，而且伴随国外劳动力政策措施开始生效，这一状况可能将更加紧张。尽管经济转型预期会带来一定劳动力冗余，失业率仍将维持低位。伴随地方就业增长，就业机会的制造仍将保持强劲。

NWC 注意到劳动力市场紧张会对工资带来上升压力。为了保持经济的可持续增长并不侵蚀经济的竞争力水平，实际工资上升应在长期与生产率增长相一致。目前生产率增长出现暂时的改善迹象，保证这一过程持续下去是很重要的。

NWC 鼓励企业向生产力驱动型增长而非劳动力驱动型增长发展。这有助于持续的工资增长，并吸引和保留员工。为了提高生产力，鼓励企业采取更多的人力资源手段来促进业务增长。企业应参加政府推动项目，包括已延长至 2018 年的生产力及创新优惠（PIC），以及专注于中小企业的新PIC + 等计划。NWC 注意到政府的工资补贴计划（WCS）帮助雇主在管理劳动力成本上升的同时与其雇员保留、培训和分享生产率提高的收益。

在劳动力市场较紧张的背景下，NWC 建议政府及雇主通过鼓励非从事经济活动人口重新工作的方式来增加劳动力。特别的，雇主可参加诸如WorkPro 等政府项目，通过实行灵活而对年龄友好的生产场所活动来招募和保留重返工作的女性和老年劳动者。

提高生产力将有助于企业，并可帮助员工享受实际工资的提高。NWC敦促雇主可持续地与其雇员分享生产力收益。考虑到严峻的商业状况、紧

张的劳动力市场、预计为 2% ~ 4% 的经济增速以及生产力水平，NWC
建议：

第一，企业在提高工资时需将主要的经济劳动力市场情况考虑在内；

第二，企业应根据经营绩效、前景和可持续性提高员工的固定工资；

第三，做得好的企业需要在适当情况下，进一步奖励雇员与公司业绩
和员工贡献相一致的可变工资成分。

如同在 2014 年预算中宣称的那样，国民法定福利公积金中雇主对所有
员工医疗储蓄账户的贡献率将会提升。对老年员工公积金贡献率将增长更
多，用于帮助他们为退休后需求积攒更多储蓄。雇主在计划工资增加额时
应将这些因素考虑在内。

（2）对于低工资劳动者的工资建议

NWC 欢迎政府、工会和雇主团体帮助低工资员工增加技能、培训，就
业能力和收入的持续努力。

NWC 之前关注焦点在于每月基本收入不高于 1000 新元的低工资劳动
者，并建议最低固定工资增长在 2012 年为 50 新元，2013 年为 60 新元。

NWC 注意到这两次定量的指导方针已促使低工资来冻结实际工资水平
在 2013 年大幅增长。2013 年 12 月，约八成私营部门已经提高或计划提高
每月基本收入不高于 1000 新元的雇员工资水平。这一比例较 2012 年同期约
六成的比例明显增加。特别的，工资增幅等于或高于 NWC 建议固定工资提
高幅度的企业占比由 2012 年的 28% 提升至 2013 年的 57%。NWC 敦促继续
努力以改善低工资劳动者的工资。

NWC 认识到，帮助低工资员工提高他们的技能、就业能力和收入需由
政府及主要利益相关者协调一致的多方面干预。在三方支持下，政府已采
纳了多管齐下的措施以帮助低收入劳动者改善他们的工资。这些措施包括
通过就业奖励培训支持（WTS）计划来大力资助劳动者能力提升，以及通
过包容性增长计划（IGP）来分享生产率收益。鼓励雇主参与这类计划。

为了配合这些努力，NWC 建议企业要在进行年度工资调整时继续特别
关注这一群体。为了帮助低工资劳动者，NWC 建议：

第一，公司以定额和工资增长百分比的形式给予这些劳动者固定工资
增长，这将使低工资劳动者提供较高比例的固定工资增长；

第二，对于每月所挣基本工资不高于 1000 新元的劳动者，建议给予最少 60 新元的固定工资增长；

第三，对于每月所挣基本工资高于 1000 新元的劳动者，建议给予同等的与合理的工资增长，以及/或给予基于技能和生产率的一次性付款。

在 2013 年，NWC 注意到对 NWC 数量性指导方针的采用情况的改善，2014 年 NWC 强烈建议雇主采用 NWC 的指导方针。

（3）外包较普遍行业中的低工资劳动者

NWC 意识到很多低工资劳动者受雇于外包活动较普遍的行业。NWC 号召雇主和服务买家对将 NWC 工资指导原则纳入外包服务合同做出特别的努力。NWC 进一步号召雇主通过一次性给予金额不固定的付款来与这些低工资劳动者分享生产率提高的收益。外包服务的买家也应该考虑将员工年度工资调整因素纳入合同，或者允许合约价值做相应的调整。

（4）渐进式薪金模式（PWM）

NWC 欢迎三方努力倡导 PWM 来改善就业前景和员工的收入。特别是，NWC 注意到三方委员会在清洁、安全和环境美化等行业努力推进 PWM，其中涵盖了技能、生产率、职业发展和工资方面的工作。

NWC 很高兴看到雇主对 PWM 强有力的支持，并呼吁雇主在这些行业尽快实现 PWM。

雇主在其他行业也应采取"渐进工资"的概念，并就提升员工技能及职级提供一个清晰的发展路径，包括通过结构化的培训。PWM 将让企业更好地利用人力资源和支付更高的工资，并与他们员工的工作范围、职责和生产力水平相适应。NWC 建议在其他行业领域成立三方委员会或三方工作组，为他们的公司制定和实施适当的 PWM。

（5）NWC 给予的其他建议

NWC 认识到维持新加坡的竞争力期间经济结构调整的重要性。NWC 敦促政府继续积极帮助雇主提高生产力和缓和非工资业务成本。

NWC 敦促雇主加紧努力培养他们的员工，使他们都配备有帮助提高生产力的技能。NWC 强调系统培训员工需有到位过程的重要性。员工在采取机会参与培训和发挥他们的技能中也有一定的作用。

NWC 指出，终身健保双全（MSHL）在 2015 年推出，所有新加坡公民或永久居民籍员工将从 MSHL 提供便携和终身医疗保险中受益。NWC 鼓励雇主和工会共同努力，寻找适当措施，以提高员工支付他们 MSHL 保费。

（6）NWC 的建议应用

NWC 建议涵盖期间从 2014 年 7 月 1 日至 2015 年 6 月 30 日。

这些建议适用于所有员工——管理，行政人员，专业人士，工会和非工会企业在公共部门和私营部门，其中包括被重新雇用的工人。

为方便工资协商，企业应该与员工及其代表共享相关信息，如公司业绩及业务前景。

NWC 鼓励雇主们在执行此原则时克服困难，同员工及工会进行沟通与交流来解决问题。

参考文献

［1］安然：《政府、市场与中产阶级》，北京师范大学出版集团，2016。

［2］白羽：《澳大利亚劳动法律制度研究》，法律出版社，2011。

［3］〔美〕查尔斯·艾伦等：《克林顿传》，戚友、李福胜译，新华出版社，1992。

［4］柴彬：《英国工业化时期的工资问题、劳资冲突与工资政策》，《兰州大学学报（社会科学版）》2013 年第 2 期。

［5］陈宝森：《美国经济与政府政策》，社会科学文献出版社，2014。

［6］陈刚：《安倍政府经济政策研究》，社会科学文献出版社，2015。

［7］陈金英：《经济改革以来印度中产阶级的现状》，《南亚研究》2010 年第 3 期。

［8］陈融：《英国劳动法与劳资关系》，商务印书馆，2012。

［9］〔日〕大前研一：《M 型社会——中间阶层消失的危机与商机》，中信出版社，2007。

［10］冯阿红：《国企普通员工薪酬制度研究》，硕士学位论文，四川师范大学，2012。

［11］〔日〕哈纳米、〔比〕布兰佩因：《市场经济国家解决劳资冲突的对策》，佘云霞等译，中国方正出版社，1997。

［12］何帆：《美国在中国经济中扮演什么角色》，《金融经济》2003 年第 8 期。

［13］〔日〕荒木尚志编著《日本劳动法（增补版）》，牛志奎、李坤刚译，北京大学出版社，2010。

［14］黄道秀编《俄罗斯联邦劳动法典》，蒋璐宇译，北京大学出版社，2009。

［15］贾东岚：《发达国家企业工资调控措施研究》，《中国劳动》2016 年第 6 期。

［16］贾东岚：《国外最低工资》，中国劳动保障出版社，2014。

［17］杰拉尔德·斯塔尔：《最低工资——实践问题与国际评述》，马小丽译，经济管理出版社，1997。

［18］李慧、张志斌：《美国薪酬调查制度》，中国信息报，2007。

［19］李慧民、张志斌：《澳大利亚统计调查制度》，中国信息报，2007。

［20］李慧民、张志斌：《英国工资统计调查介绍》，《中国信息报》2007年7月20日。

［21］李坤刚、牛志奎：《日本劳动法》，北京大学出版社，2010。

［22］李薇：《日本研究报告》，社会科学文献出版社，2015。

［23］李钟瑾等：《生存工资、超时劳动与中国经济的可持续发展》，《政治经济学评论》2012年第3期。

［24］林燕玲：《国际劳工标准》，中国工人出版社，2002。

［25］凌星光：《战后日本的工资和物价关系》，《现代日本经济》1988年第4期。

［26］刘昌黎：《论战后日本对工资的管理和利用》，吉林大学日本研究所，1983。

［27］刘建伟：《亨廷顿关于中产阶级与政治稳定关系的思考——以〈变革社会中的政治秩序〉为例》，《理论月刊》2012年第3期。

［28］刘艳丽：《丹麦工资确定机制的分散化发展》，《河北工程大学学报》（社会科学版）2013年第1期。

［29］刘燕斌：《国外集体谈判机制研究》，中国劳动保障出版社，2012。

［30］马小丽：《最低工资——实践问题与国际评述》，经济管理出版社，1997。

［31］倪斐：《德国劳动法与劳资关系》，商务印书馆，2012。

［32］彭曦等：《日本经济史》，南京大学出版社，2010。

［33］曲文轶、娄春杰：《俄罗斯中产阶级在经济增长中的作用》，《俄罗斯东欧中亚研究》2014年第6期。

［34］人力资源和社会保障部劳动工资所：《美国人工成本和薪酬制度考察报告》，2009。

［35］人力资源和社会保障部劳动工资研究所课题组：《发达国家企业工资宏观调控措施研究》，2015。

［36］人社部劳动工资研究所课题组：《国外及港台地区欠薪保障金制度研究》，2014。

［37］人社部劳动工资研究所课题组：《国有企业工资分配监管若干问题研究》，2014。

［38］日本厚生劳动省，http://www.mhlw.go.jp/。

［39］日本经济产业研究所：《日本工资政策选择》，2014。

［40］佘云霞：《对集体谈判的理论分析》，《工会理论与实践——中国工运学院学报》2004 年第 1 期。

［41］〔英〕Stephen Hardy：《英国劳动法与劳资关系》，商务印书馆，2012。

［42］苏海南、王宏、常风林：《当代中国中产阶层的兴起》，浙江大学出版社，2015。

［43］苏海南等：《合理调整工资收入分配关系》，中国劳动社会保障出版社，2013。

［44］孙晓、中国劳动保障科学研究院课题组：《韩国、新加坡协调劳动关系三方机制研究》，2014。

［45］田思路、贾秀芬：《日本劳动法研究》，中国社会科学出版社，2013。

［46］王冰：《韩国：最高档次技术工人与最高档次工程师同等待遇》，《现代班组》2012 年第 9 期。

［47］王珏等：《美国经济史》，中国人民大学出版社，2013。

［48］王霞：《日本最低工资制度走上新起点：日本 2008 年修订〈最低工资法〉的主要情况》，劳动工资研究所，2011。

［49］王湘红：《工资制度对劳动收入的影响——国际经验及中国启示》，《政治经济学评论》2012 年第 2 期。

［50］王宇：《政府与市场——变革中的政府职能》，商务印书馆，2015。

［51］王宇等：《政府与市场》，商务印书馆，2010。

［52］吴道槐等：《国外高技能人才战略》，党建读物出版社，2014。

［53］肖婷婷：《国外国有企业高管薪酬》，社会科学文献出版社，2015。

［54］肖婷婷、中国劳动保障科学研究院课题组：《英国、新加坡等国家国有企业高管薪酬管控政策研究》，2014。

［55］许杏彬：《恶意欠薪治理机制研究》，中国劳动社会保障出版社，2013。

［56］杨其静：《市场、政府与企业：对中国发展模式的思考》，中国人民大学出版社，2010。

［57］杨帅、宣海林：《国际劳工标准及其在中国的适用》，法律出版社，2013。

［58］杨思斌：《大萧条时期美国集体谈判制度的建构及对中国的启示》，《劳动经济评论》2010年第3期。

［59］杨伟国等：《德国技能人才短缺及其治理》，《德国研究》2006年第2期。

［60］杨欣：《美国最低工资与生活工资制度比较》，《中国劳动关系学院学报》2011年第5期。

［61］杨欣：《美国最低工资制度的发展及启示》，《改革与战略》2012年第2期。

［62］原劳动和社会保障部劳动工资研究所：《赴澳大利亚考察报告》，2001。

［63］〔荷〕约里斯·范·鲁塞弗尔达等：《欧洲劳资关系——传统与转变》，佘云霞等译，世界知识出版社，2000。

［64］张车伟等：《日本"国民收入倍增计划"及其对中国的启示》，《经济学动态》2010年第10期。

［65］张可人、徐怀伏：《国外劳动关系调整模式对我国制药企业的启迪》，《科教文汇》2007年第5期。

［66］张明丽、杜庆、李方：《澳大利亚最低工资制度的实施情况及对我国经验借鉴》，《改革与战略》2011年第6期。

［67］张思锋、王舟浩、张立：《政府与市场：理论演进、美国改进、中国改革》，《西安交通大学学报》（社会科学版）2015年第4期。

［68］张晓宇：《各国制造业人才发展比较研究及对武汉的启示》，《科技创业月刊》2006年第9期。

［69］赵竹茵：《中国中产阶级发展问题研究》，博士学位论文，武汉大学，2014。

［70］甄炳禧：《美国新经济》，首都经济贸易大学出版社，2001。

［71］中国劳动保障科学研究院课题组：《发达国家企业工资宏观调控措施研究》，2011。

［72］中国人事科学研究院：《加拿大人才发展战略》，党建读物出版社，2013。

［73］周贤日：《欠薪保障法律制度研究》，人民出版社，2011。

［74］周晓虹等：《西方中产阶级理论与实践》，中国人民大学出版社，2016。

［75］周宣苓：《澳洲工作场所关系法的修正》，《台湾劳工》（双月刊）2006 年第 10 期。

［76］Abowd, John, M., Francis Kramarz and David, N. Margolis. 1999. "Minimum Wages and Employment in France and the United States." C. E. P. R. Discussion Papers.

［77］Abowd, John, M., Francis Kramarz, David, N. Margolis and Thomas Philippon. 2000. "The Tail of Two Countries: Minimum Wages and Employment in France and the United States." Institute for the Study of Labor (IZA).

［78］Abowd, J. M., F. Kramarz and D. N. Margolis. 1998. "Minimum Wages and Employment in France and the United States." Universite de Pantheon-Sorbonne (Paris 1).

［79］Adelman, I. and Cynthia, T. M. 1967. *Society, Politics, and Economic Developmemt: A Quantitative Approach*, Johns Hopkins Press, Baltimore.

［80］Alan, Manning. 2010. "Imperfect Competition in the Labour Market." Centre for Economic Performance, LSE.

［81］Alida, Castillo-Freeman and B. Freeman Richard. 1992. "When the Minimum Wage Really Bites: The Effect of the U. S. – Level Minimum on Puerto Rico." National Bureau of Economic Research, Inc, 177 – 212.

［82］Alison, J. Wellington. 1991. "Effects of the Minimum Wage on the Employment Status of Youths: An Update." *Journal of Human Resources*, 26 (1), 27 – 46.

［83］Andrew, Leigh. 2003. "Employment Effects of Minimum Wages: Evidence from a Quasi-Experiment." *Australian Economic Review*, 36 (4), 361 – 373.

［84］Andrew, Leigh. 2004. "Minimum Wages and Employment: Reply." *Australian Economic Review*, 37 (2), 173 – 179.

［85］Anker Richard, 2006. "Living wages around the world: A new methodology and internationally comparable estimates . " *International Labour Review* , 4.

[86] Ann , Harrison and Scorse Jason. 2004. "Moving up or Moving Out? Anti-Sweatshop Activists and Labor Market Outcomes. " National Bureau of Economic Research , Inc.

[87] Arestis , P. and Sawyer , M. 2013. *Economic Policies of the New Thinking in Economics.* Oxon: Rouledge.

[88] Arindrajit , Dube , Naidu Suresh and Reich Michael. 2007. "The Economic Effects of a Citywide Minimum Wage. " *Industrial and Labor Relations Review* , 60 (4) , 522 – 543.

[89] Asep , Suryahadi , Widyanti Wenefrida , Perwira Daniel and Sumarto Sudarno. 2003. "Minimum Wage Policy and Its Impact on Employment in the Urban Formal Sector. " *Bulletin of Indonesian Economic Studies* , 39 (1) , 29 – 50.

[90] A. K. Das Gupta. 1977. "Wage Policy in a Mixed Economy. " *Economic and Political Weekly* , 12 (12) , 499 – 501.

[91] Baker , Michael , Dwayne Benjamin and Shuchita Stanger. 1999. "The Highs and Lows of the Minimum Wage Effect: A Time-Series Cross-Section Study of the Canadian Law. " *Journal of Labor Economics* , 17 (2) , 318 – 350.

[92] Bazen , Stephen and Velayoudom Marimoutou. 2002. "Looking for a Needle in a Haystack? A Re-Examination of the Time Series Relationship between Teenage Employment and Minimum Wages in the United States. " *Oxford Bulletin of Economics and Statistics* , 64 (0) , 699 – 725.

[93] Bazen , Stephen. 2000. "The Impact of the Regulation of Low Wages on Inequality and Labour-Market Adjustment: A Comparative Analysis. " *Oxford Review of Economic Policy* , 16 (1) , 57 – 69.

[94] Bell , B. and S. Machin. 2016. *Minimum Wages and Firm Value.* Institute for the Study of Labor (IZA) Discussion Paper. 9914. April.

[95] Bell , Linda , A. 1997. "The Impact of Minimum Wages in Mexico and Colombia. " *Journal of Labor Economics* , 15 (3) , S102 – 135.

［96］ Belot, Michele and J. C. van Ours. 2001. "Unemployment and Labor Market Institutions: An Empirical Analysis." *Journal of the Japanese and International Economies*, 15 (4), 403 – 418.

［97］ Belot, M. V. K. and J. C. van Ours. 2001. *Unemployment and Labor Market Institutions: An Empirical Analysis.* Tilburg University.

［98］ Berndt Öhman. 1969. "A Note on the" Solidarity Wage Policy "of the Swedish Labor Movement." , *The Swedish Journal of Economics*, 71 (3), 198 – 205.

［99］ Blanchard, Olivier and Justin Wolfers. 2000. "The Role of Shocks and Institutions in the Rise of European Unemployment: The Aggregate Evidence." *Economic Journal*, 110 (462), C1 – 33.

［100］ BMAS et al. *Ergebnisse des* 2. Paktjahr es 2005. Berlin: 2004.

［101］ BMBF. *Anschluss statt Ausschluss.* IT in der Bildung. Berlin: 2001.

［102］ Brown, Charles, Curtis Gilroy and Andrew Kohen. 1982. "The Effect of the Minimum Wage on Employment and Unemployment." *Journal of Economic Literature*, 20 (2), 487 – 528.

［103］ Burgess Cameron. 1956. "A National Wages Policy." *The Australian Quarterly*, 28 (1), 30 – 37.

［104］ Burkhauser, Richard, V. , Kenneth, A. Couch and David C. Wittenburg. 2000. "A Reassessment of the New Economics of the Minimum Wage Literature with Monthly Data from the Current Population Survey." *Journal of Labor Economics*, 18 (4), 653 – 680.

［105］ Carl Lin. 2014. "A Literature Review of Minimum Wages." Working Paper of Beijing Normal University.

［106］ Carl, M. Stevens. 1953. "Regarding the Determinants of Union Wage Policy." *The Review of Economics and Statistics*, 35 (3), 221 – 228.

［107］ Carmel Martin, Andy Green and Brendan Duke. 2016. Raising Wages and Rebuilding Wealth . " Center for American Progress.

［108］ Charles Lammam. 2014. *The Economic Effects of Living Wage Laws.* Fraser Institute.

［109］ Charles, Brown, Gilroy Curtis and Kohen Andrew. 1983. "Time-Series Evidence of the Effect of the Minimum Wage on Youth Employment and Unemployment." *Journal of Human Resources*, 18（1）, 3 – 31.

［110］ Charles, Brown, Gilroy Curtis and Kohen Andrew. 1983. "Time-Series Evidence of the Effect of the Minimum Wage on Youth Employment and Unemployment." National Bureau of Economic Research, Inc.

［111］ Chong-Yah Lim and Rosalind Chew. 1998. *Wages and Wages Policies: Tripartism in Singapore*. River Edge, NJ: World Scientific.

［112］ Christopher, J. Flinn. 2006. "Minimum Wage Effects on Labor Market Outcomes under Search, Matching, and Endogenous Contact Rates." *Econometrica*, 74（4）, 1013 – 1062.

［113］ Christopher, S., Rugaber. 2014. "More Americans See Middle Class Status Slipping." The Associated Press Published 7: 22 p. m. ET April 2. https://www. usatoday. com/story/money/personalfinance/2014/04/02/more-americans-see-middle-class-status-slipping/7220635/.

［114］ Clain, Suzanne. 2008. "How Living Wage Legislation Affects U. S. Poverty Rates." *Journal of Labor Research*; 29（3）, 205 – 218.

［115］ CLES. 2014. *Living Wage and the Role of Government*. Centre for Local Economic Strategies and the Greater Manchester Living Wage Campaign.

［116］ Coe, David, T. and Dennis, J. Snower. 1997. "Policy Complementarities: The Case for Fundamental Labour Market Reform." C. E. P. R. Discussion Papers.

［117］ Daniel, Aaronson and French Eric. 2003. "Product Market Evidence on the Employment Effects of the Minimum Wage." Federal Reserve Bank of Chicago.

［118］ Daniel, Aaronson and French Eric. 2007. "Product Market Evidence on the Employment Effects of the Minimum Wage." *Journal of Labor Economics*, 25, 167 – 200.

［119］ Daniel, S. Hamermesh. 2002. "International Labor Economics." *Journal of Labor Economics*, 20（4）, 709 – 732.

［120］Daniel, S. Hamermesh. 2002. "International Labor Economics." National Bureau of Economic Research, Inc.

［121］David Neumark and William, L. Wascher. 2008. Minimum Wages. MIT Press.

［122］David, Card, Katz Lawrence and Krueger Alan. 1993. "Comment on David Neumark and William Wascher, 'Employment Effects of Minimum and Sub-minimum Wages: Panel Data on State Minimum Wage Laws'." Princeton University, Department of Economics, Industrial Relations Section.

［123］David, Card. 1992. "Using Regional Variation in Wages to Measure the Effects of the Federal Minimum Wage." *Industrial and Labor Relations Review*, 46 (1), 22 – 37.

［124］David, Card. 1992. "Using Regional Variation in Wages to Measure the Effects of the Federal Minimum Wage." Princeton University, Department of Economics, Industrial Relations Section.

［125］David, Coe and Snower Dennis. 1996. "Policy Complementarities: The Case for Fundamental Labor Market Reform." Birkbeck, Department of Economics, Mathematics & Statistics.

［126］David, Neumark and L. Wascher William. 1996. "Minimum Wage Effects on Employment and School Enrollment: Reply to Evans and Turner." Board of Governors of the Federal Reserve System (U.S.).

［127］David, Neumark and L. Wascher William. 2008. *Minimum Wages*. The MIT Press.

［128］David, Neumark and Wascher William. 1992. "Employment Effects of Minimum and Subminimum Wages: Panel Data on State Minimum Wage Laws." *Industrial and Labor Relations Review*, 46 (1), 55 – 81.

［129］David, Neumark and Wascher William. 1994. "Minimum Wage Effects on Employment and School Enrollment." National Bureau of Economic Research, Inc.

［130］David, Neumark and Wascher William. 1995. "Minimum Wage Effects on School and Work Transitions of Teenagers." Board of Governors of the

Federal Reserve System (U. S.).

[131] David, Neumark and Wascher William. 1996. "Is the Time-Series Evidence on Minimum Wage Effects Contaminated by Publication Bias?" National Bureau of Economic Research, Inc.

[132] David, Neumark and Wascher William. 2002. "State-Level Estimates of Minimum Wage Effects: New Evidence and Interpretations from Disequilibrium Methods." *Journal of Human Resources*, 37 (1), 35 – 62.

[133] David, Neumark, D. Mark Schweitzer and Wascher DaWilliam. 2004. "Minimum Wage Effects Throughout the Wage Distribution." *Journal of Human Resources*, 39 (2).

[134] David, Neumark, Schweitzer Mark and Wascher William. 1998. "The Effects of Minimum Wages on the Distribution of Family Incomes: A Non-Parametric Analysis." National Bureau of Economic Research, Inc.

[135] David, Neumark, Schweitzer Mark and Wascher William. 2004. "The Effects of Minimum Wages on the Distribution of Family Incomes: A Non-parametric Analysis." Federal Reserve Bank of Cleveland.

[136] David, Neumark, Schweitzer Mark and Wascher William. 2005. "The Effects of Minimum Wages on the Distribution of Family Incomes: A Non-parametric Analysis." *Journal of Human Resources*, 40 (4), 867 – 894.

[137] David, T. Coe and J. Snower Dennis. 1997. "Policy Complementarities: The Case for Fundamental Labor Market Reform." *IMF Staff Papers*, 44 (1), 1 – 35.

[138] Dennis, J. Snower and T. Coe David. 1996. "Policy Complementarities: The Case for Fundamental Labor Market Reform." International Monetary Fund.

[139] Dickens, Richard, Stephen Machin and Alan Manning. 1998. "Estimating the Effect of Minimum Wages on Employment from the Distribution of Wages: A Critical View." *Labour Economics*, 5 (2), 109 – 134.

[140] Diffley, M. 2015. "Wider Payment of the Living Wage in Scotland-Issues for consideration." Loughborough University.

[141] Dolado, Juan Jos, F. Kramarz, A. Manning and S. Machin. 1996. *The Economic Impact of Minimum Wages in Europe*. Universidad Carlos III de Madrid.

[142] Douty, H. M. 1969. "Some Aspects of British Wage Policy." *Southern Economic Journal*, 36 (1), 74 – 81.

[143] D'Arcy, C. and Whittaker, M. 2016. "The First 100 Days: Early Evidence on the Impact of the National Living Wage." Resolution Foundation Briefing. 11 July. (Resolution Foundation.)

[144] Ehrenreich, Barbara. 1989. *Fear of Falling, The Inner Life of the Middle Class*. New York, NY: Harper Collins. ISBN 0 – 06 – 097333 – 1.

[145] Eric, French and Aaronson Dan. 2004. "Product Market Evidence on the Employment Effects of the Minimum Wage." Econometric Society.

[146] E. B. McNat. 1943. "Toward a National Wartime Labor Policy: The Wage Issue." *Journal of Political Economy*, 51 (1), 1 – 11.

[147] Fairris David. 2005. "The Impact of Living Wages on Employers: A Control Group Analysis of the Los Angeles Ordinance." *Industrial Relations*, 1.

[148] Falk Armin, Fehr Ernst, Zehnder Christian. 2006. Fairness Perceptions and Reservation Wages—The Behavioral Effects of Minimum Wage Laws." *Quarterly Journal of Economics*, 4.

[149] Figart, Deborah M. 1999. "Raising the Minimum Wage and the Living Wage Campaigns." Paper Presented at the Conference on Feminist Economics, Ottawa, Canada.

[150] Figart, D. 2004. *Living Wage Movements*. Oxon: Rouledge.

[151] Francis, Kramarz and Philippon Thomas. 2000. "The Impact of Differenctial Payroll Tax Subsidies on Minimum Wage Employment." Centre de Recherche en Economie et Statistique.

[152] Frank, D. Graham, Carroll, R. Daugherty, Paul, M. Sweezy and Lorie Tarshis. 1938. AssociationWage Policies. *The American Economic Review*, Vol. 28, No. 1, Supplement, Papers and Proceedingsof the Fiftieth Annual Meeting of the American Economic Association, pp. 155 – 158.

［153］ Freeman, Richard. 2005. "Fighting for Other Folks' Wages: The Logic and Illogic of Living Wage Campaigns." *Industrial Relations*, 44 (1), 14 – 31.

［154］ FWC. Fair Work Commission Australia, http://www. fwa. gov. au/.

［155］ Gardiner, L. 2016. *Rising to the Challenge: Early Evidence on the Introduction of the National Living Wage in the Social Care Sector.* Resolution Foundation Briefing. 30 August. (Resolution Foundation.)

［156］ Gilbert, Dennis. 1998. *The American Class Structure.* New York: Wadsworth Publishing.

［157］ Gindling, T. H. and Katherine Terrell. 2004. "The Effects of Multiple Minimum Wages Throughout the Labor Market." Institute for the Study of Labor (IZA).

［158］ Gindling, T. H. and Terrell Katherine. 2004. "The Effects of Multiple Minimum Wages Throughout the Labor Market." William Davidson Institute at the University of Michigan.

［159］ Giupponi, G. , A. Lindner, S. Machin and A. Manning. 2016. *The Impact of the National Living Wage on English Care Homes.* Research Report for the Low Pay Commission. October. (Centre for Economic Performance, London School of Economics; and University College London.)

［160］ Glickman, L. B. 1997. *Living Wage* . Newyork. Cornell University Press.

［161］ Gunther Schmid and Klaus Schomann. 1993. "Wage Policy in the New Germany." *Challenge*, 36 (1), 48 – 51.

［162］ Guy, Laroque and Salanie Bernard. 2002. "Labour Market Institutions and Employment in France." *Journal of Applied Econometrics*, 17 (1), 25 – 48.

［163］ Handy, L. J. and Papola, T. S. 1974. "Wage Policy and Industrial Relations in India : A Reappraisal." *The Economic Journal*, 84 (333), 172 – 178.

［164］ Harding, Don and Glenys Harding. 2004. "Minimum Wages in Australia: An Analysis of the Impact on Small and Medium Sized Businesses." University Library of Munich, Germany.

[165] Hassel, A. 2006. *Wage setting*, *Social Pacts and the Enro*. Amsterdam University Press.

[166] Hollis, J. B. and Santa Fe. 2015. "New Mexico's Living Wage Ordinance and its Effects on the Employment and Wages of Workers in Low-wage Occupations." University of New Mexico.

[167] Holzer, H. J. 2008. "Living Wage Laws: How Much Do (Can) They Matter?" IZA Discussion Papers 3781, Institute for the Study of Labor (IZA).

[168] Hong, Doo-Seung, 2003. "Social Change and Stratification." *Social Indicators Research*, 62 (63): 39 – 50.

[169] Hyslop, Dean and Steven Stillman. 2004. "Youth Minimum Wage Reform and the Labour Market." Institute for the Study of Labor (IZA).

[170] Immervoll, H. and Pearson, M. 2009. "A Good Time for Making Work Pay? Taking Stock of In-Work Benefits and Related Measures across the OECD." OECD Working Paper No. 81.

[171] Ipsos MORI. 2008. "Perceptions of Social Class (trends)." March 19. Retrieved 18 April 2011.

[172] Isaac, J. E. 1958. "The Function of Wage Policy: The Australian Experience." *The Quarterly Journal of Economics*, 72 (1), 115 – 138.

[173] James, B. Rebitzer and J. Taylor Lowell. 1991. "The Consequences of Minimum Wage Laws: Some New Theoretical Ideas." National Bureau of Economic Research, Inc.

[174] Janet, Currie and C. Fallick Bruce. 1996. "The Minimum Wage and the Employment of Youth Evidence from the Nlsy." *Journal of Human Resources*, 31 (2), 404 – 428.

[175] Janet, Currie and Fallick Bruce. 1993. "The Minimum Wage and the Employment of Youth: Evidence from the Nlsy." National Bureau of Economic Research, Inc.

[176] Johannes, C., Geerdsen, P. and Tranes, T. 2013. *The Motivation Effect of Active Labor Market Policy on Wages*. University Press of Southern Denmark.

［177］ John O'Brien. *The Setting of Minimum Wages in Australia*：*From Harvester to Safety Net Adjustments*. http：//xueshu. baidu. com/s？ wd = paperuri% 3A% 282791634dd8f46f7ff257649a2c7e13c5% 29&filter = sc _ long _ sign&tn = SE _ xueshusource _ 2kduw22v&sc _ vurl = http：//% 3A% 2F% 2Fciteseerx. ist. psu. edu% 2Fviewdoc% 2Fdownload% 3Fdoi% 3D10. 1. 1. 590. 7196% 26rep% 3Drep1% 26type% 3Dpdf&ie = utf − 8&sc_ us = 17563 039183329605955. 20180617.

［178］ John，M. Abowd，Kramarz Francis and N. Margolis David. 1999. "Minimum Wages and Employment in France and the United States. " National Bureau of Economic Research，Inc.

［179］ John，M. Abowd，Kramarz Francis，Lemieux Thomas and N. Margolis David. 1997. "Minimum Wages and Youth Employment in France and the United States. " National Bureau of Economic Research，Inc.

［180］ John，M. Abowd，Kramarz Francis，Lemieux Thomas and N. Margolis David. 2000. "Minimum Wages and Youth Employment in France and the United States. " National Bureau of Economic Research，Inc，427 − 472.

［181］ Katz，L. F. and Krueger，A. B. 1992. "The Effect of the Minimum Wage on the Fast Food Industry. " Harvard-Institute of Economic Research.

［182］ Keith Hancock. 1960. "Wages Policy and Price Stability in Australia，1953 − 1960. " *The Economic Journal*，70 （279），543 − 560.

［183］ Kenneth，A. Couch and C. Wittenburg David. 2001. "The Response of Hours of Work to Increases in the Minimum Wage. " *Southern Economic Journal*，68 （1），171 − 177.

［184］ Knut Røed. 1998. "Egalitarian Wage Policies and Long-Term Unemployment. " *The Scandinavian Journal of Economics*，100 （3），611 − 625.

［185］ Koning，Pierre，Geert Ridder and Gerard，J. van den Berg. 1994. "Structural and Frictional Unemployment in an Equilibrium Search Model with Heterogeneous Agents. " VU University Amsterdam，Faculty of Economics，Business Administration and Econometrics.

［186］ Koning，Pierre，Geert Ridder and Gerard，J. van den Berg. 1995.

"Structural and Frictional Unemployment in an Equilibrium Search Model with Heterogeneous Agents." *Journal of Applied Econometrics*, 10 (S), S133 – 151.

[187] Kramarz, Francis and Thomas Philippon. 2000. "The Impact of Differential Payroll Tax Subsidies on Minimum Wage Employment." Institute for the Study of Labor (IZA).

[188] Kramarz, Francis and Thomas Philippon. 2001. "The Impact of Differential Payroll Tax Subsidies on Minimum Wage Employment." *Journal of Public Economics*, 82 (1), 115 – 146.

[189] Lammam, C. 2014. "The Economic Effects of Living Wage Laws." FRASER Institute.

[190] Landes. 1998. *The Wealth and Poverty of Nations*. Norton (New York NY).

[191] Lang, Kevin and Shulamit Kahn. 1998. "The Effect of Minimum-Wage Laws on the Distribution of Employment: Theory and Evidence." *Journal of Public Economics*, 69 (1), 67 – 82.

[192] Lavoie M. and Stockhammer E. 2013. *Wage-led Growth*. Palgrave Macmillan & International Labour Office.

[193] Lawrence, F. Katz and B. Krueger Alan. 1992. "The Effect of the Minimum Wage on the Fast Food Industry." National Bureau of Economic Research, Inc.

[194] Lawrence, F. Katz and B. Krueger Alan. 1992. "The Effect of the Minimum Wage on the Fast-Food Industry." *Industrial and Labor Relations Review*, 46 (1), 6 – 21.

[195] Lawrence, Katz and Krueger Alan. 1992. "The Effect of the Minimum Wage on the Fast Food Industry." Princeton University, Department of Economics, Industrial Relations Section.

[196] Lemos, Sara. 2004. "Political Variables as Instruments for the Minimum Wage." Institute for the Study of Labor (IZA).

[197] Lemos, Sara. 2004. "The Effects of the Minimum Wage in the Formal and Informal Sectors in Brazil." Institute for the Study of Labor (IZA).

[198] Lemos, Sara. 2009. "Minimum Wage Effects in a Developing Country." *Labour Economics*, 16 (2), 224 – 237.

[199] Leo Wolman. Wages and Wage Policy. 1942. *Proceedings of the Academy of Political Science*, Vol. 19, No. 4, American Industry in a War of Machines, pp. 47 – 54.

[200] Linneman, Peter. 1982. "The Economic Impacts of Minimum Wage Laws: A New Look at an Old Question." *Journal of Political Economy*, 90 (3), 443 – 69.

[201] Louis Siegelman. 1952. "Inflation Control Through A National Wage Policy." *The Journal of Finance*, 7 (1), 66 – 76.

[202] Macarthy, P. G. 1970. "The Living Wage in Australia: The Role of Government." *Labour History*, 18, 3 – 18.

[203] Machin, Stephen and Alan Manning. 1997. "Minimum Wages and Economic Outcomes in Europe." *European Economic Review*, 41 (3 – 5), 733 – 742.

[204] Maloney, William, F., Jairo Nunez, Wendy Cunningham, Norbert Fiess, Claudio Montenegro, Edmundo Murrugarra, Mauricio Santamaria and Claudia Sepulveda. 2001. "Measuring the Impact of Minimum Wages: Evidence from Latin America." The World Bank.

[205] Manfred, Keil, Robertson Donald and Symons James. 2001. "Minimum Wages and Employment." Centre for Economic Performance, LSE.

[206] Manfred, W. Keil, Robertson Donald and Symons James. 2001. *Minimum Wages and Employment*. Claremont Colleges.

[207] Manning, Alan. 2011. *Imperfect Competition in the Labor Market*. Elsevier, 973 – 1041.

[208] Mark, B. Stewart and K. Swaffield Joanna. 2008. "The Other Margin: Do Minimum Wages Cause Working Hours Adjustments for Low-Wage Workers?" *Economica*, 75 (297), 148 – 167.

[209] Mark, B. Stewart. 2002. "Estimating the Impact of the Minimum Wage Using Geographical Wage Variation." *Oxford Bulletin of Economics and*

Statistics, 64 (s1), 583 – 605.

[210] Mark, B. Stewart. 2004. "The Employment Effects of the National Minimum Wage." *Economic Journal*, 114 (494), C110 – C16.

[211] Mark, B. Stewart. 2004. "The Impact of the Introduction of the U. K. Minimum Wage on the Employment Probabilities of Low-Wage Workers." *Journal of the European Economic Association*, 2 (1), 67 – 97.

[212] Mark, D. Brenner and Stephanie Luce. 2005. "Living Wage Laws in Practice." University of Massachusetts.

[213] Mark, Turner and Demiralp Berna. 2001. "Do Higher Minimum Wages Harm Minority and Inner-City Teens?" *The Review of Black Political Economy*, 28 (4), 95 – 116.

[214] Mart Õn, Rama. 2001. "The Consequences of Doubling the Minimum Wage: The Case of Indonesia." *Industrial and Labor Relations Review*, 54 (4), 864 – 881.

[215] Meyer, Robert, H. and David, A. Wise. 1983. "The Effects of the Minimum Wage on the Employment and Earnings of Youth." *Journal of Labor Economics*, 1 (1), 66 – 100.

[216] Neumark David and Adams Scott. 2003. "Do Living Wage Ordinances Reduce Urban Poverty?" *Journal of Human Resources*, 3.

[217] Neumark David. 2004. "Living Wages: Protection for or Protection from Low wage Workers?" *Industrial & Labor Relations Review*, 1.

[218] Neumark, David and William Wascher. 1995. "Minimum Wage Effects on Employment and School Enrollment." *Journal of Business & Economic Statistics*, 13 (2), 199 – 206.

[219] Neumark, David and William Wascher. 1995. "Minimum-Wage Effects on School and Work Transitions of Teenagers." *American Economic Review*, 85 (2), 244 – 249.

[220] Neumark, David and William Wascher. 1998. "Is the Time-Series Evidence on Minimum Wage Effects Contaminated by Publication Bias?" *Economic Inquiry*, 36 (3), 458 – 470.

［221］ Neumark, David and William Wascher. 2003. "Minimum Wages and Skill Acquisition: Another Look at Schooling Effects." *Economics of Education Review*, 22 (1), 1 – 10.

［222］ Olivier, Blanchard and Wolfers Justin. 1999. "The Role of Shocks and Institutions in the Rise of European Unemployment: The Aggregate Evidence." National Bureau of Economic Research, Inc.

［223］ Ormerod, C. and F. Ritchie. 2007. " Measuring Low Pay: The Importance of Timing. " *Economic & Labour Market Review*, 1 (4), 18 – 22.

［224］ Osberg Lars, Jeannette Wicks-Lim, and Stephanie Luce . 2009. " A Measure of Fairness: The Economics of Living Wages and Minimum Wages in the United States. " *Labour / Le Travail*, 63 .

［225］ Pablo, Fajnzylber. 2001. "Minimum Wage Effects Throughout the Wage Distribution: Evidence from Brazil? Formal and Informal Sectors. " Cedeplar, Universidade Federal de Minas Gerais.

［226］ Pant, N. K. 1956. "Problems of Wage Policy in Asian Countries. " *Indian Economic Review*, 3 (2), 102 – 103.

［227］ PBS. 2004. "Who is the Middle Class?" June 25. Retrieved 19 April 2011.

［228］ Pedro, Portugal and Cardoso Ana Rute. 2006. "Disentangling the Minimum Wage Puzzle: An Analysis of Worker Accessions and Separations. " *Journal of the European Economic Association*, 4 (5), 988 – 1013.

［229］ Pereira, Sonia C. 2003. "The Impact of Minimum Wages on Youth Employment in Portugal. " *European Economic Review*, 47 (2), 229 – 244.

［230］ Pflüger, M. 2004. "Economic Integration, Wage Policies and Social Policies. " *Oxford Economic Papers*, 56 (1), 135 – 150.

［231］ Pollin, R. 2005. "Evaluating living wage laws in the United States: Good intentions and economic reality in conflict?" *Economic Development Quarterly*, 19, 3 – 24.

［232］ Portugal, Pedro and Ana Rute Cardoso. 2002. "Disentangling the Minimum Wage Puzzle: An Analysis of Worker Accessions and Separations. " Institute for the Study of Labor (IZA).

［233］ Ralph, E. Smith and Vavrichek Bruce. 1992. "The Wage Mobility of Minimum Wage Workers." *Industrial and Labor Relations Review*, 46 (1), 82 – 88.

［234］ Rama, Martin. 1996. "The Consequences of Doubling the Minimum Wage: The Case of Indonesia." The World Bank.

［235］ RAND Europe. 2016. The Impact of the National Minimum Wage on Employment: A Meta-analysis. Research Report for the Low Pay Commission. October.

［236］ Rebitzer, James B. and Lowell J. Taylor. 1995. "The Consequences of Minimum Wage Laws Some New Theoretical Ideas." *Journal of Public Economics*, 56 (2), 245 – 255.

［237］ Reich, M., Hall, P. and Jacobs K. 2005. "Living Wage Policies at the San Francisco Airport: Impacts on Workers and Businesses." *Industrial Relations: A Journal of Economy and Society*, 44 (1), 106 – 138.

［238］ Richard Anker. "Living Wage s Around the World: A New Methodology and Internationally Comparable Estimates." *International Labour Review*, 145 (4).

［239］ Richard, Dickens, Machin Stephen and Manning Alan. 1994. "Estimating the Effect of Minimum Wages on Employment from the Distribution of Wages: A Critical View." Centre for Economic Performance, LSE.

［240］ Richard, Dickens, Machin Stephen and Manning Alan. 1994. "The Effects of Minimum Wages on Employment: Theory and Evidence from the Us." National Bureau of Economic Research, Inc.

［241］ Richard, V. Burkhauser, A. Couch Kenneth and C. Wittenburg David. 2000. "Who Minimum Wage Increases Bite: An Analysis Using Monthly Data from the Sipp and the Cps." *Southern Economic Journal*, 67 (1), 16 – 40.

［242］ Robert, H. Meyer and A. Wise David. 1982. "The Effects of the Minimum Wage on the Employment and Earnings of Youth." National Bureau of Economic Research, Inc.

[243] Ronald, G. Ehrenberg. 1992. "New Minimum Wage Research: Symposium Introduction." *Industrial and Labor Relations Review*, 46 (1).

[244] Sabia Joseph, J. and Burkhauser Richard, V. 2010. "Minimum Wages and Poverty: Will a $ 9.50 Federal Minimum Wage Really Help the Working Poor?" *Southern Economic Journal*, 1.

[245] Salverda, W. and Lucifora, C. 2000. *Policy Measures for Low-wage Employment in Europe*. MA: Eward Elgar Publishing, Inc.

[246] Sara, Lemos. 2003. "Political Variables as Instruments for the Minimum Wage." Brazilian Association of Graduate Programs in Economics.

[247] Sara, Lemos. 2004. "Minimum Wage Policy and Employment Effects: Evidence from Brazil" *Journal of LACEA Economia*.

[248] Sara, Lemos. 2004. "Political Variables as Instruments for the Minimum Wage." Econ WPA.

[249] Sara, lemos. 2004. "The Effects of the Minimum Wage in the Formal and Informal Sectors in Brazil." Department of Economics, University of Leicester.

[250] Sara, lemos. 2004. "The Effects of the Minimum Wage in the Private and Public Sectors in Brazil." Department of Economics, University of Leicester.

[251] Sara, Lemos. 2005. "Political Variables as Instruments for the Minimum Wage." *The B. E. Journal of Economic Analysis & Policy*, 0 (1).

[252] Sara, Lemos. 2006. "Minimum Wage Effects in a Developing Country." Department of Economics, University of Leicester.

[253] Scott, Adams and Neumark David. 2003. "Living Wage Effects: New and Improved Evidence." National Bureau of Economic Research, Inc.

[254] Skedinger, P. 2002. "Minimum Wages and Employment in Swedish Hotels and Restaurants." Research Institute of Industrial Economics.

[255] Skedinger, P. 2006. "Minimum Wages and Employment in Swedish Hotels and Restaurants." *Labour Economics*, 13 (2), 259 – 290.

[256] Slichter, S. H. 1944. "Problems of Wage Policy after the War." *Proceedings of the Academy of Political Science*, 21 (1), 64 – 88.

[257] Soffer, B. 1954. "Cost-of-Living Wage Policy." *Industrial and Labor Re-*

lations Review, 7 (2), 192 – 199.

[258] Stephen, Bazen and Gallo Julie Le. 2009. "The Differential Impact of Federal and State Minimum Wages on Teenage Employment." HAL.

[259] Stephen, Bazen and Marimoutou Velayoudom. 2002. "Looking for a Needle in a Haystack? A Re-Examination of the Time Series Relationship between Teenage Employment and Minimum Wages in the United States." *Oxford Bulletin of Economics and Statistics*, 64 (s1), 699 – 725.

[260] Stephen, Machin and Manning Alan. 1992. "Minimum Wages." Centre for Economic Performance, LSE.

[261] Stephen, Machin, Manning Alan and Rahman Lupin. 2003. "Where the Minimum Wage Bites Hard: Introduction of Minimum Wages to a Low Wage Sector." *Journal of the European Economic Association*, 1 (1), 154 – 180.

[262] Stewart, Mark, B. 2002. "Estimating the Impact of the Minimum Wage Using Geographical Wage Variation." *Oxford Bulletin of Economics and Statistics*, 64 (0), 583 – 605.

[263] Stewart, Mark, B. 2002. "The Impact of the Introduction of the Uk Minimum Wage on the Employment Probabilities of Low Wage Workers." Royal Economic Society.

[264] Stewart, Mark, B. and Joanna K. Swaffield. 2006. "The Other Margin: Do Minimum Wages Cause Working Hours Adjustments for Low-Wage Workers?" University of Warwick, Department of Economics.

[265] Strobl, Eric and Frank Walsh. 2003. "Minimum Wages and Compliance: The Case of Trinidad and Tobago." *Economic Development and Cultural Change*, 51 (2), 427 – 450.

[266] Strobl, Eric and Frank Walsh. 2003. "Minimum Wages and Compliance: The Case of Trinidad and Tobago." University College Dublin.

[267] Terence, Yuen. 2003. "The Effect of Minimum Wages on Youth Employment in Canada: A Panel Study." *Journal of Human Resources*, 38 (3).

[268] Thomas, C. Leonard. 2000. "The Very Idea of Applying Economics: The Modern Minimum-Wage Controversy and Its Antecedents." *History of Po-*

litical Economy, 32 (5), 117 – 144.

[269] Thomas, R. Michl. 2000. "Can Rescheduling Explain the New Jersey Minimum Wage Studies?" *Eastern Economic Journal*, 26 (3), 265 – 276.

[270] Tor, Eriksson and Pytlikova Mariola. 2004. "Firm-Level Consequences of Large Minimum-Wage Increases in the Czech and Slovak Republics." *LABOUR*, 18 (1), 75 – 103.

[271] Vivi, Alatas and A. Cameron Lisa. 2008. "The Impact of Minimum Wages on Employment in a Low-Income Country: A Quasi-Natural Experiment in Indonesia." *Industrial and Labor Relations Review*, 61 (2), 201 – 223.

[272] Wessels, Walter John. 1997. "Minimum Wages and Tipped Servers." *Economic Inquiry*, 35 (2), 334 – 349.

[273] Wicks, L. 2009. "Jeannette. Should We Be Talking About Living Wages Now?" *Dollars & Sense*, 281.

[274] William Green. "The American Federation of Labor's Wage Policy. 1946." *Annals of the American Academy of Political and Social Science*, Vol. 248, Labor Relations and the Public, pp. 1 – 5.

[275] William, F. Maloney and Mendez Jairo Nunez. 2003. "Measuring the Impact of Minimum Wages: Evidence from Latin America." National Bureau of Economic Research, Inc.

[276] William, Maloney and Mendez Jairo. 2004. "Measuring the Impact of Minimum Wages. Evidence from Latin America." National Bureau of Economic Research, Inc, 109 – 130.

[277] Wolfson, P. and D. Belman. 2004. "The Minimum Wage: Consequences for Prices and Quantities in Low-Wage Labor Markets." *Journal of Business & Economic Statistics*, 22, 296 – 311.

[278] Zadia, M. Feliciano. 1998. "Does the Minimum Wage Affect Employment in Mexico?" *Eastern Economic Journal*, 24 (2), 165 – 180.

[279] Zavodny, Madeline. 2000. "The Effect of the Minimum Wage on Employment and Hours." *Labour Economics*, 7 (6), 729 – 750.

后 记

  《国外工资收入分配政策》是我入职以来出版的第 2 本书，是近十年来持续跟踪研究国外有关宏观工资政策过程中形成的系统性研究成果。本书在撰写过程中参考、翻译了大量的文献、图书和网站资料，汇集了国外很多政策的起源与发展、理论与实践、政策与实施、数据与分析等相对较丰富的基础性资料。希望此书能作为政府工作人员、研究学者、群团协会代表、企业人力资源工作者等人员在国外工资领域的工具书，进一步研究和完善我国工资收入分配制度。当然，更期待工资领域专家们不吝给予批评和指正。

  本书的出版源于人力资源和社会保障部原劳动工资研究所各位领导和同事以及收入分配领域研究同行的鼓励、指导和大力支持。感谢原工资所狄煌主任、王学力主任、胡宗万副主任、王宏副研究员等领导在宏观调控政策、高技能人才收入政策、最低工资评估政策、中等收入者政策等方面的指导，在此一并表示衷心的谢意。

  最后，同样很重要的是，感谢我的父母、先生给予我的支持和帮助。

2018 年 6 月

图书在版编目（CIP）数据

国外工资收入分配政策 / 贾东岚著. -- 北京：社
会科学文献出版社，2018.8
　ISBN 978 - 7 - 5201 - 2909 - 1

　Ⅰ.①国…　Ⅱ.①贾…　Ⅲ.①工资 - 收入分配 - 劳动
政策 - 研究 - 国外　Ⅳ.①F249.1

中国版本图书馆 CIP 数据核字（2018）第 126580 号

国外工资收入分配政策

著　　者／贾东岚

出 版 人／谢寿光
项目统筹／恽　薇　宋淑洁
责任编辑／宋淑洁　李吉环

出　　版／社会科学文献出版社·经济与管理分社（010）59367226
　　　　　地址：北京市北三环中路甲 29 号院华龙大厦　邮编：100029
　　　　　网址：www.ssap.com.cn
发　　行／市场营销中心（010）59367081　59367018
印　　装／三河市尚艺印装有限公司

规　　格／开本：787mm × 1092mm　1/16
　　　　　印张：15　字数：236 千字
版　　次／2018 年 8 月第 1 版　2018 年 8 月第 1 次印刷
书　　号／ISBN 978 - 7 - 5201 - 2909 - 1
定　　价／79.00 元

本书如有印装质量问题，请与读者服务中心（010 - 59367028）联系